编译文库

政治

张艳秋 主编 张苏秋 副主编

人类命运共同体研究年鉴
2021

A Global Community of Shared Future
Research Yearbook 2021

图书在版编目（CIP）数据

人类命运共同体研究年鉴 . 2021 / 张艳秋主编；张苏秋副主编. —北京：中央编译出版社，2024.1
ISBN 978-7-5117-4432-6

Ⅰ. ①人… Ⅱ. ①张… ②张… Ⅲ. ①国际关系–研究 Ⅳ. ①D81

中国国家版本馆 CIP 数据核字（2023）第 101952 号

人类命运共同体研究年鉴2021

责任编辑	付　瑾
责任印制	李　颖
出版发行	中央编译出版社
网　　址	www.cctpcm.com
地　　址	北京市海淀区北四环西路 69 号（100080）
电　　话	（010）55627391（总编室）　（010）55627340（编辑室）
	（010）55627320（发行部）　（010）55627377（新技术部）
经　　销	全国新华书店
印　　刷	北京文昌阁彩色印刷有限责任公司
开　　本	710 毫米 × 1000 毫米　1/16
字　　数	272 千字
印　　张	17.25
版　　次	2024 年 1 月第 1 版
印　　次	2024 年 1 月第 1 次印刷
定　　价	98.00 元

新浪微博：@中央编译出版社　　微　信：中央编译出版社(ID: cctphome)
淘宝店铺：中央编译出版社直销店(http://shop108367160.taobao.com)　（010）55627331

本社常年法律顾问：北京市吴栾赵阎律师事务所律师　闫军　梁勤
凡有印装质量问题，本社负责调换，电话：(010) 55627320

序　言

处于全人类休戚与共的共同体时代，世界已然变成一张紧密交织的巨网。人类是地球这艘航船上的乘客。联合国193个成员国不是193条船，而是一艘游船上的193个客舱，有着相同的命运。全球化浪潮把世界各国的价值链、产业链和供应链紧密地交织在一起，让地球村的居民切实感受到彼此的距离不再遥远。在全球化发展框架下，中国等新兴市场国家抓住机遇、迅速发展。同时，随着全球一体化发展，人类社会正面临着恐怖主义、生态环境、网络安全等一系列全球性困境与难题，"和平与发展"的时代主题遇到新的挑战。史无前例的全球化浪潮，层出不穷的世界性问题，刻不容缓的协同治理要求，迫切需要我们站在全人类的立场上，突破并超出民族国家局部、狭隘的利益，从而追求整体利益的世界观。

一、美国对中国的遏制正在分裂世界

在这个人类比以往任何时候都更需要团结的时代，逆全球化的力量却正在使世界走向分裂。从2016年英国脱欧和美国特朗普胜选开始，逆全球化倾向愈演愈烈，曾不遗余力推动全球化发展的美国开始了"脱钩"运动。在全球化发展框架下，中国等新兴市场国家抓住机遇、迅速发展。然而，中国在经济上的崛起，被美国视为"中国对世界秩序的挑战"。以拜登为首的美国政府为遏制中国的发展，削弱中国的影响力，更是多次诋毁中国妄图建立一个"世界新秩序"，"颠覆当下的世界格局"。事实上，多年来，美国等西方国家曾多次渲染所谓的"世界新秩序"。2022年3月21日，在美国商业组织"商业圆桌会议"举办的首席执行官季度会议上,拜登公开表明当今世界正处于"历史拐点",而最终的走向将由美国决定,未来将会出现一个世界新秩序,美国必须处于领导地位,美国必须联合自由世界的其他国家来实现此目的。显然,这是典型的惯性霸权思维,与倡导和平与发展的国际共识背道而驰。

2019年8月27日法国总统马克龙惊呼:"我必须承认,西方霸权或许已经终结。……最终,世界将围绕两个极点运转:美国和中国,欧洲将必须在这两个统治者之间做出选择。"① 2022年6月4日新加坡前总理吴作栋说,"美国不会将全球领导地位拱手相让,并正在计划如何建立联盟来遏制中国的崛起,……这将是一个两极分化,并在中美两个大国之间分裂的世界。他们的关系将更多地建立在不信任而不是互信、竞争而不是合作的基础之上。……这将是一个各国被迫选边站的世界,人们建造的不会是更多的桥梁,而是更多的高墙。"② 2019年9月18日联合国秘书长古特雷斯在第74届联大上警示各国:"大分裂的可能性:这个世界正在一分为二,地球上最大的两个经济体创造了两个相互独立、互相竞争的世界,这两个经济体分别有自己的主导货币、贸易和金融规则、自己的互联网和人工智能能力以及自己的零和地缘政治和军事战略。"③ 2020年9月22日,古特雷斯在第75届联大发言时指出:"我们正在朝着一个危险的方向发展。我们的世界无法承受两个最大经济体将全球分裂——他们各自有其贸易和金融规则,各自有互联网和人工智能的实力。技术和经济的大分裂具有不可避免地转化成为地缘战略和军事分裂的危险。我们应不惜代价地防止其发生。"④ 2021年9月21日,古特雷斯在76届联大发言时指出:

---

① Lassaad Ben Ahmed, "Macron reconnaît la fin de l'hégémonie occidentale sur le monde", https://www.aa.com.tr/fr/politique/france-macron-reconna% C3% AEt-la-fin-de-l-h% C3% A9g% C3% A9monie-occidentale-sur-le-monde-/1566215. (访问时间:2023年9月6日)。

② Jovi Ho, "China will win a proxy war against US in Taiwan: Goh Chok Tong", https://tes.dev.edgeprop.sg/news/geopolitics/china-will-win-proxy-war-against-us-taiwan-goh-chok-tong. (访问时间:2023年9月6日)。

③ António Guterres, "Secretary-General's Address to the General Assembly", https://www.un.org/sg/en/content/sg/statement/2019-09-24/secretary-generals-address-the-general-assembly-trilingual-delivered-scroll-down-for-all-english. (访问时间:2023年9月6日)。

④ 《外媒:联合国秘书长呼吁全力避免"新冷战"》,https://www.sohu.com/na/420636135_114911. (访问时间:2023年9月6日)。

"我担心我们的世界正朝向两种不同的经济、贸易和金融体系,以及技术规则发展;两种不同的人工智能发展方法,以及最终两种不同的军事和地缘政治战略。一旦出现这种情况,将带来麻烦。它会比在冷战时期更难预测。"① 2022年9月20日,古特雷斯在第77届联大发言时指出:"在某一个时期,国际关系似乎正走向一个两国集团世界;如今,我们则可能面临零国集团的局面。没有合作;没有对话;没有集体解决问题之举。"② 联合国秘书长连续四年在联大提出世界分裂的警告,绝对不是危言耸听。美国出于地缘政治考虑制造了一些地区冲突,对中国的打压正在迫使中小国家选边站,其结果有可能形成对立的阵营。全球化运动形成的世界价值链、生产链和供应链正在割裂,粮食危机、气候变暖、恐怖主义、传染病正在威胁着世界。发展中国家的人民将会遭受最严重的危害。

二、西方自由国际主义价值观念正把世界带入一分为二的危险境界

目前这种分裂的形势,是第二次世界大战以后形成的世界格局的必然发展趋势。根据美国《外交事务》杂志描述,"现代历史上最强大的国际秩序——从十七世纪的威斯特伐利亚到二十世纪的自由国际秩序——并不是为人类的更大利益而努力的包容性组织。相反,它们是大国建立的联盟,目的是与其主要竞争对手展开安全竞争。"③ 冷战时期形成以美国为首的资本主义自由世界的联盟,是因为这些国家要对付共同的敌人苏联。苏联解体后,共同的威胁消失了,资本主义阵营喊出了历史终结论的口号。随着资本主义跨国集团为了占领全球市场,大力推进市场化进程,消除关税壁垒,实现了全球价值链、生产链

---

① António Guterres, "Secretary-General's address to the 76th Session of the UN General Assembly", https://www.un.org/sg/en/content/sg/speeches/2021-09-21/address-the-76th-session-of-general-assembly. (访问时间:2023年9月6日)。

② António Guterres, "Secretary-General's Address to the General Assembly", https://www.un.org/sg/en/content/sg/statement/2022-09-20/secretary-generals-address-the-general-assembly-trilingual-delivered-follows-scroll-further-down-for-all-english-and-all-french. (访问时间:2023年9月6日)。

③ Michael Beckley, "Enemies of My Enemy—How Fear of China Is Forging a New World Order", Foreign Affairs, Vol. 3, No. 2, April 2022, pp. 59-68.

和供应链的网状交织。全球化运动凯歌高奏,美国一超独霸傲视全球,遍无敌手。1992年美国五角大楼提供给国防部长切尼的一份报告称,未来可能对美国形成威胁的国家有两个:欧洲的德国和亚洲的日本。当时的美国朝野没有人担心中国会成长为可能对美国形成威胁的竞争者。相反,美国希望把中国纳入美国主导的国际分工体系,按照美国的意志定义中国,成为美国秩序的补充。中国改革开放之初,经济高速增长,美国和西方没想到中国会出现经济奇迹,而认为这种高增长不可持续,很快就会"崩溃",于是出现了"中国崩溃论"。中国经济持续发展的事实让"中国崩溃论"不攻自破。但中国综合国力的不断提高,或者说中国的崛起,又让西方国家惊呼"中国威胁论"。多年来美国政界和学术界不断发出"中国威胁论"的声音,从特朗普政府以来,美国把中国定义为战略竞争对手,在经济贸易领域对中国进行打压,在高科技领域卡中国的脖子,在南海和台海问题上向中国发出挑衅,在舆论上对中国进行全面抹黑。面对中国的"威胁",为了遏制中国发展,美国又一次开始召集盟国的力量。

拜登政府以所谓的西方民主和自由等价值观为导向,联合盟友共同遏制中国。特朗普在任期间,强硬实行单边主义政策,在不断"退群"的同时与中国展开贸易战。拜登上台后,改变策略,通过激活传统盟友"老圈子",拉拢新盟友组建"新圈子",组成新一轮反华"同盟军"。显然,拜登政府是要通过加快调整与西方国家的外交政策,改善与盟友的关系,重新构建西方联盟系统。其目的是,在国际组织和机制内部与中国争夺影响力,在多边和区域舞台确保美国的规则主导权,通过加大与盟友战略协调,在政治、经济、安全、人权等领域形成强大对华压力,并试图提高中国的对外政策成本。2021年2月19日,拜登在慕尼黑安全会议上高调宣布"跨大西洋联盟"回归了,美国的传统盟友应该再次把信心放在美国的领导力之上。与此同时,美国的联合盟友在治理模式与价值理念上同样加强了与中国的竞争力度,不断在经济与技术发展和标准制定上注入西方价值,把意识形态因素全面融入经贸、技术、安全、发展援助等政策的制定,打压竞争敌手,维护美国利益及其霸权地位。

美国意图分裂世界的"小圈子"正在形成。比如,在亚太地区,美国意在通过联合盟友,在南海、台海和东海问题上同中国作对,向中国施加外交和安全上的压力。2021年,在美国协调下,美日印澳四国召开"四方安全对话"机制领导人峰会,这是该机制自2007年成立以来首次上升到领导人层级对话。为增强大西洋盟友和太平洋盟友的合作,成立了美英澳三边安全伙伴关系。此外,拜登政府还在推动北约的"印太化"。先是组织北约外长会,首次邀请日本、韩国、澳大利亚参加。日本和英国签署了《互惠准入协定》,两个国家可以联合部署兵力。同时,拜登政府试图将使俄乌冲突激化的阵营化对抗引向亚太地区,这对亚太国家来说,无疑是一个极度危险的信号。为抗衡《区域全面经济伙伴关系协定》,美国宣布启动"印太经济框架"。表面上看"印太经济框架"是打造中国与周边国家在经贸上"脱钩断链"的经济协定,实际上却是美国主导的一项"政治安排",目的是联合盟友一致打压中国在印太地区的发展势头。值得注意的是,在印太安全问题上,美国的焦点在台湾。美国遏制中国的一大战略就是在中国周边特别是南海和台海地区不断制造麻烦。

国际秩序是指"国家依据国际规范采取非暴力方式解决冲突的状态,其构成要素为国际主流价值观、国际规范和国际制度安排"①。冷战结束后,国际秩序的基本特征是西方价值观、西方制定的国际规范和国际制度均居于主导地位。这一秩序通常被称为自由国际主义秩序。自由国际主义的要素:在政治方面是西方自由民主制度,经济方面是市场经济、自由贸易和美元主导,外交方面是多边主义,军事方面是美国的军事霸权地位、盟国网络及其用武力维护这一秩序的决心,思想上的支柱是威尔逊主义及其哲学基础西方自由主义。

在这样一个国际秩序中,西方不仅在军事和经济上处于支配地位,而且在价值观和文化上形成了霸权。人们理解世界和解释世界的方式,长期受到"西方中心"的支配和影响。正如美国乔治城大学查尔斯·库普坎教授所说,19世纪,欧洲国家"开始输出主权、管理、法律、外交和商业的欧洲思想。从这个意义上讲,欧洲不仅主导了世界其他部分,使其黯然失色,而且在独特的欧洲价值和机制基础上建立起了全球秩序。欧洲人成功地把他们的地区性秩序复制成了全球层面上的基础性规则"。② 也就是说,当代国际社会的制度和

---

① 阎学通:《无序体系中的国际秩序》,载《国际政治科学》,2016年第1卷第1期,第1—32页。
② Charles Kupchan, *No One's World: The West, The Rising Rest, and The Coming Global Turn*, New York: Oxford University Press, 2013, p. 52.

标准体系都是由西方扩展来的,西方的思想体系奠定了当今社会的基础性思想框架,我们只能在这个框架内,用西方的观点和方法进行思考,西方的制度文明成为现代性话语的唯一合法性来源。

在西方现代性话语霸权之下,西方具有唯一的"合法性",那么自由国际主义世界秩序的目的和任务就是在世界范围内推广西方的自由民主制度,消除自由贸易壁垒。这样,自由国际主义就把西方和除了西方之外的"其他地方"对立了起来。西方的叙事话语淹没了"其他地方"为人类发展所做的贡献。在西方的叙述中,"其他地方"成了蒙昧、野蛮、专制的代名词,需要用西方的文明标准去开发和驯化。任何国家的历史背景和经济发展阶段都可以被忽略,都只能用西方的模式去套改。西方中心主义的文化霸权理论,采用二分法原则,把世界分成"中心"和"边缘",把"其他地方"和西方对立起来,认为西方不仅代表了政治民主和人权,甚至民主和人权本来就是西方文化的本性,而非西方的"其他地方"则是倾向于专制的。自由国际主义把世界一分为二的这种对抗性思维,是美国拉小圈子搞政治对抗、军事冲突和文化冲突的理论基础和思想根源。

三、基于全人类共同利益的人类命运共同体理念是超越自由国际主义思想体系的新理念、新思维和新话语

与自由国际主义的对抗性思维不同,人类命运共同体理念强调"和谐""和平"与"共生"。

面对百年未有之大变局,中国提出的人类命运共同体理念,既是中国外交思想的核心,也是全球治理的中国方案,更是全人类共有的精神价值体系。人类命运共同体理念超越了民族国家层面,把全球作为共同体的范围,把共同命运作为连接人类的纽带,深刻地揭示了人类前途命运和时代发展趋势之间的内在逻辑,有着深刻丰富的理论内涵。打造人类命运共同体的内涵,强调要建立平等相待、互商互谅的伙伴关系,营造公道正义、共建共享的安全格局,谋求开放创新、包容互惠的发展前景,促进和而不同、兼收并蓄的文明交流,构筑尊崇自然、绿色发展的生态体系。习近平回溯历史,立足现在和展望未来,把

坚持和发展中国特色社会主义，推动物质文明、政治文明、精神文明、社会文明、生态文明协调发展，坚持走中国式现代化新道路，总结概括为创造"人类文明新形态"。从人类命运共同体理念到人类文明新形态，在价值形态上代表了人类精神谱系的跃升，在目前逆全球化和地缘政治不断割裂的境况下，有着特殊的意义。

人类命运共同体理念是以维护全人类共同利益为目标的一种全新、全方位、多层次、宽领域的国际社会交往格局、交往理念。从马克思恩格斯的"世界历史"理论及"世界市场"理论出发，习近平对人类命运共同体的论述，包含了其经济全球化思想。人类命运共同体理念贯穿于经济模式、金融秩序、经济安全和共同发展等全球经济治理的各个方面，把"平等互惠、包容互惠、互利共赢、合作共赢、开放创新"等理念融入经济发展原则，巩固了全球经济治理体系的基础，丰富了主权平等、经贸自由、平等互利、契约精神等全球经济治理基本原则。人类命运共同体理念包含着共商共建共享的生产关系新理念、开放包容的市场发展新理念、和平发展与和谐发展的竞争发展新理念、促进全球生产力高质量发展目标新理念，是应对逆经济全球化思潮，破解资本主义全球化的难题与困境、变革原有的世界政治经济秩序，促使生产关系与生产力协调一致、推动全球经济更快更好发展的中国理念。①

人类命运共同体是基于全人类共同价值的价值共同体。习近平提出：和平、发展、公平、正义、民主、自由，是全人类的共同价值，也是人类命运共同体理念的价值基础。这种共同价值的认定相较于马克思对世界历史演进中所设想的人的自由全面发展，更倾向于现实与最终指向的结合，把自由国际主义世界秩序中民族国家之间不平等的"中心—外围"式等级转化为去中心化的平等关系。人类命运共同体理念明确反对非此即彼的零和思维和弱肉强食的丛林法则，反对霸权主义和强权政治，主张"普遍繁荣、共同发展"新理念，形成了具有高度包容性、多元性以及普遍性的价值体系，打破了"国强必霸"的逻辑，为形成马克思所说的"自由人联合体"提供了全新视角、实现路径和发展方向，为国际关系的民主化提供了价值共识。

---

① 鲁明川：《逆全球化的政治经济学论析》，载《浙江社会科学》，2021年第1期，第4—12页。

人类命运共同体是包容差异、尊重他者的文明共同体。世界充满差异，不同地域、民族、信仰和文化构成了人类文明的文化生态多样性。人类命运共同体理念中相互尊重、平等相待、合作共赢的发展理念是当今世界历史进程步入总体性阶段的理论反映，打破了自由国际主义文化秩序的等级论。马克思的世界历史思想理论蕴含构建公正合理国际新秩序的要求，人类命运共同体理念倡导"对话而不对抗、结伴而不结盟"的国际交往之路，凝结着超越民族国家的全球治理理念，蕴含应对现代性困境、全球性危机和超越传统历史文化价值观的要求。人类命运共同体理念立足于差异，在不同主体之间寻找更高层次的"普遍性"，超越了时空的界限，涵盖了政治、经济、文化、网络等多种现实维度，实现了对当今人类世界交往关系和交往格局的合理性发展、改造、重塑与重构，是对当代全球治理体系的进一步完善与提升。

党的十八大召开以来，习近平在国际国内重要场合论及人类命运共同体理念逾百次。随着"人类命运共同体"被写入联合国相关决议、"一带一路"建设颇具成效、新冠疫情下中国携手各国抗疫等实践成果的彰显，人类命运共同体理念作为一种超越自由国际主义思想体系的新理念、新价值、新思维和新话语，同时也作为全球治理的新方案，必然会得到国际社会的普遍认可。

四、荟萃国内人类命运共同体研究热点，聚焦各学科就共同体理念思想渊源、理论内涵及传播路径的重要论述

出于高度的使命感，中国传媒大学于2019年11月29日成立了全国首家人类命运共同体研究院。研究院以人类命运共同体理念的理论研究和国际传播为己任，勇于担当，不断开拓创新，在国际国内都产生了一定影响。目前，研究院在欧洲、非洲、亚洲、南美洲建立了16家联合研究中心，形成了覆盖四大洲的人类命运共同体研究的学术共同体。在16家研究中心的基础上，研究院还团结国际学术界一批知华友华的著名学者，成立了人类命运共同体国际学术联盟。研究院的目标是成为国际学术界人类命运共同体理念研究的思想库和重要学术平台。因此，我们既重视人类命运共同体理念的传播，也深耕人类命

运共同体理念的学理基础研究。

人类命运共同体研究是近年来学术界的热点,国内学术界对人类命运共同体的思想来源、理论内涵、价值逻辑及其对全球治理的重要意义进行了广泛而深入的探讨,产生了许多有价值有分量的论文和学术著作。作为中国传媒大学人类命运共同体研究院的一项重要工作,这次由张艳秋教授担任主编的《人类命运共同体研究年鉴》,试图对2021年度的人类命运共同体专题研究做一个全景式的扫描。由于这个专题的著述十分丰富,难免会产生一些遗珠之憾。我们希望各位专家学者和读者朋友对本书提出宝贵意见,以便在编写下一部年鉴时得到改进。这部年鉴是研究院集体智慧的结晶,同时也是校内外专家学者携手努力的硕果。在本书编写过程中,得到了中国传媒大学领导的大力支持和指导,也得到了中央编译出版社的指导和帮助,在此表示衷心感谢。

李怀亮[1]

---

[1] 中国传媒大学人类命运共同体研究院院长、教授、博士生导师。

目 录

第一篇　学术研究综述 ……………………………………………… 1
　人类命运共同体政治学研究述评 ………………… 姬德强　李　喆　 3
　人类命运共同体经济学研究述评 ………………… 张苏秋　钟婉初　26
　人类命运共同体马克思主义理论研究述评 ………………… 赵　波　40
　人类命运共同体管理学研究述评 ………… 李珍晖　陈帅卿　辛　灿　56
　人类命运共同体新闻传播学研究述评 ……………… 张艳秋　戴　菡　78
　人类命运共同体教育学研究述评 ………… 王景枝　孙玉红　梁凯瑞　94
　人类命运共同体社会学研究述评 ……………………………… 葛艳玲　117
　人类命运共同体法学研究述评 …………………… 王四新　彭　聪　134
　人类命运共同体卫生治理研究述评 ……………… 陈静茜　胡珍瑜　144
　人类命运共同体艺术学研究述评 ………………………………… 王莎莎　158
　人类命运共同体历史学研究述评 ………………… 刘继华　张佰粉　174

第二篇　书籍与博士论文选介 ……………………………… 钟婉初　189
　人类命运共同体相关书籍选介 …………………………………… 191
　人类命运共同体相关博士论文选介 ……………………………… 207

第三篇　基金项目选介 ……………………………………… 梁凯瑞　215
　引　言 …………………………………………………………… 217

国家社会科学基金项目 218
　　教育部哲学社会科学研究重大课题攻关项目 227

第四篇　主题学术动态 　　　　　　　　　　李　喆　229
　　高校学术活动 231
　　智库学术活动 247

第一篇
学术研究综述

人类命运共同体政治学研究述评

姬德强 李 喆*

党的十八大召开以来，习近平在国际国内重要场合论及人类命运共同体理念逾百次。随着"人类命运共同体"被写入联合国相关决议、"一带一路"建设颇具成效、新冠疫情下中国携手各国抗疫等实践成果的彰显，该理念作为中国智慧、中国主张和中国方案，其国际认知度和认可度不断提高，海内外政治学界对于人类命运共同体的相关研究热度明显上升。整体而言，政治学科旨在关注和积极回应时代变迁带来的种种问题和挑战，服务于现实发展需要。恰逢百年未有之大变局，国内政治学界对世界局势提出了解释现实、剖析问题、解决问题的新方案，并搭建符合未来发展需求的新蓝图。①

基于以上考虑，本文对 2021 年国内政治学视阈下的人类命运共同体研究成果进行梳理与总结，以期理解并深化对这一理念的研究和思考。② 在中国知网以"命运共同体"为主题关键词进行检索，在政治学学科相关领域下，2021 年全年共搜集到 2425 个学术成果。政治学领域研究人类命运共同体的文章发表量总体而言呈快速上升趋势。2021 年，以人类命运共同体为主题的相关文献中约 73.63% 与政治学研究相关，其中仅中国政治与国际政治学科一项就占比 66.02%。由此可见，该理念的学术研究与报道基调多与国内外政

---

* 姬德强，中国传媒大学媒体融合与传播国家重点实验室研究员、人类命运共同体研究院副院长，研究方向为国际传播。李喆，中国传媒大学媒体融合与传播国家重点实验室博士研究生。
① 师喆、李猛：《责任担当：百年未有之大变局与中国政治学》，载《学习与探索》，2022 年第 2 期，第 37—48 页。
② 陈圣军、路丙辉：《现状·热点·展望："人类命运共同体"研究述评》，载《河南科技大学学报》，2021 年第 39 卷第 4 期，第 12—17 页。

治相关联,而比较之下,聚焦具体领域中专项问题的相关主题内容略显薄弱。

在中国知网数据库中,根据内容的侧重程度,相关文献筛选可以分为主要主题和次要主题两种筛选条件。主要主题即文献中重点论述的中心主题,次要主题则指非论述重点但内容中较多包含的主题。本文综述内容以中心主题关键词所筛为主,辅之以次要主题的较多论述内容,以求在以人类命运共同体为核心主题的基础上,尽可能全面地涵盖文献论述内容。

对筛选出的文献进行分析后,本文归纳出主要主题关键词与次要主题关键词各10个,对比如下。"人类命运共同体"这一完整概念的出现频率无论在主要主题还是次要主题中都以显著差距占据首位,这表明在政治学领域内的学术文章大多以该理念为中心思想,或在内容中多次直接引用该理念的名词概念与相关阐释。主要主题中的"习近平""习近平总书记""人类命运共同体"和次要主题中的"习近平""习近平总书记""人类命运共同体"等相关关键词反复出现则进一步证明文章会直接或间接引述习近平总书记关于人类命运共同体理念的相关讲话和话语论述。

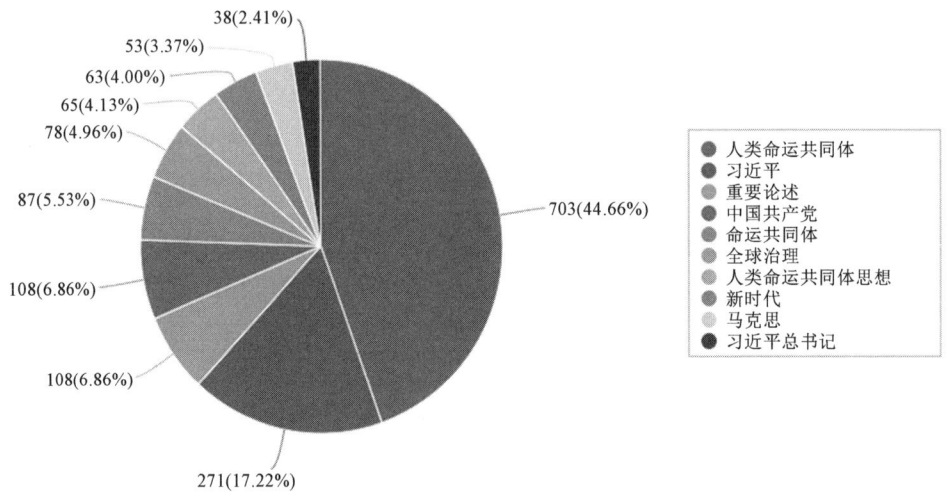

图1 主要主题关键词情况

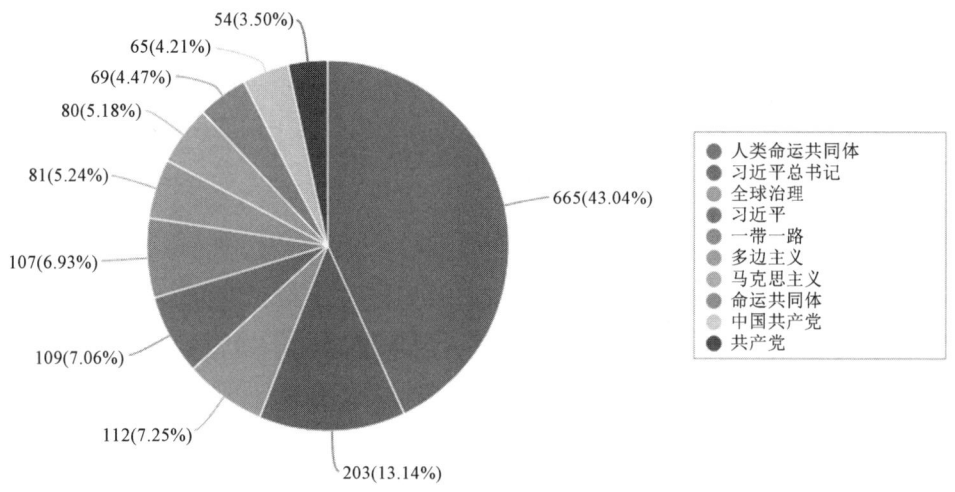

图 2　次要主题关键词情况

除上述关键词外，其他主要主题关键词和次要主题关键词的数量分布大多较为平均，可以归纳为以下几个方面：理论与政策分析；国际关系；实践路径；国际政治局势等。

作者所在机构与文献发布机构包括高校、媒体报社、智库研究院三类，以综合类或偏社科类高校为主。其中，中国人民大学作为国内最早开展国际问题与政治学研究的高校之一，发表了大量以人类命运共同体理念为核心、围绕国际关系、国际政治等主题展开论述的学术成果，在2021年中国知网文献库中排第1位，而文献发表排名第1位的作者王义桅亦是中国人民大学国际关系学院教授，出版过《时代之问 中国之答：构建人类命运共同体》等著作。由此可见，不同机构的学术背景、学科方向与重点领域在人类命运共同体的研究上有着鲜明体现，而各自的侧重点也与其学科特征和专业优势相吻合，比如国际关系、马克思主义、媒体与传播等。

在中华民族伟大复兴战略全局和世界百年未有之大变局交汇之际，新冠疫情反复、经济动荡、国际秩序与政治格局风云变幻、虚假信息肆虐、各类舆论交锋，人类命运共同体的构建和理念的传播面临前所未有的挑战，但同时也蕴含着新的机遇。基于此背景，2021年国内政治学研究立足政治阐释视角，结合学术理论研究、国际背景和实践分析，对人类命运共同体进行了深入、广泛、细致和全面的研究。这些研究梳理了国内外政治环境与历史脉络,对人类命运共同体理念的核心思想与精神内涵进行了多角度、多层次、全方位的梳理和阐述;重点关注该理念在风云变幻的国际政治新格局下的理论和实践路径创新;积极探讨对构建人类卫生健康共同体、海洋命运共同体等领域聚焦性的全球治理新思路。

一、人类命运共同体理念解读

(一) 人类命运共同体理念的相关重要论述和研究

2021年,习近平在出席如第76届联合国大会、中国共产党与世界政党领导人峰会等国际重要场合时,多次指出并强调世界各国要共同应对世界百年未有之大变局,向国际社会发出倡议推动构建人类命运共同体并作出重要论述。

吴波、肖楠指出,人类命运共同体理念相较世界百年未有之大变局的论断提出虽然在先,却是以习近平同志为核心的党中央运用马克思世界历史理论对百年变局的深刻理解、回应和基本出路的给出。[1] 张雨寒在研究习近平总书记关于"世界百年未有之大变局"的重要论述后强调,推动构建人类命运共同体能够更好地携手世界人民共同应对错综复杂的国际政治环境带来的新挑战。[2] 闫立光、朱成山、张巍以全球化运动深入发展作为研究背景,对习近平关于人类命运共同体的重要论述进行了全面分析,认为该理念是对马克思"真正共同体"作出的时代性创新,已成为全世界认可的具有价值共识的理念,为当前世界应对百年未有之大变局贡献出中国方案。[3]

习近平的重要论述还多次将人类命运共同体理念与我国外交政策、全球治

---

[1] 吴波、肖楠:《习近平关于百年未有之大变局的重要论述研究》,载《马克思主义理论学科研究》,2021年第7卷第3期,第26—32页。
[2] 张雨寒:《习近平关于"世界百年未有之大变局"重要论述研究》,载《大庆社会科学》,2021年第6期,第26—29页。
[3] 闫立光、朱成山、张巍:《习近平关于人类命运共同体重要论述的时代逻辑与世界意义》,载《南京社会科学》,2021年第11期,第1—9页。

理等政治议题相结合。郇庆治、赵睿夫围绕习近平在第70届联合国大会一般性辩论时发表的演讲,结合中国近年来打造新型国际关系的主要政策,提出以全人类共同价值为理念基础的人类命运共同体构建,是新时代中国应对国际关系变化的新战略和外交基本方针。① 周新民在《习近平全球治理重要论述与人类命运共同体理念的世界意蕴》一文中深刻分析了人类命运共同体理念与习近平全球治理重要论述的本质相同点,阐述该理念对解决全球性问题、覆盖全球各领域治理、拓宽视野至全人类的发展层面的理论与实践意义。② 王寅在研究了习近平重要讲话精神后,梳理人类命运共同体的发展脉络,对东西方思想逻辑、现实逻辑对比分析得出,人类命运共同体理念将为世界发展、全人类交往提供包含中国智慧的理论指南。③ 贾中海、程睿指出,构建人类命运共同体是习近平外交思想的核心与精髓,也是中国给国际社会提出的新理念、新方案、新范式。世界各国应形成"国际共同体思维",重塑国际新格局。④ 祁海军总结习近平对人类命运共同体重要论述的总体性路向后总结道,该理念从思想层面上祛除了西方在地域主义、普世主义、民族主义和全球化等方面挑起的全球争议,在涵盖西方惯认的思想理论基础上融合中国特色并根据时代发展需求进行创新,最终以符合全人类共同价值的国际理论得到各国认可。⑤

(二) 思想渊源与理论阐释

人类命运共同体理念是在中华优秀传统文化、东西方重要哲学社会科学理论、国际政治政策和经验的基础上进行创新,进而形成的符合新时代国际发展需求的重要理论成果。其形成是理论与实践的统一,具有深厚的思想依据和现实基础。

---

① 郇庆治、赵睿夫:《构建人类命运共同体的人类共同价值基础及其时代拓展》,载《党政研究》,2021年第6期,第81—90页。
② 周新民:《习近平全球治理重要论述与人类命运共同体理念的世界意蕴》,载《红旗文稿》,2021年第1期,第44—47页。
③ 王寅:《习近平人类命运共同体思想的生成逻辑、重要价值与实现进路》,载《中共南京市委党校学报》,2021年第5期,第12—19页。
④ 贾中海、程睿:《塑造人类命运共同体的思维方式:特质、生成逻辑与内生机制》,载《理论探讨》,2021年第2期,第42—48页。
⑤ 祁海军:《论习近平人类命运共同体思想的总体性路向》,载《内蒙古师范大学学报(哲学社会科学版)》,2021年第50卷第4期,第12—20页。

对于理念的思想渊源，学者大多认可其基于中华优秀传统文化的根基，但在分析西方思想或其他理论根源时观念略有不同。孙静、徐杰认为，人类命运共同体理念是对中华优秀传统文化、马克思主义、各种共同体理念的继承与发展，符合新时代国际社会发展需求，为全球治理提供了新的理论范式。① 在《论人类命运共同体理念的理论创造与生动实践》一文中，荣鑫详细地论述了人类命运共同体理念如何对马克思主义进行了理论创新。② 卢岚、李豪男、梁豪将"人类命运共同体"思想总结为：以马克思共同体思想、中华传统优秀文化、中国特色社会主义实践智慧以及以包容互惠、合作共赢、和平发展为核心理念，以"一带一路"为实践范本而形成的一个科学的理论体系。③ 张水华、查明辉在马克思"共同体"的基础上，增加了列宁"和平共处"理论和实践的经验指导，以及中国建党以来的新国际战略理念和政策主张，即"和平发展理念、建立新国际秩序观、和谐世界"等。④ 高金萍追溯到古希腊时期柏拉图提出的"理想国"的构想、乌托邦所构建的社会模式、康德提议的"国际联盟"建设等愿景，对滕尼斯、马克思的"共同体"进行对比，并结合世界全球化发展带来的全球性问题的暴露现状，分析了人类命运共同体理念的深厚理论根基，认为该理念是经过全球实践检验、具有科学性的全球性指导型理论。⑤

除历史溯源外，也有学者聚焦这一理念在现实层面的理论和思想意义。林坚从政治、物质、精神、社会、生态五个视角出发，分析了人类命运共同体理念的逻辑结构与实践意义，认为该理念是当代中国对世界的重要思想和理论贡献。⑥ 欧阳辉纯、王木林则选择将人类命运共同体视作政治命题，认为其政治

---

① 孙静、徐杰：《习近平新时代人类命运共同体理念的理论来源、背景及意义》，载《北方民族大学学报》，2021年第2期，第104—110页。
② 荣鑫：《论人类命运共同体理念的理论创造与生动实践》，载《广西社会科学》，2021年第5期，第39—44页。
③ 卢岚、李豪男、梁豪：《论"人类命运共同体"思想的理论建构与实践路径》，载《武汉理工大学学报（社会科学版）》，2021年第34卷第1期，第21—27页。
④ 张水华、查明辉：《人类命运共同体思想的理论基础、现实语境与当代价值》，载《江西师范大学学报（哲学社会科学版）》，2021年第54卷第2期，第35—42页。
⑤ 高金萍：《理想、理念、理论：人类命运共同体的演进逻辑》，载《当代世界》，2021年第6期，第24—30页。
⑥ 林坚：《从"五个文明"视角看人类命运共同体的逻辑结构》，载《南昌大学学报（人文社会科学版）》，2021年第52卷第6期，第5—14页。

学理论的内核在于超越了西方"民治、民有、民享"的政治理念，是以人民为中心引领的治理观念。① 姬德强、朱泓宇在《党际、国际与命运共同体：建党百年中国共产党对外传播的三维向度及其交叉关系》一文中对人类命运共同体进行阐释并总结道，这一理念实则是以世界政治与全人类命运为宗旨，超越传统党际传播模式的中国国际传播新范式。②

（三）国际比较与全球治理

"人类命运共同体"作为一种关涉全球政治发展的理念，涵盖多个领域且拥有丰富的意涵，自提出以来在国际上得到了广泛传播并受到学界关注，涌现出许多从国际视角对人类命运共同体理念的解读，其中不乏结合西方普遍知晓或接受的理论或政治政策进行论述。

当今世界，国际政治环境动荡、国际话语权不均衡、全球治理体系脆弱等问题日渐突显，人类命运共同体理念的提出作为一种新型国际秩序与国际关系的指导性理论，面临着多重挑战与质疑的声音。王伟③、袁祖社和张媛④、贺敬垒和马文学⑤、赵英红⑥都在其文章中结合国际形势对该理念进行分析，坚信构建人类命运共同体是应对全球问题的最佳选择。韩俊指出，人类命运共同体能够提升中国国际话语影响力、回击西方恶意抹黑、破除西方的"普世"观念。⑦ 袁航批判了西方以"文明普世性"为根基的世界主义思潮，反观人类命运共同体理念，则更符合人类的共同利益与价值观念，能够为全球治理与国

---

① 欧阳辉纯、王木林：《从中国之治到构建人类命运共同体——习近平新时代中国特色社会主义思想的政治学意涵》，载《吉首大学学报（社会科学版）》，2021年第42卷第1期，第10—18页。
② 姬德强、朱泓宇：《党际、国际与命运共同体：建党百年中国共产党对外传播的三维向度及其交叉关系》，载《全球传媒学刊》，2021年第8卷第3期，第48—68页。
③ 王伟：《构建人类命运共同体逻辑的多维度阐释》，载《中学政治教学参考》，2021年第11期，第23—25页。
④ 袁祖社、张媛：《人类命运共同体的理论境界与中国道路的实践选择》，载《西安财经大学学报》，2021年第34卷第1期，第5—13页。
⑤ 贺敬垒、马文学：《论新时代人类命运共同体国际话语权构建：主要机遇、挑战与实现路径》，载《天津大学学报（社会科学版）》，2021年第23卷第5期，第423—428页。
⑥ 赵英红：《构建人类命运共同体的时代意蕴》，载《人民论坛》，2021年第14期，第55—57页。
⑦ 韩俊：《习近平构建人类命运共同体的话语表达与价值意蕴》，载《乐山师范学院学报》，2021年第36卷第11期，第113—120页。

际新秩序的建构提供启发性的方案。① 此外，廖小明②、李文明和刘婧如③分别对比了西方"全球正义理论"和"世界主义"，从理论层面论证了人类命运共同体理念对这些西方理论存在的逻辑漏洞和实践困境的超越。刘志刚④、白雪和左天全⑤分别通过对比"文明冲突论"与"人类命运共同体"，在体现出中西方思维差异的同时，凸显出人类命运共同体理念可以作为一种新型文明观，一种指导人类文明新秩序、推动构建新型全球治理的理念。

人类命运共同体理念被视为中国提出的一种新世界观。如汪卫华所述，新时代中国的国际观正是以"构建人类命运共同体"为旗帜展开的。⑥ 但是，正如周银珍⑦、张继焦和吴玥⑧所说，对人类命运共同体理念要有更合理和更高层次的定位，它不仅是中国的国际观和外交指导思想，更应该成为全球共同认可和支持的全球治理新模式。袁祖社认为，人类命运共同体理念是基于当今世界政治多极化等趋势背景，超越了单边主义和霸权性国际关系与狭隘的交往观念的创新型理念，具有新型世界观意义。⑨ 郭树勇和于阳指出，人类命运共同体理念是对旧的全球秩序观的理性反思，有助于各国产生"命运共同体一员"的身份认同并重塑对国际责任的共同认识。⑩ 祝婷婷也将人类命运共同体作为

---

① 袁航：《人类命运共同体：超越世界主义思潮的文明新形态》，载《河南社会科学》，2021年第29卷第9期，第9—17页。

② 廖小明：《构建人类命运共同体视阈下全球正义的理论逻辑与实践路向》，载《云南大学学报（社会科学版）》，2021年第20卷第5期，第5—13页。

③ 李文明、刘婧如：《论新世界主义与人类共同价值——理解人类命运共同体的逻辑理路》，载《国际观察》，2021年第6期，第133—154页。

④ 刘志刚：《从"文明冲突论"到人类命运共同体——中西方对待文明冲突的不同逻辑》，载《学术界》，2021年第10期，第201—209页。

⑤ 白雪、左天全：《人类命运共同体思想对文明冲突论思维的超越》，载《华东理工大学学报（社会科学版）》，2021年第36卷第5期，第1—12页。

⑥ 汪卫华：《中国的国际观变迁与构建人类命运共同体》，载《外交评论（外交学院学报）》，2021年第38卷第5期，第1—23页。

⑦ 周银珍：《全球变局下中国方案："人类命运共同体"构建研究》，载《新疆大学学报（哲学·人文社会科学版）》，2021年第49卷第3期，第43—49页。

⑧ 张继焦、吴玥：《构建全球与中国"共赢"的人类命运共同体》，载《贵州社会科学》，2021年第11期，第37—44页。

⑨ 袁祖社：《人类命运共同体思想之原创性意义的理据及其当代性诠释》，载《福建论坛（人文社会科学版）》，2021年第11期，第154—168页。

⑩ 郭树勇、于阳：《全球秩序观的理性转向与"新理性"——人类命运共同体的理性基础》，载《世界经济与政治》，2021年第4期，第4—32页。

新的世界观展开分析，认为其对于引领人类文明建设、改革和创新全球经济和政治秩序、促进国际社会和谐、增强人类共同福祉具有深远的历史意义。①

从政策层面分析，人类命运共同体理念不止于塑造崭新的世界观。陈以定认为，人类命运共同体理念符合新时代全球治理的本质，是对全世界解决人类问题所贡献的中国智慧与中国方案。②栾林分析了传统全球治理体系，在《人类命运共同体对全球治理体系的当代构建》中明确指出，人类命运共同体将成为对全球治理体系的当代性改革与构建。③胡为雄认为，人类命运共同体理念对全球治理有积极推动作用的原因是它包含了对联合国全球治理体系的广泛实践，还涵盖了对全人类共同价值的关注。④林伯海强调，人类命运共同体理念作为中国提出的全球治理方案的思想基础和指导核心始终在于"全人类共同价值"。⑤刘泓指出，人类命运共同体既是新型人类文明观，也是人类文明顺应时代持续演进的前提。⑥

（四）人类命运共同体理念的海外认知

人类命运共同体理念的国际传播效果也是政治学研究领域的关注热点，海外学者对这一理念的理解和接受程度不仅映射了海外受众中的传播到达率，更在一定层面上影响和塑造着人类命运共同体理念在国际社会中的二次传播方向。

在《人类命运共同体倡议的海外研究及启示》一文中，文吉昌、刘佳分析了自2013年以来海外学者对该理念的认知和评价，发现该理念已作为一个

---

① 祝婷婷：《简论作为一种新世界观的人类命运共同体》，载《东北师大学报（哲学社会科学版）》，2021年第2期，第84—89页。
② 陈以定：《"人类命运共同体"的国际传播与中国全球治理话语权的构建》，载《井冈山大学学报（社会科学版）》，2021年第42卷第4期，第63—68页。
③ 栾林：《人类命运共同体对全球治理体系的当代构建》，载《人民论坛》，2021年第11期，第53—55页。
④ 胡为雄：《"人类命运共同体"新议》，载《理论视野》，2021年第2期，第36—42页。
⑤ 林伯海：《论全人类共同价值与人类命运共同体的辩证关系》，载《马克思主义研究》，2021年第11期，第79—88页。
⑥ 刘泓：《人类命运共同体是人类文明形态发展的大趋势》，载《人民论坛》，2021年第34期，第35—37页。

重要政治词汇和学术话语受到关注，并在很大程度上获得较为客观、积极的分析。但海外学者在人类命运共同体的挑战、意图方面研究较多，而在理论渊源、内涵、中国未来举措等方面的研究十分匮乏，这凸显出该理念立体性国际传播的欠缺，比如在该理念的文化来源、实质和具体制度化方案等方面的传播不足。① 牛志宁、林春逸描述了人类命运共同体理念逐渐被国际社会所认可的事实，认为我国仍需要进一步加强核心理念的解释与对外传播，不能忽略来自多元世界的各种挑战。②

谢惠媛对海外学者的相关研究进行了梳理并指出，海外学者普遍对人类命运共同体理念较为关注，主要聚焦以下三个层面：多角度对人类命运共同体理念进行理据阐释；人类命运共同体的构建对发展中国家及世界格局产生的影响；具体论题下中国的实践措施。总体而言，海外学者对人类命运共同体理念的关注与多维理解很大程度上反映出他们对中国发展和对国际格局的影响的关注。③

王淼、王鹏在《海外关于人类命运共同体的研究述评》一文中指出，海外学者大体认可人类命运共同体理念符合国际关系的基本准则，认为该理念的提出是为了应对国际环境的变化与满足中国参与国际事务的需要，研究整体呈现积极的态度并包含对国际局势的客观分析，但不容忽视"中国野心论""新殖民主义论""价值观冲突论"类似的消极论述。④ 朱莉对2020年1月至8月印度主流媒体与人类命运共同体相关的报道进行了采集和分析，发现相关报道多以中印两国关系、"一带一路"实践相关的敏感话题为主，总体呈现负面情绪并带有一定的偏见。⑤ 何苗、高立伟总结出国际上对人类命运共同体的误解

---

① 文吉昌、刘佳：《人类命运共同体倡议的海外研究及启示》，载《山东行政学院学报》，2021年第4期，第103—112页。
② 牛志宁、林春逸：《增强人类命运共同体国际理解：价值、挑战、理路》，载《中学政治教学参考》，2021年第44期，第93—96页。
③ 谢惠媛：《海外学者视野中的人类命运共同体》，载《国外社会科学》，2021年第5期，第13—24页。
④ 王淼、王鹏：《海外关于人类命运共同体的研究述评》，载《社会主义研究》，2021年第1期，第156—163页。
⑤ 朱莉：《"人类命运共同体"理念在印度的传播——基于2020年1—8月部分印度主流媒体的分析》，载《青年记者》，2021年第16期，第120—121页。

或曲解主要包括以下几种：将其视为中国颠覆现存国际秩序、谋求霸权地位、划定势力范围、输出中国模式的政治工具。①

由此可见，针对人类命运共同体的海外认同与传播的研究，尽管不同背景下的学者在意识形态、文化背景、政治立场上存在差异，但对人类命运共同体的评价总体来看是积极公正的，不过仍不可避免地存在一些针对中国以及针对这一理念的提出者的猜测、误解与偏见。

二、国际政治格局下的理论与实践路径创新研究

当今世界处于大变革的加速期，世界多极化趋势愈加明显，而此时西方中心主义引领的全球治理体系频显失灵，全球性问题日益凸显，国际秩序日益失序，局部地区出现动荡，"反全球化"逆流甚嚣尘上。在此背景下，人类命运共同体理念的不断丰富创新与探索实践取得的成效备受瞩目，俨然成为广大发展中国家所追求的开放包容、公正有序、合理有效的全球治理的新方案。人民日报社评选的2021年国际十大新闻，正是对处于世界百年未有之大变局中的国际政治格局演变过程的具体映射，其中不乏中国在构建人类命运共同体的理念指导下对全球治理体系的理论与实践路径创新。

2021年政治学领域的文献聚焦国际政治大环境中暴露的问题，基于人类命运共同体理念探索全球治理机制体制的改革创新，并针对种种因素带来的挑战提出对策研究；一些学者对人类命运共同体理念指导下的对外实践展开深入分析，如"一带一路"项目取得的成就，与非洲、拉美、东盟等地区开展的区域合作实践项目，对践行多边主义、推动全球合作的重要启示与价值；也有一定数量的研究围绕中国恢复联合国合法席位50周年这一重要国际事件，与人类命运共同体相结合探索解决全球性问题、构建全球治理新体系的理论与实践创新之路。

---

① 何苗、高立伟：《驳外界对人类命运共同体的几种错误论调》，载《当代世界与社会主义》，2021年第4期，第171—177页。

(一) 国际困境中的人类命运共同体构建

随着国际力量对比发生深刻变化，国际关系与全球治理体系处于加速转型中，世界处于百年未有之大变局，全人类面临着众多问题与挑战。人类命运共同体的提出虽然以其深厚的理论基础与卓有成效的实践成果愈加得到国际社会的认可，但仍不可忽视阻碍我国积极参与全球治理的重重困境。

吴志成对当下国际环境总结道：国际政治环境动荡、逆全球化泛起、大国战略博弈、单边主义横行、周边环境纠纷频发、美西方国家遏制打压等诸多阻碍，并有针对性地做出积极参与全球治理体系的改革。[①] 王少光对当下由零和博弈的陈旧思维带来的"逆全球化"运动进行了深刻解读，以人类命运共同体理念的价值意蕴与国际现实相结合，证明了逆全球化的不可行性。[②] 任洁列举了推动全世界构建人类命运共同体所面临的现实挑战，如来自思维文化价值观的差异、各国综合实力的差距、国家核心利益的冲突，并针对各项挑战提出理论建设与实践的建议。[③] 赵洋论述了全球治理中出现的"治理赤字"情况，指出其主要根源在于目前全球治理体系中的规则的不公平性。[④] 邵发军同样提到，目前世界各国发展的不平衡性引发了全球治理危机。[⑤] 罗会钧、张维超重点围绕美国"退出主义"的外交战略对国际事务造成的影响，认为美国的外交收缩将为中国带来推动全球治理体系重建的机会，从竞争型转向合作型，从而构建合作共赢的人类命运共同体。[⑥] 王明国也对美西方国家的选择性制度战略冲击表示警惕，提出我国进一步设计和完善人类命运共同体的国际制度，避

[①] 吴志成：《积极参与全球治理的中国视角》，载《国外社会科学》，2021年第5期，第25—30页。

[②] 王少光：《"逆全球化"视域下人类命运共同体的价值意蕴》，载《实事求是》，2021年第5期，第5—14页。

[③] 任洁：《构建人类命运共同体面临的现实挑战和应对策略》，载《世界社会主义研究》，2021年第6卷第7期，第19—27页。

[④] 赵洋：《破解"全球治理赤字"何以可能？——兼论中国对全球治理理念的创新》，载《社会科学》，2021年第5期，第41—57页。

[⑤] 邵发军：《人类命运共同体视阈下的共同发展与全球治理问题研究》，载《社会主义研究》，2021年第1期，第122—130页。

[⑥] 罗会钧、张维超：《美国"退出主义"导致的全球治理话语权变化以及中国的机遇》，载《湘潭大学学报（哲学社会科学版）》，2021年第45卷第1期，第151—156页。

免在全球治理具体实践中的不明确方面以妥善应对恶意攻击。① 吴志成、李颖则更为详细地对比了中、美两国在国际动荡的大变局背景下表现出的全球治理战略的差异，以期在未来全球治理中能更好地加强沟通、避免对抗冲突、推动全球治理体制的改革。②

针对国际社会各种困境下人类命运共同体如何指导推进中国特色外交、参与国际治理、推动国际新秩序与新制度构建，2021年的文献有着较为丰富的研究和论述。吕明洁对以人类命运共同体为外交指导思想的实践方案进行概述，高度评价我国有针对性的区域国家合作战略布局，以及"一带一路"实践在全球取得的典范效果。③ 人类命运共同体理念不仅仅是中国的外交指南，更是在全球治理视域下基于全人类共同利益提出的构建新型国际秩序、改革创新治理体系的重要指导方案。王连伟、夏文强指出，中国所提倡的构建全球秩序的方案，是基于人类命运共同体理念指导下以人类共同价值为导向寻求构建更加公平合理的全球秩序。④ 栾林的《人类命运共同体对全球治理体系的当代构建》⑤、张鹫的《人类命运共同体与全球治理体系的变革》⑥、吕翠微等人的《全球治理视域下人类命运共同体的构建路径研究》⑦ 等文章对人类命运共同体为何能引领全球治理体系变革作出阐释。陈秋丰对比了"全球公域治理"与"人类命运共同体理念"，认为人类命运共同体的思想较之全球公域治理体系能够更好地协调人类共同利益与国家利益，最终形成符合各层面共同利益的"人类公域"治理体系。⑧

---

① 王明国：《人类命运共同体的国际制度基础》，载《教学与研究》，2021年第5期，第75—84页。
② 吴志成、李颖：《中美全球治理战略比较》，载《现代国际关系》，2021年第10期，第1—9页。
③ 吕明洁：《人类命运共同体的建构指向、实践方案及现实典范》，载《现代交际》，2021年第18期，第201—203页。
④ 王连伟、夏文强：《人类命运共同体：全球秩序的中国方案》，载《哈尔滨工业大学学报（社会科学版）》，2021年第23卷第4期，第36—43页。
⑤ 栾林：《人类命运共同体对全球治理体系的当代构建》，载《人民论坛》，2021年第11期，第53—55页。
⑥ 张鹫：《人类命运共同体与全球治理体系的变革》，载《社会主义研究》，2021年第6期，第140—147页。
⑦ 吕翠微、孟巍、王启蒙：《全球治理视域下人类命运共同体的构建路径研究》，载《佳木斯大学社会科学学报》，2021年第39卷第3期，第28—30页。
⑧ 陈秋丰：《全球公域治理与人类命运共同体构建》，载《国际论坛》，2021年第23卷第3期，第38—58页。

人类命运共同体理念的提出和推动又对国际秩序转型产生怎样的影响以及如何影响？李慧明对此从理念、制度规范、权力分配等方面进行了详尽的分析，并对冷战后国际秩序的演变历程重新梳理，探寻其发展影响因素并探寻在人类命运共同体影响下的未来转型方向。① 正如刘利民所述，构建人类命运共同体为我国打破旧的国际政治经济秩序、建设新型国际关系具有思想上的指引作用，更要借此拓展全球合作作为打造国际新秩序的实践平台展开实际行动。② 丑则静也强调要践行多边合作来破解当前全球治理所出现的困境。③ 石斌从理念与实践两方面论述了中国如何积极参与国际秩序和全球治理体系建设，不仅仅贡献了以"合作互赢"为基本目标的新型国际关系建设的思路，更以"一带一路"为范本提供了"共商共建共享"为核心原则的全球治理体系变革方案。④ 余博闻对中国提出的全球治理改革方略进行总结，理论结合实践，在权力和话语结构重塑、思想解放与接纳、方案创新与兼顾实用性三个维度提出有针对性的策略建议。⑤

（二）"一带一路"与区域合作研究

2021年，习近平分别与俄罗斯、美国、中东欧国家、东盟国家、拉美国家密集开展元首云外交，全面推进世界各国友好合作，推动建设以平等、开放、合作为特征的全球伙伴关系网络，并重点强调坚持多边主义与发展区域国家合作对全球共同应对国际局势大变局及解决全球性问题的重要意义，充分彰显了对世界大趋势的深刻洞察和对全人类命运的深切关怀。

本年度也有一定数量的文献对中国在多边主义与区域国际合作方面所做出

---

① 李慧明：《人类命运共同体与国际秩序转型》，载《世界经济与政治》，2021年第8期，第4—33页。
② 刘利民：《以"构建人类命运共同体"理念建设新型国际关系思想探论》，载《晋阳学刊》，2021年第2期，第87—94页。
③ 丑则静：《维护践行多边主义、破解全球治理之困》，载《红旗文稿》，2021年第10期，第44—47页。
④ 石斌：《从理念到行动：国际秩序与全球治理体系建设的中国式探索》，载《南大亚太评论》，2021年第1期，第31—46页。
⑤ 余博闻：《"改革方法论"与中国的全球治理改革方略》，载《世界经济与政治》，2021年第10期，第105—129页。

的努力和贡献展开研究，研究重点主要分布在以下领域：围绕"一带一路"项目的理论与实践经验所带来的沿线国家交往模式创新；与非洲、拉美、亚洲开展的区域共同体合作形式以及未来的发展方向。

自 2013 年共建"一带一路"倡议提出以来，中国积极与沿线国家基于既有的双多边机制、搭建区域合作平台，与各国建立政治互信、经济互助的合作关系。如今，"一带一路"项目已成为中国推动国际关系发展与全球治理改革的重要支点。尹忠阐述了从明代"郑和下西洋"到新时代"一带一路"的思想及实践路径变迁历程，通过时代跨越对比，论述了"一带一路"的思想渊源及其携手沿线国家共同发展的建设初衷与实践主旨，并论证了以"一带一路"为实践模式的人类命运共同体构建符合新时代的世界治理需求，将成为推动国际格局加速演变、重塑全球治理体系与秩序、推动全球发展的重要治理经验与国际合作新模式。① 冯霞、胡荣涛则着眼于新时代国际格局下全球治理所面临的困境，探讨了如何以"一带一路"话语体系构建为抓手，推动人类命运共同体指导下的全球治理机制变革，为世界带来应对全球性挑战与危机的有效方案。② 李丹在指出当今世界大变局对全球治理造成的困境的同时，深入分析了"一带一路"如何反映出中国积极推进全球化、参与和引领全球治理的新思路，在《丝路共同体：中国推动全球治理转型重构的现实方案》中与"一带一路"实践具体案例相结合详细阐述人类命运共同体何以成为全球治理体系转型与重构的改革方向、主要路径、实践平台。③

面对全球治理危机的复杂性，中国以"一带一路"为基点，逐步聚焦专项治理事务，开展区域合作，更好地针对现存问题进行精准定位并实现统筹安排，是对全球治理理念的改革性创新。罗晖等学者介绍了中国开展科技外交实践中与各区域国家合作的模式与特色。这对于开展全球事务的专项治理体系变

---

① 尹忠：《人类命运共同体："天下"文明的高级形态——从明代"郑和下西洋"到新时代"一带一路"国际合作》，载《广东省社会主义学院学报》，2021 年第 2 期，第 16—21 页。
② 冯霞、胡荣涛：《人类命运共同体视阈下"一带一路"话语体系构建》，载《厦门大学学报（哲学社会科学版）》，2021 年第 1 期，第 12—21 页。
③ 李丹：《丝路共同体：中国推动全球治理转型重构的现实方案》，载《理论月刊》，2021 年第 6 期，第 76—84 页。

革具有启发式的重要价值。①

除"一带一路"倡议,在国际区域合作方面,针对与非洲国家建设中非命运共同体、与拉美国家、东盟的合作研究不断升温。姚遥、余涛和张宏明对中非命运共同体的构建进行了论述。其中,姚遥侧重于中非合作历史与命运共同体的理论研究,阐述了在理论层面如何对当今世界各国合作与中国外交政策贡献力量②;余涛和张宏明则从全球治理背景出发,对中非合作面临的种种障碍进行了分析,并从政治、经济、文化和安全等方面提出实践路径的构建方案。③ 宋均营、付丽媛分析了当下中美博弈持续加剧的状况,建议加强中拉合作,从而实现中美拉三边关系联动增强并形成稳定、协调的模式,从而推动构建人类命运共同体和建设新型国际关系。④ 东盟国家与中国一衣带水,是开展周边外交的主要方向之一,但中国—东盟关系一直以来深受冷战环境和地缘政治的影响,波动起伏。中国—东盟命运共同体的提出,正如陆广济所述,为中国与东盟各国塑造了全新的国际政治身份,将有力推动双方国际关系积极发展。⑤

(三) 人类命运共同体理念引领下的联合国外交

2021年是中华人民共和国恢复联合国合法席位50周年,习近平在出席中华人民共和国恢复联合国合法席位50周年纪念会议时发表重要讲话,呼吁世界各国以全人类共同价值为核心,践行真正的多边主义,携手共建人类命运共同体。

张磊回顾了中国重返联合国的50年间,如何从"逐步融入"到"积极参

---

① 罗晖等:《当代中国科技外交的实践与特色》,载《外交评论(外交学院学报)》,2021年第38卷第6期,第1—22页。

② 姚遥:《中非命运共同体的历史意义与理论价值》,载《中国非洲学刊》,2021年第2卷第1期,第2—23页。

③ 余涛、张宏明:《全球治理背景下的中非命运共同体研究》,载《河南师范大学学报(哲学社会科学版)》,2021年第48卷第4期,第38—45页。

④ 宋均营、付丽媛:《构建"均衡、稳定、协调、合作"的中美拉三边关系》,载《国际问题研究》,2021年第6期,第70—83页。

⑤ 陆广济:《中国—东盟命运共同体构建:基于"身份政治"理论的分析》,载《边界与海洋研究》,2021年第6卷第2期,第94—112页。

与"再到"全面合作"等不同阶段,认为现已进入"建设性引领"的新时代,人类命运共同体理念为中国的联合国外交提供了理念引领,在此基础上形成了推动国际新秩序观、制度观、安全观和发展观的路径引领,并通过"一带一路"、"南南合作"、支持和推动联合国全球治理改革等具体实践案例为未来以联合国为平台的全球治理体系重建提供了具有创新性和建设性的方案。① 纪庆鑫以中国在联合国安理会投票模式的变化为例具体分析了我国 50 年以来的联合国外交政策变化,着重强调了以联合国为核心的多边外交体系对于中国构建人类命运共同体实践具有重要意义。② 杨泽伟同样对中国参与联合国工作的 50 年期间以人类命运共同体为指导多次提供有效的国际理论和实践支持进行概述,同时指出了中国在联合国立法和司法领域的影响力薄弱、软实力和硬实力较之西方国家仍有差距、人才输送方面明显不足等问题,并给出了针对性的建议。③ 唐刚分析了中国在联合国的各项实践,也提出了对未来的展望:中国将以联合国为平台继续提升参与全球治理能力并提供中国方案、借助联合国设置国际议题以提升话语权、关注热点问题并推动国际合作发展、加强对联合国的理论支撑与人才输送。④

国务委员兼外交部部长王毅在纪念中华人民共和国恢复联合国合法席位 50 周年研讨会上作题为《团结在联合国旗帜下,携手推动构建人类命运共同体》的发言,他指出,中国要始终团结在联合国旗帜下,携手各国推动构建人类命运共同体。⑤ 刘恩东高度评价联合国在国际事务中的重要地位,然而当今国际政治环境剧变下,联合国的权威正在遭遇反全球化、单边主义、信任赤字等一系列挑战,而人类命运共同体理念正符合联合国的成立初衷与宗旨,为

---

① 张磊:《中国重返联合国五十年:发展历程与演进逻辑》,载《国际观察》,2021 年第 5 期,第 26—52 页。
② 纪庆鑫:《中国对联合国外交政策分析:从认知到行为——以 20 世纪 70 年代以来中国在安理会投票模式变化为例》,载《珠江论丛》,2021 年第 Z1 期,第 13—31 页。
③ 杨泽伟:《中国与联合国 50 年:历程、贡献与未来展望》,载《太平洋学报》,2021 年第 29 卷第 11 期,第 1—13 页。
④ 唐刚:《中国与联合国 50 年:实践、经验及未来展望》,载《华北电力大学学报(社会科学版)》,2021 年第 6 期,第 77—87 页。
⑤ 王毅:《团结在联合国旗帜下,携手推动构建人类命运共同体》,载《学习时报》,2021 年 12 月 15 日,第 001 版。

全球性威胁和挑战提供强有力的应对。①余姣提出，中国若要推动与联合国合作的可持续性，需要充分认识到当今国际的动荡局势，联合推进全球性的伙伴关系建设，强化实体机制联系，从而共推人类命运共同体制度化建设与全球治理体系改革等路径建构的稳定开展。②

三、全球具体事务领域下的"中国理念"

在动荡的国际政治局势与新冠疫情的双重影响下，各领域的全球事务实践中都暴露出不同程度的危机与问题，促使人类命运共同体理念得到深化解读并逐渐具象于不同的全球事务领域下，形成了各领域内的命运共同体理念，为人类命运共同体理念提供了系统化的阐释，形成了更为聚焦的全球事务指导方案。其中最受关注并产生较多研究成果的当属"人类卫生健康共同体"与"人类海洋共同体"。

2021年，知网上共有225篇文章对这两项共同体理念在国际政治视域下的解读与应用进行专题论述，文章内容均包含对这两个共同体理念提出的国际政治环境及该领域下面临的具体挑战与机遇的论述，大部分研究结合政治学观点对理念本身进行了理论性的阐释和政策解读，厘清其与人类命运共同体的联系和区别，也有不少学者结合国际政策与实践的具体案例，从国际关系、地缘政治等方面分析这两项共同体理念所具有的意义及可行性，将其视作中国参与全球治理、推动国际秩序变革的重要策略，具有重要的理论与实践价值。

（一）人类卫生健康共同体

对"人类卫生健康共同体"的理论性研究主要集中于两个方面。其一是挖掘其思想渊源、逻辑内涵；其二则是剖析其与人类命运共同体理念的关联。

---

① 刘恩东：《大变局下的联合国与全球治理新议题》，载《人民论坛》，2021年第12期，第94—97页。
② 余姣：《论中国与联合国的可持续安全合作》，载《社会主义研究》，2021年第3期，第158—169页。

于中鑫①、程莹②等多位学者都对"人类卫生健康共同体"理念的思想内涵及时代价值进行了详细论述，均认为该理念融合了中华传统文化中的"大同"理想，基于新冠疫情在内的全球多次重大公共卫生实践经验基础提出，是为全球公共卫生健康治理提供的具有时代价值和中国特色的有效理论指南与实践方案。然而，关于"人类卫生健康共同体"的理论渊源，所呈意见略有不同，例如于中鑫等认为其源自马克思恩格斯的"世界历史"理论，而程莹则认为其理念继承于马克思的"真正共同体"思想，曾向红、罗金③也结合政治学、西方哲学等领域对"共同体"进行深刻探索并从底层阐释东西方思想的共通性。以上两种对"人类卫生健康共同体"理念渊源的观点可大抵概括总体看法。

除理论层面外，对"人类卫生健康共同体"与"人类命运共同体"的关联性研究大多与新冠疫情下的世界大环境、国际关系变局等因素相结合。康晓对于新冠疫情如何引发全球治理危机的国际环境进行了详尽的论述，指出疫情危机恰使国际社会对公共卫生健康与人类生命安全有了新的认识。④ 于中鑫在对理论进行全面阐述后，结合国际社会在疫情中互助合作、联合国及世界卫生组织开展全球公共卫生多边治理等实践情况，认为该理念从全球治理的具体领域丰富并深化了人类命运共同体理念。曾向红、罗金基于国际防疫背景，详细梳理两个理念中间的逻辑关系，并辅之以新冠疫情期间中日韩联合抗疫模式、中国开展国际抗疫援助等案例，指出人类卫生健康共同体作为全球防疫背景下提出的外交方略将对中国推动国际关系发展起到重要作用。王瑞、王贤斌从全球治理角度出发，在《人类卫生健康共同体视域下全球疫情治理机制创新》一文中指出，"人类卫生健康共同体"是"人类命运共同体"与全球疫情防控

---

① 于中鑫：《习近平关于人类卫生健康共同体重要论述：提出依据、主要内容及价值意蕴》，载《邓小平研究》，2021年第2期，第97—105页。

② 程莹：《习近平关于构建"人类卫生健康共同体"论述的内涵及价值》，载《河南理工大学学报（社会科学版）》，2021年第22卷第6期，第1—6页。

③ 曾向红、罗金：《共建"人类卫生健康共同体"：中国卫生外交的新倡议》，载《教学与研究》，2021年第12期，第77—87页。

④ 康晓：《新冠疫情危机与全球治理新态势》，载《国际论坛》，2021年第23卷第2期，第19—33页。

机制的耦合与理论创新，包含了对国际社会传统疫情防控机制所暴露出的问题的评估和反思，明确指出西方国家在政治、种族、经济方面对全球疫情治理带来的阻碍，强调人类卫生健康共同体为促进全球疫情治理机制的改革创新提供了有效的中国方案。①

  文献中对于"人类卫生健康共同体"对全球公共卫生治理的指导意义、实践价值也有着丰富的研究和论述。陈永森、张埔华回顾世界历史中几次传染病的传播所造成的全球性灾难，驳斥了将新冠疫情的蔓延归咎于全球化的国际舆论，提出全球化趋势不可逆的理由与未来发展新特征，而人类卫生健康共同体的提出正是顺应和推动全球化的重要方案，团结全人类以共同体的思维携手面对流行病这种全球性的卫生健康挑战。② 王斌梳理了"人类卫生健康共同体"重要论述在国际场合提出的时间线，并基于包括新冠疫情在内的数次全球性疾病引发的危机所带给全人类的教训，阐述该理念以全人类卫生健康为有机整体的核心，对于全球公共卫生治理具有重要指导意义。③ 周玉婷、邹阳从价值、理论、实践三个维度，论述全球抗击新冠疫情背景下的人类命运共同体构建能够指导全球抗疫行动更有效地联动全球各方力量，携手全人类打好新冠疫情防控的全球阻击战。④ 方世南、张云婷围绕"和平、发展、公平、正义、民主、自由"的人类共同价值与新冠疫情下加强全球公共卫生合作治理的紧迫性，论述了构建人类卫生健康共同体对应对单边主义挑战、维护全人类平等的生命健康权、推动全球合作的重要意义。⑤ 龙冬平、陈再齐等学者采用案例分析法，从国内抗疫实践、中国防疫方案、西方抗疫实践、抗疫困境四个方面论述了推动构建人类命运共同体在后疫情时代将对全球卫生安全与疾病防控发

---

  ① 王瑞、王贤斌：《人类卫生健康共同体视域下全球疫情治理机制创新》，载《理论建设》，2021年第37卷第2期，第38—47页。
  ② 陈永森、张埔华：《以人类卫生健康共同体助推全球化进程》，载《国外社会科学》，2021年第1期，第12—22页。
  ③ 王斌：《人类卫生健康共同体：理念、挑战与应对》，载《桂海论丛》，2021年第37卷第3期，第76—81页。
  ④ 周玉婷、邹阳：《全球抗疫视域下构建人类命运共同体的三个维度》，载《学校党建与思想教育》，2021年第6期，第85—87页。
  ⑤ 方世南、张云婷：《以人类共同价值构建人类卫生健康共同体》，载《福建师范大学学报（哲学社会科学版）》，2021年第5期，第1—9页。

挥巨大作用。①

（二）海洋命运共同体

关于"海洋命运共同体"的研究和论述更多地聚焦于国际秩序动荡引发的对全球海洋治理的关注，相比"人类卫生健康共同体"较多的理论阐释，本议题下的研究多围绕全球海洋治理暴露的问题与维护世界海洋秩序的急迫性，并着眼于此提出我国积极参与海洋秩序维护和制度创新的意见和建议。

金永明对海洋命运共同体的理论体系进行全面论述，详细解读了该理念的提出、与人类命运共同体理念的渊源、法理基础，从理论、政策、实践的角度证明该理念对维护世界海洋秩序具有重要意义。②《从"人类命运共同体"到"海洋命运共同体"——推进全球海洋治理与合作的理念和路径》一文中，朱锋也详细论述了"海洋命运共同体"的提出背景以及与人类命运共同体的关系。此外，他还指出，海洋对于国际秩序的主导权、世界和平、全球经济、生态环境等方面都是密不可分的影响因素，而海洋命运共同体的提出正是针对解决全球海洋治理暴露出的问题，是中国在全球海洋事务领域提出的中国方案，符合人类可持续的繁荣、和平与发展的诉求。③

构建海洋命运共同体不仅仅是符合全球海洋治理需求与人类可持续发展的全球性理论方案，更是对中国积极投身于世界海洋事务实践的指导和要求。段克、余静回顾了世界海洋秩序和全球海洋治理理念的变化历程，阐释了"海洋命运共同体"的内涵意义及其引导未来国际海洋秩序的可能性，随后总结我国参与全球海洋治理所面临的挑战，并从国际关系变革、海上丝绸之路建设、国际政策法制保障方面分别提出对策建议。④ 胡德坤、晋玉阐释了中国处

---

① 龙冬平、陈再齐：《人类命运共同体理念的理论分析及其在抗疫实践中的应用》，载《热带地理》，2021年第41卷第4期，第694—707页。
② 金永明：《论海洋命运共同体理论体系》，载《中国海洋大学学报（社会科学版）》，2021年第1期，第1—11页。
③ 朱锋：《从"人类命运共同体"到"海洋命运共同体"——推进全球海洋治理与合作的理念和路径》，载《亚太安全与海洋研究》，2021年第4期，第1—19页。
④ 段克、余静：《"海洋命运共同体"理念助推中国参与全球海洋治理》，载《中国海洋大学学报（社会科学版）》，2021年第6期，第15—23页。

理海洋事务的指导思想——新海洋观的内涵、形成渊源以及与国际海洋政治发展新趋势的契合度，为中国积极参与全球海洋治理指明方向并提供指导。① 孙传香对"海洋命运共同体"理念中关于海洋生态文明建设、保护海洋生物多样性等多项目标进行介绍，指出该理念能够为海洋综合管理制度的形成提供规则导向。② 刘叶美、殷昭鲁也指出国际海洋形势复杂且严峻，海洋安全、主权争端、生态环境等方面面临困境，"海洋命运共同体"的提出符合全球海洋发展理念与治理的创新要求，要正视国际政治博弈带来的挑战，努力推动"海洋命运共同体"完成从中国方案到国际共建、从中国标准到国际规则的转变。③ 杨泽伟结合国际重要事件、海洋事务实践、科研数据等信息，详细论述了"海洋命运共同体"理念对"21世纪海上丝绸之路"建设的作用及反向对理念传播的影响，通过探讨以上问题力求为构建"海洋命运共同体"与"21世纪海上丝绸之路"提供更有益的指导。④

总体而言，当前国际局势复杂且风云变幻，正如陈须隆指出的，新冠疫情这个全球性的公共卫生事件加剧了国际格局裂变，使国际秩序快速进入动荡调整期、国际政治环境不断恶化。⑤ 傅梦孜、陈旸也指明新冠疫情、国际局势动荡、国际组织频遭掣肘等因素影响下，全球海洋治理体系暴露其问题所在、矛盾凸显。⑥ 因此，陈须隆强调构建人类命运共同体理念延伸到海洋维度的必要性，海洋命运共同体将成为中国特色的全球海洋治理方案，对于引领海洋秩序、改革海洋治理模式具有重要价值，不只是中国履行大国积极投身全球治理责任的表现，更是心系全世界全人类安危的重要改革。

---

① 胡德坤、晋玉：《新时代中国海洋观及其对国际海洋治理的影响》，载《国际问题研究》，2021年第5期，第73—89页。
② 孙传香：《"海洋命运共同体"视域下的海洋综合管理：既有实践与规则创制》，载《晋阳学刊》，2021年第2期，第104—114页。
③ 刘叶美、殷昭鲁：《"海洋命运共同体"的构建理念与路径思考》，载《中国国土资源经济》，2021年第34卷第7期，第61—68页。
④ 杨泽伟：《论"海洋命运共同体"理念与"21世纪海上丝绸之路"建设的交互影响》，载《中国海洋大学学报（社会科学版）》，2021年第5期，第1—10页。
⑤ 陈须隆：《在世界大变局中推动国际秩序演变的方略和新视角》，载《太平洋学报》，2021年第29卷第1期，第35—42页。
⑥ 傅梦孜、陈旸：《大变局下的全球海洋治理与中国》，载《现代国际关系》，2021年第4期，第1—9页。

四、小结

　　2021年政治学视域下的人类命运共同体研究整体上以世界百年未有之大变局与中华民族伟大复兴相互交织为研究背景，聚焦国际重要事件、热点话题以及现存挑战展开全面研究和详细论述。2021年政治学研究有关人类命运共同体的研究议题包括：中华人民共和国恢复联合国合法席位50周年、新冠疫情反复带来的全球性影响、"一带一路"倡议项目的实施、海洋治理矛盾不断升级。基于国际关系变化、全球治理体系不稳固等问题，我国政治学学者以人类命运共同体理念为基点，提出多种应对全球性挑战、建设世界新秩序的理论与实践构思和方案，其中不乏结合国内与国外成熟理论和概念对人类命运共同体理念进行全面而深入的解读，为理念的阐释注入中国政治与国际政治的理论源泉。

　　本年度人类命运共同体相关研究总体仍以对理念的阐释性研究为主，或从中外思想文化层面溯源论述，或结合国家政策决定作政治性解读。文献多结合国际政治环境及热议议题作宏观性描述，并对构建人类命运共同体的构想加以分析并判断利弊，预测未来实践开展方向。对于东盟、拉美、中西亚区域命运共同体的相关研究虽有所涉及，但研究内容相对较少且关注人群较为单一，如关注东盟研究的学者多为广西等地与东盟国家较多实体往来的地区，整体而言在政治学领域内仍为相对空白的研究点，在宏观全球大局势下，对于区域国家的命运共同体研究仍需加强。

人类命运共同体经济学研究述评

张苏秋　钟婉初*

全球经济领域的贸易往来、合作共赢是推动构建人类命运共同体的题中之义。马克思指出,随着分工的发展也产生了单个人的利益或单个家庭的利益与所有互相交往的个人的共同利益之间的矛盾,而且这种共同利益不是仅仅作为一种"普遍的东西"存在于观念之中,而首先是作为彼此有了分工的个人之间的相互依存关系存在于现实之中。① 彼此的分工合作以及一系列经济上的交易和往来,引致了共同利益的产生以及在此基础上的经济共同体意识,放置于全球经济的宏观语境中,经济全球化最具有代表性。经济全球化是生产力的普遍发展和人类的普遍交往突破了国家和民族界线的客观要求和必然结果。许多国际冲突都可以归因于国际政治层面的地缘、权力、宗教、民族等因素,但是政治上层建筑归根到底是由经济基础决定的,化解国际冲突归根结底要靠发展。② 为应对世界百年未有之大变局和当前全球经济遭遇的逆流,国内经济学界开始关注构建人类命运共同体理念下的新型经济全球化。

2013年3月23日,习近平在莫斯科国际关系学院发表演讲,首次提出人类命运共同体理念。本文以中国知网刊文为研究对象,搜索主题为"命运共同体"和"经济",时间限定为2021年,共检索到学术研究论文1765

---

* 张苏秋,中国传媒大学人类命运共同体研究院副教授,主要研究领域为文化产业和跨文化传播。钟婉初,中国传媒大学人类命运共同体研究院特聘研究员,主要研究方向为跨文化传播。

① 《马克思恩格斯选集》(第一卷),北京:人民出版社2012年版,第163页。

② 孙景宇:《论新发展格局与新型经济全球化的关联性》,载《马克思主义研究》,2021年第7期,第124—132页。

篇,其关键词涉及"全球化""全球治理""一带一路""大变局""实践路径"等,指涉的内容十分丰富。如图1所示,本文对2013年—2021年近十年相关论文进行了统计,可以发现国内学者对人类命运共同体的经济学领域研究成果数量成指数型增长。从2016年开始,呈现出快速增长的态势,2019年达到一个阶段性峰值,2020年和2021年受突发的全球新冠疫情影响,研究增量减少,出现小幅波动,知网预计到2022年会出现新高。

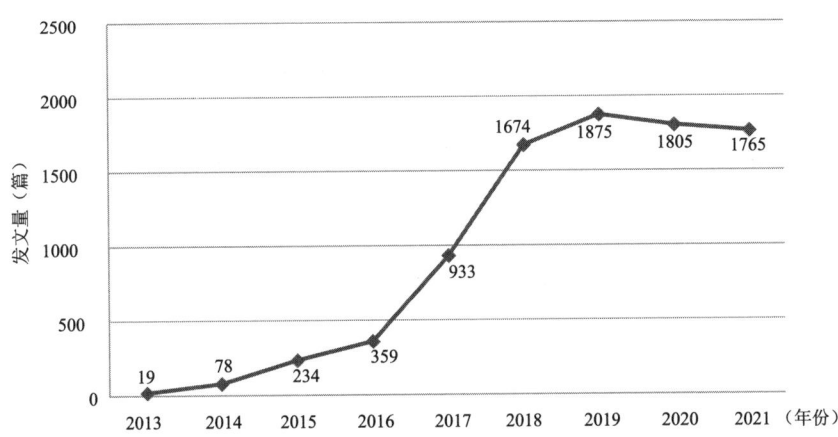

图1 2013年—2021年中国人类命运共同体经济学研究在国内期刊发文量变化趋势

从发文量看,比较活跃的学者有复旦大学的周文、同济大学的门洪华、中国人民大学的王义桅、北京大学的顾海良、中共中央党校的吴志成等。他们有的从政治经济学经典理论出发,探索以现代经济全球化为背景的政治经济学研究,认为人类命运共同体构建的更加公正合理的世界政治经济新秩序,将以共商共建共享的治理新理念、开放包容发展的市场新理念和世界和平发展、和谐发展的竞争新理念推动形成新的全球生产关系,从而必将促进全球生产力更快更高质量发展以及世界的持久和平与发展繁荣[①];有的则以倡导"一带一路"开放合作、构建新时代中国国际统一战线为背景,强调构建人类命运共同体在

[①] 周文:《人类命运共同体的政治经济学意蕴》,载《马克思主义研究》,2021年第4期,第89—97页;顾海良:《不断发展中国特色的马克思主义政治经济学》,载《红旗文稿》,2021年第7期,第4—12页。

促进全球经济发展方面的重要作用①；有的则是从中国特色哲学社会科学体系建设出发，将人类命运共同体纳入中国特色社会主义政治经济学理论体系建设②等。

总的来看，聚焦 2021 年国内人类命运共同体经济学研究的主题内容可以发现，人类命运共同体经济学研究无一例外地将经济增长作为推动构建人类命运共同体的重要路径，同时强调以构建人类命运共同体理念为方向，探索有助于突破全球经济困境的新经济增长模式。在构建以国内大循环为主体、国内国际双循环相互促进的新发展格局实践下，理论界对人类命运共同体的经济学研究大致也分为国际经济与国内经济两大领域。前者主要涵盖"经济全球化"和"区域经济共同体与'一带一路'"两个核心议题；后者则主要包括"城乡区域经济一体化"和"筑牢中华民族共同体的经济视角"两方面内容。构建人类命运共同体理念的提出标志着新型经济全球化理念逐渐成熟，同时为世界擘画了新型经济全球化的美好愿景，即开放、包容、普惠、平衡、共赢的全球化。③

一、命运共同体与经济全球化研究

人类命运共同体是在经济全球化深入发展，尤其是逆全球化开始显现的背景下提出的，关于未来世界发展的美好蓝图。构建人类命运共同体为经济全球化指明了发展方向，反过来，经济全球化为推动构建人类命运共同体提供了客观基础，是推动构建人类命运共同体具有实质性意义的举措和抓手。尤其是习近平关于经济全球化的论述，继承和发展了马克思恩格斯的"世界历史"

---

① 王义桅：《中美叙事之争：是什么，为什么，怎么办？》，载《美国研究》，2021 年第 4 期，第 24—44 页；门洪华：《构建新时代中国国际统一战线——一项战略研究议程》，载《世界经济与政治》，2021 年第 6 期，第 4—27 页。
② 顾海良、丁任重、孟捷、周文、荣兆梓：《中国特色社会主义政治经济学理论体系建设》，载《安徽师范大学学报（人文社会科学版）》，2021 年第 4 期，第 1—8 页。
③ 高杨、曲庆彪：《人类命运共同体理念与新型经济全球化愿景》，载《西北民族研究》，2022 年第 2 期，第 18—26 页。

理及"世界市场"理论,人类命运共同体和共商共建共享理念,已逐渐形成了体系完善的经济全球化思想。① 人类命运共同体是实现经济共享共赢,开辟惠泽世界全体人民福祉的全球化新路。②

一方面,相关文献的出发点就是新一轮经济全球化背景下构建人类命运共同体的时代意义。王公龙在《构建人类命运共同体:引领新型经济全球化的中国方案》中认为,构建人类命运共同体为引领新型经济全球化提供了中国方案,它以推动经济全球化朝着更加开放、包容、普惠、平衡、共赢的方向发展为思路,遵循着不以人的意志为转移的人类历史发展规律,反映了当今世界对传统经济全球化弊端的深刻反思。③ 毕小婧和涂永前在《论人类命运共同体理念对全球经济治理体系的重大意义》中认为,人类命运共同体理念贯穿于经济模式、金融秩序、经济安全和共同发展等全球经济治理的各个方面,巩固了全球经济治理体系的基础,丰富了主权平等、经贸自由、平等互利、有约必诺等全球经济治理基本原则。④ 肖玉飞和周文在《逆全球化思潮的实质与人类命运共同体的政治经济学要义》中提出,人类命运共同体理念包含着共商共建共享的生产关系新理念、开放包容的市场发展新理念、和平发展与和谐发展的竞争发展新理念、促进全球生产力高质量发展目标新理念,是应对逆经济全球化思潮,破解资本主义全球化的难题与困境、变革原有的世界政治经济秩序,促使生产关系与生产力协调一致、推动全球经济更快更好发展的中国理念。⑤ 曹玉钰通过《浅析人类命运共同体对全球以及中国经济的影响》进一步强调,人类命运共同体理念是一个为全球经济提供从人类利益到国家共同利益出发的良好契机,也是作为一个国家与国家间乃至全球共谋可持续性经济发展

---

① 葛浩阳、陆茸:《新型经济全球化的理论建构与实践发展——习近平经济全球化思想学习体会》,载《当代经济研究》,2021年第3期,第36—44页。
② 鲁明川:《逆全球化的政治经济学分析》,载《浙江社会科学》,2021年第1期,第4—12页。
③ 王公龙:《构建人类命运共同体:引领新型经济全球化的中国方案》,载《上海行政学院学报》,2021第9期,第4—13页。
④ 毕小婧、涂永前:《论人类命运共同体理念对全球经济治理体系的重大意义》,载《学习与实践》,2021年第12期,第14—22页。
⑤ 肖玉飞、周文:《逆全球化思潮的实质与人类命运共同体的政治经济学要义》,载《经济社会体制比较》,2021年第3期,第27—36页。

的新思路。①

另一方面,一些文献开始探讨如何在全球范围内推动构建人类命运共同体。经济全球化在演变为要素分工阶段后,各个国家都成为生产过程当中的一个环节,谁也无法离开其他国家单独存在,彼此的利益高度相连,全人类的命运比历史上以往任何阶段都更加紧密地联系在一起。② 张永娟和陈永森指出,尽管全球化是一个矛盾过程,但全球化又是科技和生产力发展的必然结果,经济全球化仍是历史潮流,人类命运共同体理念就充分体现了推动新型全球化的积极有为的精神。③ 雷江梅和施文峰在《论人类命运共同体理念价值共识的凝聚》中认为,世界经济全球化是不以人的意志为转移的人类社会发展的必然趋势,经济全球化为人类命运共同体的价值共识提供了机遇。④ 张金金和余金成在《经济全球化与人类命运共同体历史性生成》中提出,经济全球化至少在三个方面提供了人类命运共同体实现条件:一是使人类被自然界许可的关系成为构建人类命运共同体的基本前提;二是使市场经济的弊端成为构建人类命运共同体要化解的要务;三是使社会主义市场体制成为构建人类命运共同体的基础样态。⑤

基于人类命运共同体理念的新型经济全球化研究,对建设平等参与的全球经济治理机制,解决经济全球化过程中由于当前收益分配不均、服务于发达国家跨国资本利益的经济全球化秩序所带来的问题,合理解决科技革命、经济全球化带来的挑战,重构经济全球化发展思路、化解人类面临的共同安全与健康威胁等问题做出了大量探索。同时也可见,2021年全球经济发展失衡进一步加剧,国际垄断资本剥削加深,世界经济增长乏力,全球贸易经济发展面临重

---

① 曹玉钰:《浅析人类命运共同体对全球以及中国经济的影响》,载《经济师》,2021年第1期,第26—27页。
② 廉志杰、易明:《人类命运共同体对经济全球化危机的应对》,载《学理论》,2021第10期,第37—39页。
③ 张伟娟、陈永森:《全球化的矛盾性及其历史必然性》,载《理论探讨》,2021第3期,第64—71页。
④ 雷江梅、施文峰:《论人类命运共同体理念价值共识的凝聚》,载《理论月刊》,2021年第10期,第31—41页。
⑤ 张金金、余金成:《经济全球化与人类命运共同体历史性生成》,载《社会主义研究》,2021年第6期,第148—155页。

重阻碍，各国的经济往来呼吁出现以合作共赢为核心的新一轮经济全球化浪潮，人类命运共同体理念为构建新型经济全球化提供了可行的思路，在构建人类命运共同体背景下的新型经济全球化需求和理念应运而生，正合时宜。

二、命运共同体与"一带一路"倡议研究

2021年是"十四五"开局年，"一带一路"倡议与人类命运共同体理念进一步推进。党的十九届五中全会公报指出，在"十三五"期间，对外开放持续扩大，共建"一带一路"成果丰硕，人类命运共同体理念深入人心。实际上，区域经济共同体和"一带一路"倡议是人类命运共同体理念作用于全球经济合作的最新实践成果，充分反映了人类命运共同体共商、共建、共享的基本原则。学术界对"一带一路"倡议和人类命运共同体的理论与习近平新时代中国特色社会主义经济思想其他方面的联动研究，以及"一带一路"倡议与推动构建人类命运共同体为全球治理变革做出的贡献形成了一定的共识。

不难发现，大量文献集中在人类命运共同体和"一带一路"倡议的关联性上。饶一鸣通过《关于"一带一路"倡议与人类命运共同体的研究》在总结前一年度"一带一路"倡议与人类命运共同体相关研究的基础上指出，"一带一路"倡议是推动构建人类命运共同体的重要实践平台，应当以"一带一路"倡议为抓手，推动构建人类命运共同体目标的实现。[①] 戴翔和宋婕经过实证分析指出，"一带一路"倡议以人类命运共同体先进理念为引领，通过政策沟通、设施联通、贸易畅通、资金融通和民心相通五大中介作用，促进沿线参与国家全球价值链分工地位的提升，引领全球价值链分工朝着更加平等的方向发展。[②] 罗强强指出，"一带一路"倡议的一体化和国际化建设有助于实现我

---

① 饶一鸣：《关于"一带一路"倡议与人类命运共同体的研究》，载《经济研究参考》，2021年第18期，第56—69页。

② 戴翔、宋婕：《"一带一路"倡议的全球价值链优化效应——基于沿线参与国全球价值链分工地位提升的视角》，载《中国工业经济》，2021年第6期，第99—117页。

国产业在全球价值链中的位置前移,有助于推动中国在世界政治经济秩序变动中发挥实质性作用,切实推进人类命运共同体建设。① 陈健的《"一带一路"沿线绿色经济共同体构建研究》基于提升沿线区域经济竞争力以及形成生态利益共同体等现实要求,提出"一带一路"沿线绿色经济共同体的构建是推动和铸牢"一带一路"高质量发展的根基,也是构建人类命运共同体的具体经济实践形态,但其实践也面临制度支撑缺乏、基础保障薄弱及外部环境有待优化等困境,需要制度、环境、基础等方面的保障。②

与此相适应,有关区域经济一体化的研究也开始向纵深推进。李学成在《后疫情时代东亚经济共同体构建方略》中指出,2020年下半年东亚经济体成为世界最大经济体,在比较东亚区域经济体与其他经济体后,提出了加快推进东亚区域一体化进程及东亚经济共同体的构建方略及其现实和战略意义。③ 保建云从《区域全面经济伙伴关系协定》出发,认为新区域经济一体化和亚太共同体构建有利于自由贸易体系的构建和完善,进而推动构建开放型世界经济体系和人类命运共同体。④ 关梓祎和张颖以东盟为研究对象,分析了东南亚区域经济合作的新区域主义特征,指出东盟区域经济一体化为全球区域一体化发展和经济合作提供了借鉴。⑤ 李剑进一步选择中缅跨境民族地区为样本,从地缘关系紧密性、族群成员认同性、族群文化同源性、农业资源同构性、协调发展互补性、发展目标一致性等方面探索共建中缅跨境民族地区农业经济发展共同体的可行性和具体举措。⑥

区域经济共同体和"一带一路"倡议的研究,重点在于解决面临诸如美

---

① 罗强强:《"一带一路"实践与国际政治格局——基于风险社会视角的战略分析》,载《社会科学辑刊》,2021第3期,第105—112页。
② 陈健:《"一带一路"沿线绿色经济共同体构建研究》,载《经济体制改革》,2021第2期,第56—61页。
③ 李学成:《后疫情时代东亚经济共同体构建方略》,载《国外社会科学》,2021第3期,第81—90页。
④ 保建云:《新区域经济一体化与亚太共同体构建》,载《人民论坛》,2021第13期,第100—105页。
⑤ 关梓祎、张颖:《新区域主义视角下的东南亚经济合作》,载《区域与全球发展》,2021年第6期,第57—77页。
⑥ 李剑:《中缅跨境民族地区建构农业经济发展共同体研究》,载《曲靖师范学院学报》,2021第2期,第63—68页。

国等域外国家的干扰和贸易投资不平衡的新旧挑战，中国新发展格局的构建和区域产业链和供应链的重构、数字经济的发展和新型基础设施建设问题，以及面对后疫情时代区域经济合作的新老问题，如何创新区域经济合作发展的新模式，推动构建开放型世界经济体系和人类命运共同体。尽管研究成果丰硕，但关于"一带一路"倡议和人类命运共同体学理层面的深度研究还不足，区域经济一体化的研究对象还有待向全球更大范围推进，尤其是从实践数据或具体案例出发的实证研究还很缺乏。讲好中国的经济发展故事，尤其是在更大范围内推广中国与世界其他国家的经济合作经验，还需要发动经济学以外其他学科的合力。

三、命运共同体与城乡区域经济一体化研究

2021年，我国脱贫攻坚战取得全面胜利，实现了全面建成小康社会，将长久以来的城乡经济二元发展结构推向了新的阶段，开启了新时代乡村振兴和共同富裕的崭新篇章。城乡区域经济一体化发展就是要彻底打破传统的城乡经济二元格局，构建城乡经济共同体。城乡经济共同体和城乡文化共同体[①]一样，都是在构建人类命运共同体的理念指导下，探索城乡一体化发展的创新路径，前者是弥合城乡经济差距，后者是弥合城乡文化鸿沟，它们既是新型城镇化建设的条件，更是新型城镇化永续发展的目的。因此，从城乡区域经济发展的维度出发，推动构建人类命运共同体理念与实践首先就表现在城乡区域一体化过程中。如赵江南和周跃将城乡建设、经济发展、社会资源、生态建设以及生活水平作为呈现一体化发展水平的评价指标，构建三级评价指标体系，对全国7个省会城市及其辖县（市）的城乡一体化发展水平进行了测度，并开展区域共同体的评价分析，认为乡村振兴的战略目标与区域共同体的内涵都表明，城乡间应在政治、经济、社会、文化以及生态等方面实现一体化

---

① 张苏秋：《网络媒介、文化共同体与新型城镇化》，载《思想战线》，2021年第5期，第102—109页。

发展。①

命运共同体理论作用在城乡区域经济发展方面研究的最新成果就是城乡区域经济一体化。夏爽认为，城乡经济一体化与推动构建人类命运共同体均是马克思主义中国化的理论创新，人类命运共同体理念与新发展理念具有内在的逻辑性，而城乡一体化是在新时代背景下协调城乡不平衡不充分发展，加快农业农村现代化，繁荣新型工农城乡关系。②张帆指出，党的十九大以来，乡村振兴和城乡一体化被提升到国家战略高度，城乡社区愈发成为打造共建共治共享的社会治理格局和推进城乡社会发展一体化的实践场域。③邵磊认为，人类命运共同体理念运用于城乡发展中即城乡融合须共享发展成果，以城乡居民的全面发展为目的协调城乡经济活动；其保护文明多样性主要表达为城乡差异发展，保留乡土风貌，以多元化的文化路径推动农村发展以及与城市融合；以全球可持续发展为目标意味着城乡融合发展要坚持生态文明的发展原则。④

诚然，更多的研究还是集中在如何推进城乡经济一体化发展上。比如，潘文轩指出"后脱贫时代"宜采用渐进式策略，分阶段推进反贫困城乡一体化，且应具备的前提条件包括：住户调查、户籍制度、公共服务和社会保障城乡一体化和城乡间资源要素自由流动。⑤赵永刚和徐立敏指出，城乡融合发展关系到实现中华民族的伟大复兴，城乡公共信息服务平台建设则是贯彻落实乡村振兴战略的重要举措，有助于推进城乡融合发展和城乡一体化市场机制建设，进而优化城乡要素流通和产业协同机制，建设城乡公共信息服务平台需要加强农村网络基础设施建设、构建农民网络技能培训机构、优化信息平台内容和拓展

---

① 赵江南、周跃：《乡村振兴战略背景下区域共同体的评价分析》，载《乡村科技》，2019年第9期，第29—30页。
② 夏爽：《党的十九大以来马克思主义中国化的理论创新》，载《现代商贸工业》，2021年第34期，第11—12页。
③ 张帆：《乡村振兴背景下城乡社区政策的两岐与合一》，载《学习与探索》，2021年第2期，第42—47页。
④ 邵磊：《以"人类命运共同体"思想重塑城乡融合发展逻辑》，载《福建茶叶》，2020第4期，第279—280页。
⑤ 潘文轩：《"后脱贫时代"反贫困体系城乡一体化的前瞻性研究》，载《经济体制改革》，2021第2期，第28—34页。

信息平台服务。① 潘锦云和程勇在城乡经济一体化发展水平"四维"评价模型的基础上提出，要抓住全面脱贫的历史机遇，加快补齐城乡经济一体化发展的短板，依靠互联网信息技术和农村物流体系建设来解决相对贫困等问题，从而优化城乡经济一体化发展的路径。② 还有借鉴国外城乡一体化发展经验的，如陆文玥等借助他山之石，以爱尔兰城乡一体化为例，介绍了全球价值链背景下通过积极参与国际分工，利用跨国公司的科技优势成功引导从农业经济向知识经济的转型，在加快城市化的同时积极推进城乡一体化。③

除此之外，区域经济一体化是对城乡经济一体化的深化，相关领域的学术研究也不断涌现。苏斌等以成渝地区双城经济圈19个城市为样本，发现成渝经济区的双核结构联系程度较弱，亟待加强城市空间结构内梯度层次的规划。④ 刘修岩等测算了长三角城市群一体化和多中心发展水平，并与京津冀和珠三角城市群进行了对比，提出促进长三角城市群多中心一体化和区域协调发展的建议：提高一体化水平、增强科技基础设施连通性、加快培育高质量一体化发展新动能等。⑤ 刘志强认为，长三角一体化发展的主要目标是落实新发展理念，同"一带一路"建设、京津冀协调发展、长江经济带发展、粤港澳大湾区建设相互配合，构建中国特色社会主义现代化市场经济体系，完善改革开放空间布局。⑥ 进一步地，吉富星和樊轶侠从京津冀、长三角、粤港澳大湾区等区域一体化实践出发，认为财政制度安排应主要着力于推动基本公共服务和基础设施建设一体化、区域税收征管一体化、要素市场一体化、生态环境治理一体化

---

① 赵永刚、徐立敏：《以城乡公共信息服务平台的构建推动城乡融合发展研究》，载《农业经济》，2021年第4期，第111—113页。
② 潘锦云、程勇：《相对贫困治理与城乡经济一体化进路》，载《江汉论坛》，2021第3期，第30—36页。
③ 陆文玥、金天顺、欧阳曜章：《全球价值链背景下的爱尔兰城乡一体化》，载《农村经济与科技》，2021年第6期，第223—224页。
④ 苏斌、薛佳滢、颜利、黄俊、杨锐：《成渝地区双城经济圈经济一体化研究——基于社会网络分析》，载《中国科技论坛》，2021年第12期，第101—108页。
⑤ 刘修岩、马宁、陈露：《长三角城市群一体化、多中心与区域协调发展研究——兼与京津冀、珠三角城市群的对比分析》，载《新金融》，2021年第9期，第14—18页。
⑥ 刘志强：《长三角一体化发展的制度机制建设重点及路径》，载《经济纵横》，2021年第11期，第83—89页。

等方面。①

如上所述，在构建人类命运共同体理论指导下，城乡区域经济一体化相关研究取得丰硕的成果。但在如何通过城乡经济一体化推动铸牢中华民族共同体意识，乃至推动构建人类命运共同体方面的研究仍然不足，尤其缺乏对如何通过城乡一体化推动国内外更大范围的经济一体化的深入探讨。此外，从讲好中国故事的角度而言，还需要对区域经济一体化建设的实践经验加以深入研究。

四、经济视角下铸牢中华民族共同体意识研究

习近平总书记多次强调，要铸牢中华民族共同体意识，加强各民族交往交流交融，促进各民族像石榴籽一样紧紧抱在一起，共同团结奋斗，共同繁荣发展。党的十九届五中全会通过的《中共中央关于制定国民经济和社会发展第十四个五年规划和二〇三五年远景目标的建议》，把"中华民族凝聚力进一步增强"列入"十四五"时期经济社会发展主要目标，对铸牢中华民族共同体意识进行了战略性部署。中华民族共同体意识经历了从培育到铸牢，从意识认识到经济发展的实践过程。

实际上大量研究发现，铸牢中华民族共同体与构建人类命运共同体一脉相承，可以说前者是后者在国内区域的实践样板，而后者又是前者在国际更大范围的实践延伸。两个"共同体"的构筑和构建是我们党解决制约民族振兴和国家发展的国内外问题的经验凝练和理念升华。② 从经济研究的视角看，民族关系的核心问题在于民族利益分配以及民族发展的根本利益③，强调民族团结合作，发展民族经济是铸牢中华民族共同体的重要保障，反过来，铸牢中华民族共同体意识也有助于构建和平稳定的国内经济发展环境，加速民族间的经济

---

① 吉富星、樊轶侠：《促进区域经济一体化发展的财政制度安排与优化路径》，载《经济纵横》，2021年第12期，第83—89页。
② 杨亚雄：《铸牢西北边境地区民众中华民族共同体意识的理路思考》，载《北方民族大学学报》，2021年第6期，第23—30页。
③ 杨鹍飞、田振江：《国家认同、法治与爱国主义：和谐民族关系的实现路径》，载《宁夏社会科学（人文社会科学版）》，2012年第5期，第54—59页。

交往，推动各民族之间经济合作。尤其是在新冠疫情、局部冲突、国际贸易受阻的情况下，聚焦国内市场，发展壮大民族经济变得更加迫切。在此背景下，与国际上致力于推进人类命运共同体理念的国际传播步调一致，国内关于铸牢中华民族共同体的相关理论研究和实践也在同步加速推进。

也有不少文献聚焦人类命运共同体和中华民族共同体两个共同体相融合这一方面。黎梦山指出，构建人类命运共同体面临经济格局带来的贸易冲突，铸牢中华民族共同体也面临着民族地区经济发展不平衡不充分的问题，从发展的维度探索两个"共同体"相融合，应当促进民族地区经济发展与优化全球经济格局相结合。① 李曦辉指出，社会主义市场经济的实施引致民族地区的经济转轨，由于没有及时关注到民族过程这一特殊维度，导致一些少数民族和部分民族地区在经济转轨过程中境遇没有变好，对少数民族群众的中华民族共同体认同产生了一定的影响。他进一步总结了西部大开发、兴边富民、扶持人口较少民族发展、精准扶贫等70多年来的经济政策，发现经济因素在铸牢中华民族共同体意识过程中发挥着重要作用，经济发展加强了各族群众的中华民族共同体认同，使中华民族不断从多元走向一体。② 从经济学理论上看，新兴的域观经济学认为，民族经济、政治、文化三个要素具有递进关系，市场导向的全球民族文化优化配置，使得各民族间文化开始重新配置，民族间文化从市场竞争到互谅共存，再到认同，是一个必然的过程，人类文化最终也会实现推陈出新与一体化。③

大力发展民族经济，夯实中华民族共同体乃至命运共同体的基础的研究仍然是学界关注的重点。当前，我国经济已经形成你中有我、我中有你的经济利益共同体，但边疆少数民族地区经济发展相对滞后，严重阻碍了铸牢中华民族共同体意识的历史进展，应大力发展经济尤其是少数民族地区经济，夯实中华民族共同体的基础。④ 雷振扬和张俊在研究铸牢边民中华民族共同体意识的路

---

① 黎梦山：《铸牢中华民族共同体与构建人类命运共同体的"三个维度"》，载《四川省社会主义学院学报》，2021年第3期，第46—49页。

② 李曦辉：《铸牢中华民族共同体意识的经济维度研究》，载《北方民族大学学报》，2021年第4期，第21—31页。

③ 李曦辉：《铸牢中华民族共同体意识经济视角研究》，载《区域经济评论》，2021年第3期，第27—34页。

④ 刘毅：《中华民族共同体意识研究综述》，载《西藏发展论坛》，2021第5期，第21—28页。

径时，强调繁荣边境地区经济，发展农产品加工、流通商业、特色旅游等产业，为铸牢中华民族共同体意识提供物质保障。① 杨亚雄也指出，薄弱的经济基础影响了以各民族共同繁荣发展为目标导向的经济命运共同体的形成，铸牢中华民族共同体意识必须毫不动摇地激发和提升边境地区经济发展潜力和水平，全力推动经济社会高质量发展，夯实铸牢中华民族共同体意识的物质基础。② 王伟和张伦阳进一步指出，在经济取得高速发展的同时，国内民族地区存在地理位置偏远、自然资源禀赋不足、市场经济起步晚、基础设施建设落后等较为突出的问题，因此，要筑牢经济基础，着力解决发展的不平衡不充分：将各族人民群众的根本利益作为民族地区经济发展的出发点和落脚点，以"一带一路"为契机促使民族边疆地区的区位劣势转化为区位优势，以生态文明顶层设计来推动民族地区特色经济发展等。③

总之，铸牢中华民族共同体和推动构建人类命运共同体都面临着繁荣中国特色社会主义市场经济的挑战。经济增长和文化、政治、教育等一样，是实现铸牢中华民族共同体意识的重要条件。现阶段，首先要发展中华民族经济，满足各族人民对美好生活向往的需求，从物质保障上铸牢各族人民中华民族共同体意识，进而服务国内国际两个大局，推动构建人类命运共同体。

五、小结

回顾2021年，中国学者在推动构建人类命运共同体经济领域的相关理论研究和实践快速推进，取得了丰硕的成果，人类命运共同体理念作为全球经济贸易和城乡区域经济发展指导方向的地位也越发凸显。

综上所述，2021年作为国家经济社会发展"十四五"规划的开局年，特

---

① 雷振扬、张俊：《铸牢边民中华民族共同体意识的路径》，载《中南民族大学学报（人文社会科学版）》，2021年第11期，第42—50页。
② 杨亚雄：《铸牢西北边境地区民众中华民族共同体意识的理路思考》，载《北方民族大学学报》，2021年第6期，第23—30页。
③ 王伟、张伦阳：《新时代中国共产党铸牢中华民族共同体意识研究：逻辑缘起、价值意蕴和实践路径》，载《中央民族大学学报（哲学社会科学版）》，2021年第6期，第38—49页。

别是距离联合国社会发展委员会第 55 届会议协商一致通过"非洲发展新伙伴关系的社会层面"决议,"构建人类命运共同体"理念首次被写入联合国决议已逾 4 年,经济领域的各项工作都走在前列,以构建人类命运共同体理念为方向的经济合作不断开展,不论是新一轮经济全球化、东亚经济共同体、"一带一路"倡议,还是民族命运共同体、城乡一体化、区域经济一体化等,均为国内学者提供了丰富的研究素材,为构建中国特色哲学社会科学学科体系、学术体系、话语体系提供了巨大助力。相应地,国内学者丰富的学术研究成果,从经济学理论视角不断阐释并丰富着人类命运共同体理念的理论内涵,也为指导全国乃至全球经济发展实践提供了许多可供参考借鉴的真知灼见,为应对世界百年未有之大变局贡献了重要思想。

人类命运共同体马克思主义理论研究述评

赵 波*

在百年未有之大变局的时代视域下，习近平审时度势，站在全球观的立场上，深刻洞悉人类历史、人类命运和世界发展的规律，运用辩证唯物主义历史观，创造性地提出"人类命运共同体"的构想，超越了资本主义狭隘的利益观，为解决人类发展困境提供了新思路，在建立新型国际秩序及全球发展模式的道路上彰显了中国智慧，贡献了中国方案。这一构想引发了学术界对人类命运共同体理念的探讨与研究，其研究层次与剖析角度逐渐呈现精深化、多样化的态势，内涵阐释越发深刻，研究体系日益成熟。

中国学者在中文期刊发表的研究人类命运共同体的文章数量变化趋势如图1所示，自人类命运共同体理念被提出之后，中国学者对人类命运共同体理念的关注和研究呈现飞跃态势，2019年后研究趋势在缓慢中增长。截至2021年底，知网数据库中收录的中国学者发表的关于人类命运共同体的文章达10964篇，其中核心期刊2712篇。

人类命运共同体相关研究的主题分布较为广泛，主要集中在马克思主义理论及哲学视域。本文通过2021年学者们的研究资料，以马克思主义理论为研究范围，从发生论层面、本体论层面、价值论层面和方法论层面，梳理人类命

---

* 赵波，中国传媒大学马克思主义学院党委副书记、思想政治教育教研部主任，副教授，研究方向为意识形态安全。

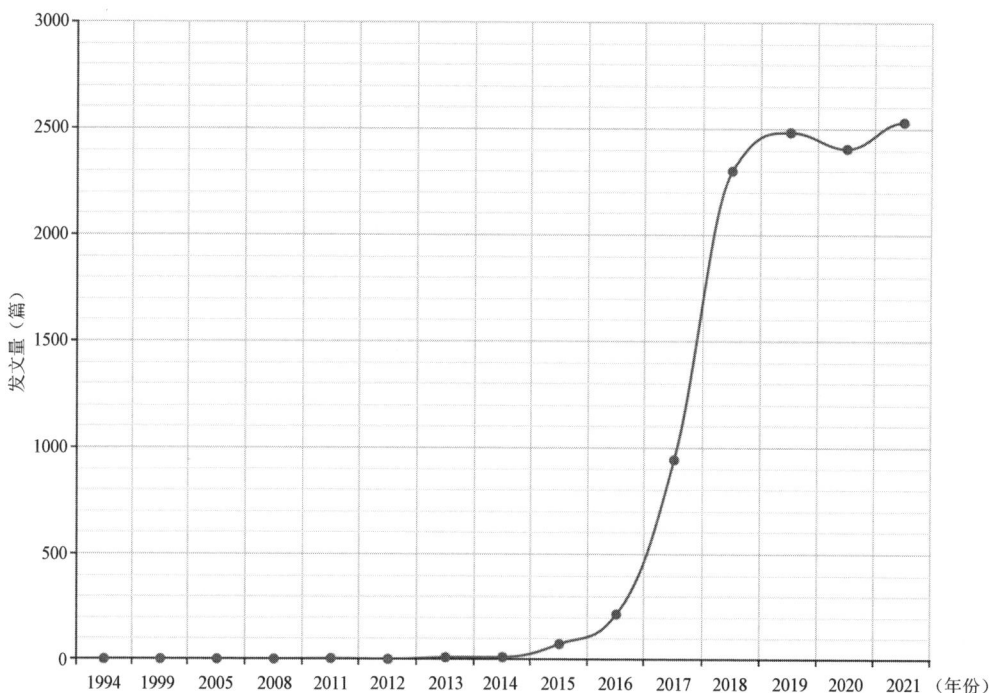

图 1　1994 年—2021 年人类命运共同体相关研究在知网数据库中发文数量变化趋势

运共同体思想的理论渊源、内涵、时代价值、建构路径等方面的研究。在国内期刊中，笔者统计了中国学者发表的关于马克思主义理论与人类命运共同体研究的相关论文。论文以中国知网数据库为数据来源，以"人类命运共同体"为主题词，以马克思主义理论研究中有关的主题词，如"（马克思）共同体思想""（马克思）世界历史理论""交往理论""（马克思主义）哲学"等为检索条件，选取在中文社科索引、北大核心期刊索引和中国科学引文等期刊数据库中发表的文章进行统计，共检索到学术期刊 149 篇、学位论文 23 篇，其中核心期刊 37 篇，对于人类命运共同体思想的研究成果较为丰富。

一、人类命运共同体理念的时代背景研究

任何理论的诞生都有其特定的现实土壤和时代背景，从发生论角度，乔玉

强、冯霞站在世界历史发展视野下对人类命运共同体理念应运而生的时代背景进行了阐释，提出"资本的内生性矛盾决定了逆全球化生成的必然性，资本积累过度金融化则加速了逆全球化的生成"[①]。与此同时，王淑娟、王力在其文章《〈共产党宣言〉中的两种世界秩序图景与人类命运共同体》中指出："资本主义主导的全球化世界秩序彰显着其独有的特征，遵循着资本逻辑最大化的逻辑，也出现了同化与分化背反的世界"[②]，资本逐利的无限增殖和扩张，直接推动了经济全球化，但是资本的排他性、殖民性特点使资本主义不能摆脱、也无法克服其内在矛盾。资本主义在催生全球化的同时，也生产出了它的对立面，出现了全球化趋势与逆全球化的背反现象。

处于全人类休戚与共的共同体时代，世界已然变成一张紧密交织的巨网，各国或主动投入，或被动卷入其中。同时，民族历史在向世界历史发展的进程中面临着恐怖主义、生态破坏、网络安全等一系列全球性困境和难题，挑战着"和平与发展"的时代主题。史无前例的全球化程度，层出不穷的世界性问题，刻不容缓的协同治理要求，迫切需要站在"全人类"立场，突破和超出国家局部的、狭隘的利益，追求整体利益的世界观。在这个深度互联的世界，构成了人类命运共同体理念的时空背景和现实生活基础，人类命运共同体理念对资本主义的批判性思维，为深陷人类命运迷途和困境的当下世界提出破解方案。

二、人类命运共同体理念的理论渊源研究

人类命运共同体理念具有丰富的哲学内涵，它是对马克思主义世界历史理论、马克思主义世界交往理论、"共同体"思想、"类本质"哲学、人类解放理论的融合吸收和创新发展，是对中国传统"和"哲学的智慧创造。关于人类命运共同体思想产生的逻辑理据，学者们在研究过程中虽然选取的侧重点不

---

① 乔玉强、冯霞：《批判与超越：马克思世界历史理论视域下的逆全球化反思》，载《河南大学学报（社会科学版）》，2021年第61期，第1—7页。

② 王淑娟、王力：《〈共产党宣言〉中的两种世界秩序图景与人类命运共同体》，载《中共福建省委党校（福建行政学院）学报》，2021年第1期，第41—49页。

同,但都进行了较为详细的分析。

世界历史理论是马克思在坚持唯物史观的基础上,对资本主义经济关系和社会现实的历史发展趋势的深刻认识,为全人类的前途命运提供了新的理论视角和实践视角。张玲在其文章《马克思主义世界历史理论与习近平构建人类命运共同体思想》中指出,世界历史理论为人类命运共同体理念的出场指明了历史方位。① 荣鑫在其文章《马克思主义历史观变革与人类命运共同体思想》中指出,人类命运共同体理念继承发展并融合创新了以物质资料生产为基础的"世界历史理论",推进了世界历史的阶段性转换。② 人类命运共同体理念主张尊重不同种族、信仰、文化和社会制度的差异,尊重人类历史发展的多样性,为世界上那些既希望加快发展、又希望保持自身独立性的国家和民族贡献了中国智慧,提供了理论佐证。边飞飞在文章《马克思世界历史理论视野下人类命运共同体的意义阐释》中强调,人类命运共同体理念中"相互尊重、平等相待、合作共赢"的发展理念既是当今世界历史进程步入总体性阶段的理论反映,打破了经济全球化的单一维度,又是坚持和发展马克思世界历史理论的必然结果。③ 马克思的世界历史思想理论蕴含构建公正合理国际新秩序的要求,人类命运共同体理念倡导"对话而不对抗、结伴而不结盟"的国际交往之路,凝结着超越民族国家的全球治理理念,蕴含应对现代性困境、全球性危机和超越传统历史文化价值观的要求。因此,学者们认为人类命运共同体理念延续了马克思世界历史发展道路多样性的逻辑。

世界交往理论是马克思主义唯物史观的重要理论之一,是研究和考察资本主义社会发展,探索人类历史进程的基本立足点和理论前提。段泓、骞真在文章《马克思交往理论视域下的人类命运共同体》中提出,人类命运共同体理念改变了以往国与国之间的交往范式,重启了人类交往关系合理化的历史进程,是对马

---

① 张玲:《马克思主义世界历史理论与习近平构建人类命运共同体思想》,载《江南社会学院学报》,2021年第23期,第11—15页。
② 荣鑫:《马克思主义历史观变革与人类命运共同体思想》,载《科学社会主义》,2021年第1期,第52—59页。
③ 边飞飞:《马克思世界历史理论视野下人类命运共同体的意义阐释》,载《学习与探索》,2021年第7期,第20—25页。

克思主义"交往理论"的当代继承与发展。① 高惠珠从人的本质与交往、人的发展与交往的内在关系出发,在其文章《"人类命运共同体"理念是马克思主义交往理论的新时代创新》中认为,新时代交往的全球化造就了当代人群共同体的"共命运"特征,新时代交往的全方位性形塑了多向度共同体的诞生,新时代交往的新趋势推进了全球多领域合作的新格局。② 人类命运共同体理念是以维护全人类共同利益为目标的一种全新、全方位、多层次、宽领域的国际社会交往格局、交往理念和交往形式;人类命运共同体理念立足于差异,在不同主体之间寻找更高层次的"普遍性",超越了时空的界限,涵盖了政治、经济、文化、网络等多种现实纬度,实现了对当今人类世界交往关系和交往格局的合理性发展、改造、重塑与重构,实现了对当代全球治理体系的进一步完善与提升。

"类"概念是马克思在《1844年经济哲学手稿》中提出的概念,是马克思早期分析人类社会的重要范畴之一,此概念科学地描述了人的类本质与类生活、人与自然以及他人的类关系等重要内容。陈文祥从"类"概念的角度深入思考和扬弃社会现实中可能呈现的各种异化状态,他在文章《马克思的"类"概念与人类命运共同体》中指出,通过制度改革实践达成人的类本质的复归,通过确立"类本位"意识来实现人类的自由解放与全面发展,构建人类命运共同体具有重要的理论依据和实践价值。③ 范根平在文章《人类命运共同体:马克思共同体思想的当代确证》中提出,人类命运共同体理念把人的"类本位"作为人的个性自由的生长点,把人作为世界历史中的具有共同命运、共同特性和共同追求的存在,使人能够在"人类"的意义上认识自我、认识他物,使人能够以"类本位"抑制"个体本位"。④ 董彪在文章《马克思的"类哲学"与人类命运共同体》中提出,马克思的"类"哲学思想始终保

---

① 段虹、骞真:《马克思交往理论视域下的人类命运共同体》,载《理论与评论》,2021年第4期,第27—34页。
② 高惠珠:《"人类命运共同体"理念是马克思主义交往理论的新时代创新》,载《社会科学家》,2021年第7期,第15—20页。
③ 陈文祥:《马克思的"类"概念与人类命运共同体》,载《上海理工大学学报(社会科学版)》,2021年第43期,第175—180页。
④ 范根平:《人类命运共同体:马克思共同体思想的当代确证》,载《陕西行政学院学报》,2021年第35期,第42—45页。

持着对人类命运共同体理念的思想关照和价值关怀,认为马克思从人的自由解放的价值维度对人的类存在、类本质进行了规定,从社会发展客观规律角度探索了人的异化和扬弃、社会的分化和整合,为守护人类的共同价值底线和重构人类社会的共同秩序提供了深厚的思想基础。该研究认为,人类命运共同体理念正处于马克思"类哲学"的思想延长线上。① "类"概念对未来社会的原则性设想,深刻揭示了人与人相互依存、相互成就的真实关系,充分体认和把握人类休戚相关、命运与共的一体性和内在相关性,从而在哲学上为人类命运共同体思想奠定了坚实的思想基础。

马克思共同体思想体现了国际分工造成的个人利益与共同利益之间的矛盾,以人的自由发展为价值目标。田江太②、杨抗抗③将人类命运共同体理念视作对马克思共同体思想的继承、超越与创新,对自然形成的共同体、资本作为抽象统治的共同体和真正的共同体,三种共同体的历史形态进行分析,将人与自然的关系、人与物的依赖关系、人的本质关系贯穿于共同体历史发展的主线,并通过对三种不同性质共同体的历史考察揭示了共同体变革的内在动因和演化逻辑,为构建人类命运共同体的时代命题提供了重要的理论依据。梅景辉、骆祥慧从"历史逻辑、理论逻辑、价值逻辑"三个维度,为构建人类命运共同体思想,发挥马克思共同体思想的时代价值,做出理论贡献。④ 高帅从时代演变的逻辑视角对"共同体"的发展进行了阐释,认为人类命运共同体沿承了马克思共同体的立论逻辑,是基于对各自时代社会结构的综合研判,致力于为"绝大多数人服务"的价值导向,坚持"联合起来"的发展手段,论述了承担起阶段性历史使命的基点、价值与手段。⑤ 因此,学者们的研究成果

---

① 董彪:《马克思的"类哲学"与人类命运共同体》,载《东北大学学报(社会科学版)》,2021年第23期,第104—111页。
② 田江太:《马克思对三种共同体的历史审视及当代价值》,载《河南大学学报(社会科学版)》,2021年第61期,第7页。
③ 杨抗抗:《马克思"真正共同体"思想的逻辑理路及其现实向度》,载《宁夏党校学报》,2021年第23期,第67—75页。
④ 梅景辉、骆祥慧:《马克思共同体思想的三重逻辑及当代价值》,载《江苏社会科学》,2021年第4期,第19—27页。
⑤ 高帅:《从马克思的共同体到人类命运共同体的时代逻辑——基于〈共产党宣言〉与〈携手建设更加美好的世界〉等文献的理解》,载《青海民族大学学报(社会科学版)》,2021年第47期,第62—69页。

显示，人类命运共同体理念可追溯到马克思共同体思想，汲取了其思想精华，其构建需要各国团结协作、形成合力。这是符合历史逻辑和现实发展的思想体系。从共同体的建构来看，许多个人的共同活动构成社会关系，共同活动方式是人类社会共同生产活动的组织形式和结构样式，也是实现人类命运共同体的条件；经济发展是实现人类命运共同体的前提基础；人类的团结协作是实现人类命运共同体的保证。

马克思的人类解放理论是应对市场和资本的世界性力量，通过工人阶级的世界联合性来实现无产阶级自身的解放。马克思的人类解放理论与人类命运共同体理念在理念初衷与时空场域中存在张力。张骥、耿直在文章《马克思人类解放理论视域下人类命运共同体构建》中提到，"人类命运共同体本质上是对资本主义全球化历史进程的'拨乱反正'，充分昭示了人类解放的价值诉求和发展理念"①。符妹从马克思"现实的人"角度阐述人类命运共同体，并为其构建提供思想力量和实践启示。②她认为，将对"人"的阐释作为人类命运共同体思想研究的根基性问题，也是向实现真正的共同体和"自由人的联合"的靠拢，在一定程度上是对于人类解放的根源性理论阐释。冯景源将对人类命运共同体的哲学基础之一——"利己利他"的辩证关系作为人类解放与人类命运共同体思想的关系考察，在文章《人类的解放：人类命运共同体的哲学基础——"利己利他"辩证关系的历史考察》中指出："无论是历史观、自然观或人性论，为人类文明作出贡献的人和事业（行为）都可以归结为'利己利他'关系。"③从以上学者将马克思关于人类解放理论作为人类命运共同体理念的哲学基础的研究可以看出，人类命运共同体理念以全人类的福祉为理想，反对霸权主义和强权政治，倡导平等互利、共商共享，主张各国共同参与全球治理，依循了马克思的人类解放逻辑。将人类解放的主体关注于无产阶级、以人的自由全面发展为理想归宿。马克思人类解放理论与人类命运共同体

---

① 张骥、耿直：《马克思人类解放理论视域下人类命运共同体构建》，载《理论导刊》，2021年第11期，第40—46页。
② 符妹：《马克思"现实的人"与人类命运共同体的构建》，载《重庆社会科学》，2021年第9期，第70—80页。
③ 冯景源：《人类的解放：人类命运共同体的哲学基础——"利己利他"辩证关系的历史考察》，载《东南学术》，2021年第5期，第1—7页。

理念在新的历史条件下具有逻辑一致性，人类解放是人类社会发展的最终目标，是一种理想状态。构建人类命运共同体为人类解放的实现创造现实条件，是马克思人类解放理论在当代发展的重要实践，开拓了马克思人类解放理论的新路径。人类解放与人类命运共同体是历史性与现实性的统一、理想性与实践性的统一、世界性与中国性的统一。

恩格斯从唯物史观出发，基于无产阶级和被压迫民族解放的历史任务，以及普遍交往和世界历史发展的内在性要求，依据马克思关于各国各民族工人阶级联合的国际主义思想原则，阐释了民族解放运动的根源和发展规律，提供了认识社会矛盾的方法论。丁龙召、李丽萍认为，人类命运共同体理念包含着对恩格斯关于民族解放运动和思想的回声，恩格斯关于"任何民族当它还在压迫别的民族时，不能成为自由的民族"的论断为人类命运共同体的构建提供了思想启迪、价值引领和方法指导。[①] 同时，这也是处理世界范围内民族间、国家间关系的价值指引和实践探索。在各国各民族无产阶级争取解放的斗争中，压迫民族和被压迫民族的解放是互为条件的，零和博弈、孤立主义、独善其身的发展之路终将是行不通的。

列宁的"和平共处思想"主要体现在《关于共和国的对内和对外政策》《论苏维埃共和国所处的国际和国内形势》《全俄中央执行委员会和人民委员会关于对外对内政策的报告》等文章中，包瑞在其文章《人类命运共同体：对经典作家思想的继承与发展》中提到，列宁的"和平共处思想"为人类命运共同体视域下社会制度的完善与发展提供了理论基础。世界共同经济关系是两种社会制度和平共处的内在要求。两种制度的和平共处是过渡时代必然的现实状况，和平共处不是社会主义单方面的愿望，它以和平方式解决国与国之间的矛盾分歧甚至对立冲突同样适应于资本主义发展的需求。和平共处思想抛开制度、文化、信仰的显著差异，力求追寻国与国之间和平共处的利益契合点，将各自发展战略对接起来，加强全方位合作。[②]

---

① 丁龙召、李丽萍：《恩格斯一个著名论断的当代价值——兼论构建人类命运共同体》，载《内蒙古师范大学学报（哲学社会科学版）》，2021年第50期，第7页。
② 包瑞：《人类命运共同体：对经典作家思想的继承与发展》，载《南京林业大学学报（人文社会科学版）》，2021年第21期，第13—22页。

人类命运共同体理念与马克思主义哲学思想存在着千丝万缕的联系，马克思主义理论为人类命运共同体理念提供了深厚的理论来源，并在人类命运共同体理念的完善和建构中得到继承、发展、升华和创新。朱琳在其文章《"人类命运共同体"：先秦诸子"同"观念的现代转化》中提出，人类命运共同体思想蕴含着对先秦诸子"同"观念的现代转化，如老子的"玄同"思想，强调按照自然法则行事，主张人与自然和谐统一，可以促进人类命运共同体生态理念的建设，维护世界的可持续发展和生态平衡；孔子的"和而不同"思想对人类命运共同体的社会文明建设具有指导意义，如主张在经济上共同发展，政治上和平发展，文化上多元共存、共同繁荣，促进人类命运共同体的社会文明建设，解决各种复杂的社会矛盾和政治冲突；韩非子"形名参同"思想中的法制原则为人类命运共同体的法制建设和秩序建构提供了思想指引，促进国际秩序和谐稳定运行；墨子"尚同"思想中的"兼爱"和"非攻"，注入人类命运共同体理念中表现为超越国家和时空限制的爱，反对霸权主义和强权政治，可以促进人类命运共同体的治理体系建设。[①] 李大钊基于近代国内外政治背景、西方先进文明和中国优秀传统文化，从个性解放、联治主义、共性互助三方面重新构建了符合时代发展的"世界大同观"。朱喆、王钰涵将李大钊构建的"世界大同观"作为人类命运共同体的近代思想渊源之一。[②] 由此可见，部分学者在中华传统文化中找到了人类命运共同体理念的深厚历史底蕴和历史文化。

中华优秀传统文化是我们的思想根基，其价值不会因历史发展变化而湮没于时代潮流中。新时代环境下中华优秀传统文化依然具有强大的生命力，我们要不断地对其进行理论创新，通过现代阐释推动中华优秀传统文化创造性转化、创新性发展。如毛泽东在新中国成立初期提出的特殊的三条对外政策，周恩来提出的和平共处五项原则，邓小平提出的"一国两制"原则等，都蕴含着国家治理与发展的智慧，为现代人类社会发展和社会治理提供了理论和实践

---

① 朱琳：《"人类命运共同体"：先秦诸子"同"观念的现代转化》，载《广西民族研究》，2021年第2期，第24—30页。
② 朱喆、王钰涵：《"人类命运共同体"的近代思想渊源：李大钊的"世界大同观"》，载《武汉理工大学学报（社会科学版）》，2021年第34期，第51—57页。

参考。毛林科、韩平、吴小军将毛泽东的"三个世界划分"理论作为人类命运共同体理念的理论实践参考,具有重要意义。"三个世界划分"理论坚持马克思主义的大历史观,在波诡云谲的国际形势中增强"识别力",坚定构建人类命运共同体的信心与定力;超越意识形态和社会制度分歧,在推进世界和平与发展中扩大"影响力",争取构建人类命运共同体的良好国际环境;团结一切可以团结的力量,在扩大共识和增进认同中提升"凝聚力",壮大构建人类命运共同体的主体力量;发扬敢于斗争、善于斗争的精神,在反对霸权主义和强权政治中提高"战斗力",推进构建人类命运共同体行稳致远。① 由此可以得知,部分学者站在现代中国特色外交的发展角度,将中国独有的特色外交理念及其合理内核融入人类命运共同体理念的现代发展之中。

总体来讲,通过对重要文献的大致梳理,理论界对人类命运共同体理论渊源的研究主要围绕马克思主义哲学思想、中华优秀传统文化等方面展开。学术界已有的研究成果为今后人类命运共同体理念的完善和发展奠定了重要的理论基础,提供了丰富的思想理论资源,拓展了研究视野,提供了更多的探讨空间和价值。

三、人类命运共同体的内涵研究

国内学术界从不同角度就人类命运共同体的内涵进行了深入研究,积累了大量的参考文献,形成了全方位解读,为构建人类命运共同体提供了坚实的理论基础。

范根平站在世界历史发展的角度在其文章《人类命运共同体:马克思共同体思想的当代确证》中提出,人类命运共同体是基于共同利益的利益共同体,是超越资本主义但与资本主义并列的过渡性的、松散的共同体(形态),是基于差异,凝聚不同地域、民族、信仰和文化之"共识"基础上的包容性共同体,是马克思"人类社会"以及"自由人联合体"的当代确证,代表了

---

① 毛林科、韩平、吴小军:《毛泽东"三个世界划分"理论对构建人类命运共同体的方法论意义》,载《南华大学学报(社会科学版)》,2021年第22期,第47—53页。

历史前进的方向,是走向"真正共同体"的必经环节,是在尊重各国发展差异、秉持各国不同发展道路的基础上,致力于打造共建共享、共生共赢、多元开放的全球化时代的大同世界。① 公超熠、张艳秋在文章《"人类命运共同体"理念的当代价值探析》中提出,"人类命运共同体"理念是中国共产党在结合马克思的"自由人联合体"和中国传统文化的"以和为贵"的基础上,站在全球视野提出的新的世界思路,是中国与世界各国进一步建立起广泛的交流与合作的生动实践,是同各国携手建构持久和平、普遍安全、共同繁荣、开放包容、清洁美丽的世界的"善"的呼吁,是中国协同发展中国家和发达国家朝着平等、至善方向发展而提出的中国智慧。② 由此可以看到,部分学者将人类命运共同体理念的内涵落脚点放在对"共同体"的深刻剖析中,将人类命运共同体视作"共同体"范畴在时空上的延展,是通过联合行动,维护共同利益,以实现共同价值的集合体。

习近平在一些重要场合和会议中相继提出了因发展需要而形成的不同类型的"共同体",从而促进了人类命运共同体在现实中的丰富与发展。薛力在文章《中国传统文化、人类命运共同体与高质量建设"一带一路"》中将人类命运共同体理念具象化为全球层次下的人类命运共同体;区域层次下的中国与各个地区命运共同体,如中非命运共同体等;两国之间的双边命运共同体,如中国—巴基斯坦命运共同体等;功能领域层面的共同体,如海洋命运共同体、安全命运共同体、健康命运共同体、网络空间命运共同体等四个层次的建设。③

人类命运共同体理念作为追寻"高度一体化世界"价值目标的中国方案,超越了中国性和民族性,是人类共通的世界性智慧。人类命运共同体理念可以在全球范围引起广泛关注和深层共鸣,已然跻身成为新的全球伦理和全球秩序的原则性理论,并随着理论形态上的不断成熟和完善,在实践中稳步推进和有序展开,持续产生着巨大而深远的国际社会影响力。

---

① 范根平:《人类命运共同体:马克思共同体思想的当代确证》,载《陕西行政学院学报》,2021年第35期,第42—45页。
② 公超熠、张艳秋:《"人类命运共同体"理念的当代价值探析》,载《通化师范学院学报》,2021年第42期,第103—107页。
③ 薛力:《中国传统文化、人类命运共同体与高质量建设"一带一路"》,载《中国发展观察》,2021年第23期,第33—35页。

四、人类命运共同体的时代价值研究

人类命运共同体理念是时代发展的产物,它顺应时代发展潮流应运而生,彰显时代价值。学者们从世界历史发展趋势、价值诉求、价值旨归等角度对人类命运共同体的时代价值进行论述,认为人类命运共同体理念具有深刻的世界历史意义,有力拒斥了"逆全球化"思潮,超越了"西方中心论"的思维方式,为科学处理资本主义和社会主义的关系提供了新思路。人类社会的深入发展使得民族史向世界史演进的程度逐渐加深,这是历史发展的必然规律。危机与挑战不免被归结于世界历史的形成与发展,但是世界历史进程中涌现出来的种种危机与矛盾不是由于世界历史本身的逻辑所必然导致的,而是由于长期以来资本逻辑的主导作用异化了世界各国交往的关系,扭曲了社会发展的长远道路。马克思主义视域下的理论不会也从没有回避过世界历史形成与发展过程中的问题与冲突。人类命运共同体理念摒弃了以资本为导向制定应对各种全球治理危机的原则,呼吁以共建、共商、共享为理念,建构普遍安全和共同繁荣的世界,在实践中为世界历史进程的合理化推进开辟了新的方向。

边飞飞站在世界历史发展角度对人类命运共同体理念的世界历史意义与价值进行分析,在《马克思世界历史理论视野下人类命运共同体的意义阐释》一文中提出,按照马克思最初的设想,人类社会发展的最高形态和最终目标是实现共产主义,在这个过程中,社会主义作为从资本主义到共产主义的必经过程,是符合历史发展规律的,但是社会主义的产生意味着资本主义的灭亡,自从世界上第一个社会主义国家诞生后,人类历史就开始演变为资本主义与社会主义共存的历史。尽管现实的历史道路没有完全按照马克思所预测的走向前进,但历史的发展仍然没有脱离马克思世界历史理论所总结的历史规律和历史逻辑。[①] 袁祖社站在人类历史发展和文明进化的时代角度指出,"人类命运共同体思想具有'公共性时代'的哲学自觉及话语构建的世界性意义,是人类

---

① 边飞飞:《马克思世界历史理论视野下人类命运共同体的意义阐释》,载《学习与探索》,2021年第7期,第20—25页。

福祉至上的实践公共性生存智慧的中国表达。"① 赵英红站在百年未有之大变局的时代背景下提出，构建人类命运共同体不只是一种前瞻性理论，更是一种实现人的全面自由发展、解决全球性公共问题的科学性实践方案。②

人类命运共同体理念追求的全人类的美好未来，是以人的发展为尺度的合目的性与合规律性的统一，是对美的认识与追求。因此，构建人类命运共同体是一个从主客统一的规律性认识，到和平发展的目的性认识，再到全人类幸福的审美认识的辩证统一过程。习近平提出：和平、发展、公平、正义、民主、自由，是全人类的共同价值，也是联合国的崇高目标。该目标远未完成，我们仍须努力。③ 这种共同价值的认定相较于马克思对世界历史演进中所设想的人的自由全面发展，更倾向于现实与最终指向的结合，强调一种民族国家之间由不平等的"中心—外围"式等级转化为去中心化的平等关系，在这个过程中，人类命运共同体实现了从理论到现实的跨越，明确反对非此即彼的零和思维和弱肉强食的丛林法则，反对霸权主义和强权政治，推崇"共生共赢共发展"为核心的伦理学意义上的大国思路，是具有高度包容性、多元性以及普遍性的价值理念，打破了阶级之间的对立矛盾，为马克思自由人联合体的形成提供了全新视角、实现路径和发展方向，民族国家的个体公民也将获得更广泛的平等、民主、自由。

五、人类命运共同体的构建路径研究

人类命运共同体理念在尊重历史实践经验的同时，将现有联合国宪章的秩序和准则作为理论和实践基础，是建立人类相处根本原则、探索处理国际关系基本原则、发扬国际交往正义原则的有益尝试，包含着如何实现自身建构和发展的原则要求、体制机制和方式方法。推动构建人类命运共同体是一项任重而

---

① 袁祖社：《人类命运共同体思想的原创性及其世界性意义——"公共性时代"的哲学自觉及话语建构》，载《北京工业大学学报（社会科学版）》，2021年第21期，第21—29页。
② 赵英红：《构建人类命运共同体的时代意蕴》，载《人民论坛》，2021年第14期，第55—57页。
③ 《习近平谈治国理政》（第二卷），北京：外文出版社2017年版，第522页。

道远的工作，学者们对人类命运共同体的构建路径进行多方面探索与分析。

构建人类命运共同体作为一项系统工程，涉及经济、政治、文化、安全、生态等各个方面，大多数学者立足于这五个方面，就如何构建人类命运共同体进行了阐述。在经济层面，学者们将"平等互惠、包容互惠、互利共赢、合作共赢、开放创新"等词汇融入经济发展原则和理念，以此推动人类命运共同体的长远发展目标和前景。在政治层面，学者们强调对话协商、公平正义、相互尊重、平等相待、互商互谅、合作交流、对话而不对抗。在文化层面，以"交流互鉴"为主要途径，营造开放包容、兼收并蓄、和而不同的多样文化。刘泓在《人类命运共同体是人类文明形态发展的大趋势》一文中提出，人类命运共同体建立了新型的文明观，将全人类的权利和职责连接起来，有力遏制了西方长期奉行的"强权性、冲突性文明观"的肆虐。[1] 在安全层面，鉴于2020年新冠疫情暴发，人类面临新的安全挑战，习近平提出"构建人类卫生健康共同体"。打造人类卫生健康共同体是站在全人类的高度提出的重大理论创新，是人类命运共同体在公共卫生这一具体领域的实践和体现。在生态层面，学者们主张人与自然和谐共生，以"绿色低碳"为主要准则，建立和谐共生的生态环境。

吴宏政、杨盼悦站在世界历史论角度用历史唯物主义理论视野探索纵向的世界历史发展与横向的世界历史构成及其之间的关系后提出，"人类命运共同体的构建要扬弃资本逻辑，坚持'求同存异'的历史辩证法，超越整体主义与个体主义的争辩，实现'普遍性共识与特殊性道路'的结合"[2]。人类命运共同体亦是在考察当今世界及各个构成部分现实状况和趋势下提出的。在世界历史条件下，各国的国内国际因素联系胶着、相互作用，形成各自独特的发展背景，也因此造就了各民族特殊的社会发展道路。人类命运共同体要传播的是一种广泛认可的发展理念，而不是一种既定的道路模式，每个国家应当在拥有普遍共识的前提下按照具体情况来选择或设计自己的发展道路。人类命运共同

---

[1] 刘泓：《人类命运共同体是人类文明形态发展的大趋势》，载《人民论坛》，2021年第34期，第35—37页。

[2] 吴宏政、杨盼悦：《马克思"改变世界"的世界历史观及其当代发展》，载《浙江学刊》，2021年第6期，第4—12页。

体从根本上摒弃两种绝对化倾向，既不追求全球政治经济文化趋同化，也不赞同孤立化、个体化，而是追求一种普遍性价值共识。正是全人类的一种意识、理念、价值上的共同追求。

邓依晴、程广云将文化符号刻进"共同体"的演进逻辑中，进而阐释人类命运共同体的构建逻辑，在其文章《从文化符号看人类命运共同体构建逻辑》中提出，"共同体"从具象到抽象的演进逻辑序列中具备典型的文化符号系统，人类命运共同体的符号逻辑与人类社会发展的历史逻辑具有一致性；空间交往中的文化符号从分散到融合的视界扩展，展现了人类命运共同体的符号逻辑与人类社会发展的空间逻辑的一致性；生存活动中的文化符号从简单到复杂的社会生成，彰显了人类命运共同体的符号逻辑与人类社会发展的实践逻辑的一致性；生命关怀中的文化符号从神本到人本的价值担当，体现了人类命运共同体的符号逻辑与人类社会发展的价值逻辑的一致性。①

由此可见，人类命运共同体理念不会产生"国强必霸"的发展逻辑，更不会追求垄断霸权地位。人类命运共同体作为灵活的发展体系，不要求别国按照某种法则规约行事，更不要别国复制中国模式，而是在探索中共商共建。中国是人类命运共同体的倡导者和先行者，更是人类命运共同体的一员，追求的是一种人类美好发展理念上的共识。中国将不遗余力、一如既往地为世界和平安宁、共同发展、文明互鉴做出贡献，热忱分享中国发展经验；继续坚持独立自主的原则，避免同质化、去民族化、泛意识形态化，继续坚持中国特色社会主义道路，同时尊重别国特殊性发展道路的选择。

六、小结

综上所述，关于人类命运共同体理念的研究，国内学者已经从历史发展视野阐释了共同体产生的必要性和发展趋势，从马克思主义经典著作中找到理念的发生点，提出理念本身融合创新的特质，对其理论内涵的研究为进一步深入

---

① 邓依晴、程广云：《从文化符号看人类命运共同体构建逻辑》，载《贵州社会科学》，2021年第8期，第60—66页。

探索指明了方向，为解决国内外的理论困惑和现实问题都提供了中国思路，基于中国发展道路和世界发展现实积极研究建构路径，并且取得了重要成果，为进一步深化研究打下了深厚的基础。但是，已有的研究基础呈现出碎片化、同质化、重政治轻学理的倾向，相关研究有待增强分析的学理性和论证的思辨性、系统性，以期勾勒出人类命运共同体完整的内在运行逻辑。今后的研究还需要对人类命运共同体的理论渊源做更深入的挖掘与论证，尤其要在马克思的哲学思想以及中华优秀文化的精髓中不断地去探寻，从而更有力地夯实理论基础。对人类命运共同体的生成逻辑不能仅停留在理论探讨层面，还需要在现实层面上进一步研究，对于随时出现和面临的问题都应该有一定的预见性研究和解决相关问题的研究，如构建人类命运共同体过程中如何解决文化认同、价值认同、利益共享、制度共享等现实困难，如何处理国家自身发展与全球治理的关系，人类命运共同体内部各国矛盾的化解机制如何建构等实际问题。

人类命运共同体管理学研究述评

李珍晖　陈帅卿　辛　灿*

在世界秩序快速变迁的新阶段，作为中国特色的新型世界秩序观，基于历史经验和时代发展新趋势，人类命运共同体理念成为应对"百年未有之大变局"的中国特色方案。为构建和维护新型世界秩序，在构建人类命运共同体的过程中，世界各国需在政治、经济、文化和科技等方面深入研究适应新型世界秩序和发展趋势的管理治理路径。而管理治理创新的必要性和迫切性来自目前各国面临的治理困境，这不仅是我国全面深化改革总目标的要求，也是全球发展和实现人类命运共同体目标的重大需求。在当今世界总体进入风险社会的今天，以人类命运共同体理念为基础创新全球治理，为解决区域和全球危机提供了明确的方向和可行的途径。如何构建人类命运共同体合理路径、实现各领域管理治理创新、探寻构建命运共同体的合理国家治理方案以及应对全球化管理危机和治理困境，成为学界广泛关注的内容，也是管理学领域研究的重中之重。

2021年，国内管理学学界关于人类命运共同体的相关研究大致分为三个脉络。其一是对基于人类命运共同体理念的全球治理理念的研究，包含了对共同体理念的意识研究梳理以及全球治理的中国方案研究。其二主要是对构建人类命运共同体的治理路径的研究，从科技、生态和经济发展三个维度探究如何构建治理共同体路径。其三主要是对人类命运共同体理念下的治理路径创新的

---

* 李珍晖，中国传媒大学经济与管理学院副院长，副研究员，传播学博士，研究方向为媒体管理。陈帅卿，中国传媒大学政府与公共事务学院在读博士，研究方向为国家治理与政治传播。辛灿，中国传媒大学政府与公共事务学院在读硕士，研究方向为公共事务与传播治理。

研究，从公共危机、网络空间和生态环境三个方面探究如何对其治理路径进行全面创新。

笔者在中国知网以"命运共同体"为主题关键词进行检索，检索发现，在管理学学科相关领域下，2021 年全年共搜集到 209 个学术成果，其中包括：学术期刊 177 篇，学位论文 21 篇，报纸发表 11 篇。从发表年度趋势来看，在管理学领域，近五年命运共同体相关主题的文章发表量总体呈上升趋势，尤其从 2018 年之后研究热度显著提升，管理学领域对命运共同体的研究正越来越受到专家学者们的关注与重视。

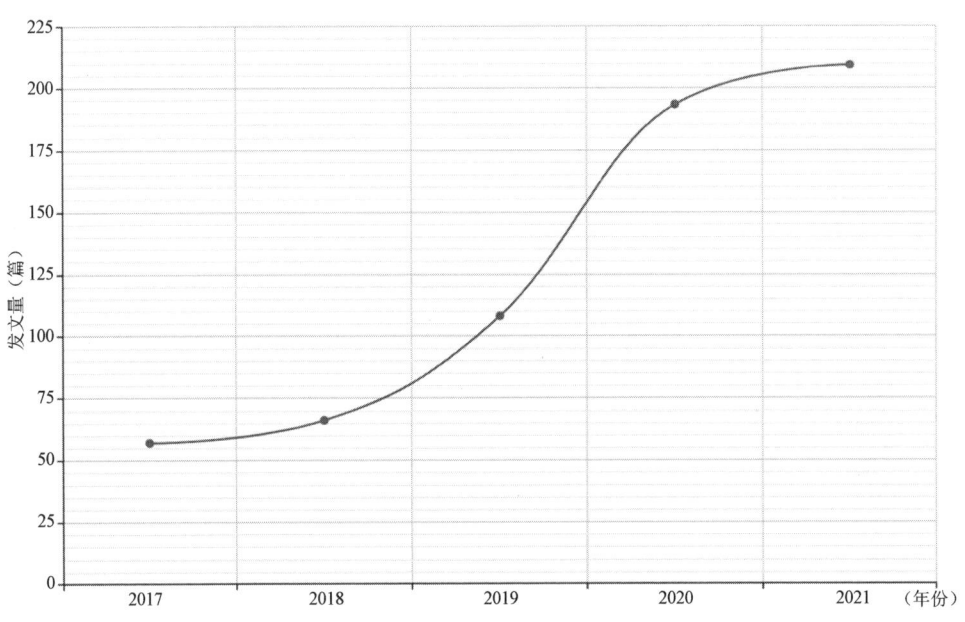

图 1　2017 年—2021 年管理学领域命运共同体研究整体趋势

借助中国知网数据库的关键词筛选功能，本文归纳出主要主题关键词与次要主题关键词各 40 个。主要主题关键词的统计结果显示，"人类命运共同体"的出现频次排在第 5 位。另外，"治理能力""国家治理""国家治理现代化""公共危机治理"和"风险治理"等与治理相关的关键词也出现在相关研究中。

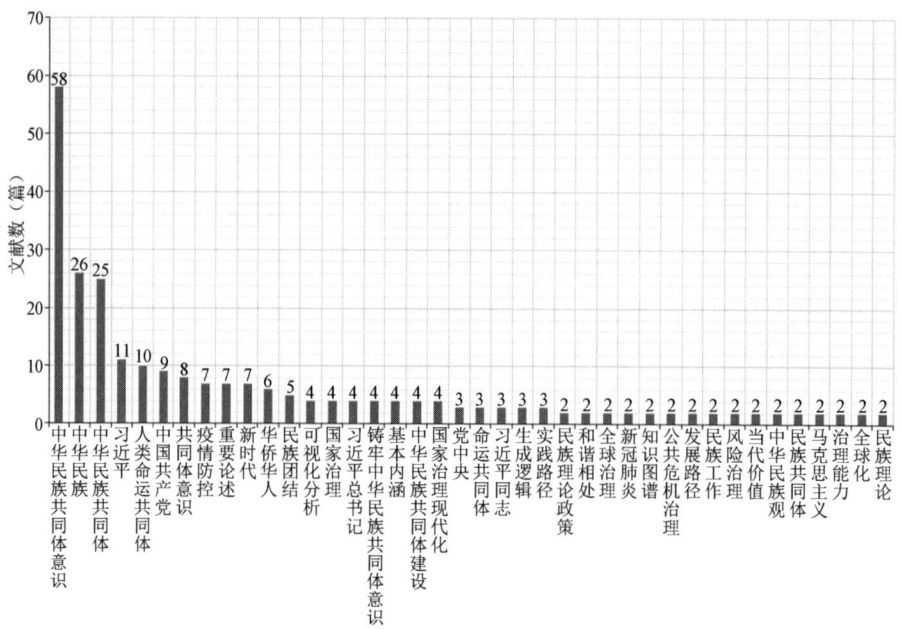

图2 主要主题关键词情况

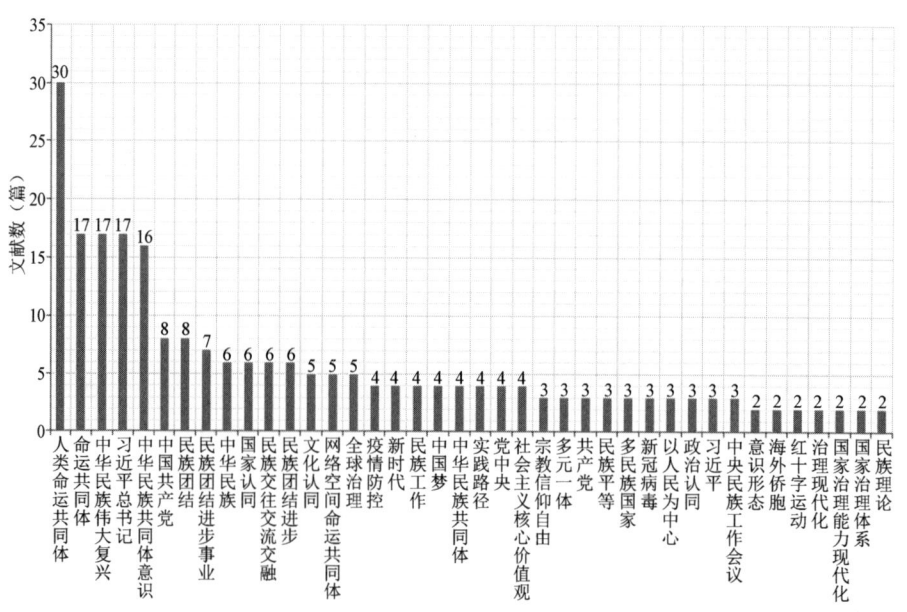

图3 次要主题关键词情况

在次要主题关键词的统计结果中,"人类命运共同体"的出现频次居于首位,此外,"全球治理""网络空间命运共同体""疫情防控""治理现代化""国家治理能力现代化"和"国家治理体系"等概念也出现在相关研究中。结合主要主题关键词的分析结果,在管理学领域,对人类命运共同体的研究更多集中在全球治理、国家治理和公共危机治理等方面。

一、人类命运共同体理念下的全球治理理念研究

(一) 全球治理中国方案

随着全球化的不断深入,国际社会正不可避免地朝着全球治理的趋势演进,在此过程中,各个国家间治理理念不同、矛盾冲突不断,而人类命运共同体理念的提出,为全球治理提供了崭新的治理视角。因此,全球治理是人类命运共同体在管理学领域研究的一大重要板块。

2021年国内有关人类命运共同体与全球治理的研究均对当前全球治理赤字及治理困境进行了深入分析,并指出人类命运共同体是中国为全球突破治理困局提出的智慧方案。如李少霞和张惠嘉在《人类命运共同体:中国参与全球治理的新向度》一文中系统分析了当前全球治理的赤字困局,指出人类命运共同体提倡的坚持对话协商、共识共商、共商共建、开放共赢和共同发展理念,对全球构建安全共同体、价值共同体、民主共同体、合作共同体及发展共同体有重要推动作用,为世界各国更好地参与全球治理提供了全新的选择,更为全球治理突破赤字困局贡献了中国智慧与中国方案。[①] 陈道武和吕洁在《人类命运共同体:超越西方全球治理理念的中国智慧》一文中指出,人类命运共同体理念的提出,是从"零和博弈"到"合作共赢"的转变,超越了西方的新自由主义;是从"冷战思维"到"共商共建"的转型,回应了"修昔底

---

① 李少霞、张惠嘉:《人类命运共同体:中国参与全球治理的新向度》,载《江苏海洋大学学报(人文社会科学版)》,2021年第4期,第26—36页。

德陷阱";是从"文明偏见"到"包容互鉴"的跨越,辩驳了"文明冲突论",为破解全球治理难题贡献了中国智慧。① 在《以构建人类命运共同体引领国家治理现代化》一文中,张康之提出无论是在国家内部事务的治理还是全球治理上,治理体系和治理能力的现代化都要从全球化、后工业化的历史性社会转型和风险社会的现实要求这两个方面加以认识。论文强调,在全球化、后工业化的新时代,国家治理的一切内容都应当围绕着人类命运共同体的构建开展行动,国内经济社会的发展,面向国际社会的大国、强国建设,参与或主导全球治理,都是为了构建人类命运共同体。②

基于人类命运共同体理念的全球治理研究中,各位学者纷纷强调西方资本主义国家的治理思想已不再能带领全球治理打破治理赤字困局,"单边主义""零和博弈""冷战思维"以及各种霸权思想只会加剧治理风险。同时也有观点提出,在人类命运共同体理念的指导下,将全球治理作为国家治理的一个构成部分,推动人类命运共同体建设,是中国为全球治理困境提出的新的智慧与方案。

(二) 中东、东亚治理中国方案

中东治理是全球治理中的薄弱环节,但也是改善全球治理的关键因素。作为新兴大国,中国在中东治理中发挥着越来越突出的建设性作用。人类命运共同体理念和"一带一路"倡议适合中东多元的文化背景,更能推动中东地区治理水平的提高,帮助该地区解决阻碍发展的问题,实现可持续发展以及持久和普遍和平。而亚洲区域拥有全球范围内最大的市场,作为世界经济增长的动力之源,是世界经济发展的重要引擎,尤其东亚的中日韩三国是位居亚洲前列的经济体,在推动亚洲区域市场繁荣发展中具有重要作用。人类命运共同体理念的提出,为东亚区域一体化发展提出了可行路径。

2021年关于人类命运共同体与中东、东亚治理的研究更多集中于中东治

---

① 陈道武、吕洁:《人类命运共同体:超越西方全球治理理念的中国智慧》,载《湖州师范学院学报》,2021年第9期,第70—74页。
② 张康之:《以构建人类命运共同体引领国家治理现代化》,载《中共杭州市委党校学报》,2021年第5期,第4—12页。

理观的构建以及东亚区域一体化与亚洲命运共同体的建设。丁俊在其论文《构建人类命运共同体视域下的中国中东治理观》中提出，在构建人类命运共同体理念引领下，中国积极参与中东地区治理，强调从战略与全局的角度看待中东问题，着眼长远和平与持久安全，谋划综合治理与稳定发展。论文强调，要推进中东地区治理，实现中东地区的长治久安与和平发展，需要各方共同协商，集体合作，协力推进政治对话，化解危机与冲突。虽然中国中东治理观还面临着地缘政治矛盾、域外大国博弈、文明交往互鉴程度不够、中国自身经验与能力尚有局限等挑战，但人类命运共同体理念是中国政府统筹国内国际两个大局而确立的有关治国理政与全球治理的新理念和文明交往的新方略，对中东治理具有重要意义。①

在《人类命运共同体视域下东亚社会发展核心议题及前景瞻望》一文中，宋志艳回顾了东亚区域一体化的演进历程，在中日韩三国政府的大力推动下，东亚区域建立起一系列交流合作机制，深化了各领域间合作，从而带动亚洲区域一体化发展，最终推动构建亚洲命运共同体。论文指出，未来东亚社会发展核心议题将聚焦携手加强"第三方市场"合作、实现环境保护领域的有效治理、共享数字型社会的技术进步、分享少子老龄化治理经验等领域。通过拓展未来发展合作空间，中日韩三国的合作模式将促进东亚和平稳定发展，成为推动地区合作的重要平台，并成为促进世界发展与繁荣的重要力量。东亚区域基于社会层面的携同并进和融通合作，将会极大地推进东亚区域一体化进程，为构建亚洲命运共同体和人类命运共同体做出重大贡献。②

陈祥在《人类命运共同体思想对完善东亚治理的意义》一文中分析了东亚迈向"命运共同体"的现实基础和内在需求。在历史发展过程中，中日韩三国保持了长期的和平友好交流，三国在文化、历史、传统、习俗、社会生活等方面具有较多共性。冷战结束后，中日韩需要面对人口少子老龄化、垃圾处理、毒品走私、传染病流行、生物多样性保护等非传统安全领域的共性问题，

---

① 丁俊：《构建人类命运共同体视域下的中国中东治理观》，载《青藏高原论坛》，2021年3月第1期，第8—17页。
② 宋志艳：《人类命运共同体视域下东亚社会发展核心议题及前景瞻望》，载《东北亚学刊》，2021年第2期，第13—27页。

人类命运共同体思想为三国破解此类问题提供了新的思路。全球化带来的区域化，为中日韩消弭各国内对形成经济共同体的不利因素提供了巨大的源动力。论文指出，东亚命运共同体的建立还需要突破政治制度差异、"中国威胁论"、领土争议和海洋权益纠纷等障碍性因素。而新冠疫情的全球暴发，客观上释放了中日韩积累的合作势能，能加速推动三国携手相助、布局后疫情时代的东亚治理合作。①

在 2021 年有关东亚、中东治理的研究中，学者们就人类命运共同体理念的积极影响给予一致肯定，全球部分区域的一体化治理同样可以在人类命运共同体理念的指导下打开新的局面，面临东亚区域人口老龄化、生物多样性保护等共性问题，人类命运共同体理念无疑为更好地协商合作提供了理论支持。而从战略层面为中东治理提供中国智慧与中国方案，同样对中东地区和平发展与长治久安具有重要意义。

（三）共同体理念研究

在构建人类命运共同体的漫长进程中，人类共同体意识研究占据着非常重要的先决地位，共同体意识形态的演进特征研究和与之相关的前沿热点研究将成为引导命运共同体研究更顺利进行的导航仪。"民心相通"是构建人类命运共同体的关键。习近平指出，"一带一路"要打造政治互信、经济融合、文化包容的利益共同体、命运共同体和责任共同体，必须在沿线国家民众中形成一个相互欣赏、相互理解、相互尊重的人文格局，为民心相通指明了前进方向和根本遵循。当前，共建"一带一路"、打造人类命运共同体，正从"大写意"迈向"工笔画"的新阶段，加强民心相通对于推动共建"一带一路"走深走实，保证他者与自我同向而行、同频共振、同心克难，规避诸多风险隐患，助力构建人类命运共同体，具有重要意义。

在《"一带一路"民心相通的理论建构及路径选择》一文中，郭鸿炜首先从以民为主体，以民本性与和平性为特征点以及民心相通的载体和目标四个方

---

① 陈祥：《人类命运共同体思想对完善东亚治理的意义》，载《东北亚学刊》，2021 年第 2 期，第 33—46 页。

面阐述了"一带一路"民心相通的精神内涵。基于建构主义视角,运用相互依存、共同命运、同质性和自我约束四个主变量建构民心相通的集体认同理论分析框架,使"一带一路"沿线国家逐渐形成认同感。最后,通过深化中国与沿线国家之间的战略互信、增强中国与沿线国家之间的共同利益、促进中国与沿线国家之间的人文交流进而推动"一带一路"民心相通的路径选择,促进沿线国家相互信任乃至民心相通的实现。[①]

在《"中华民族共同体意识"知识图谱分析》一文中,郭砚博、郭昭、蒲瑶、周凯和叶恒语系统地总结梳理了以"中华民族共同体意识"为研究主题的期刊文献,采用文献计量软件的相应功能,从文献年度分布及发文趋势、期刊分布、机构合作网络、作者合作网络把握有关"中华民族共同体意识"研究的文献特征,并绘制高频关键词共现聚类图谱对其进行聚类分析,研究发现了"中华民族命运共同体意识"的研究进展呈现为较为鲜明的阶段性特征的主题演进路径。论文提出,未来一段时间内,中华民族共同体意识融入民族团结教育、铸牢中华民族共同体强化政治认同、铸牢中华民族共同体意识的文化路径将成为研究的前沿热点,并从视角切入、内容建构、学科视野、方法体系上进一步拓展了对未来深化中华民族共同体意识研究,为分析筑牢中华民族共同体意识具体实践环节的不足之处提供更为精细的参考。[②]

总的来说,基于全球治理理念的人类命运共同体研究,重点在于论述中国为全球治理提供的新的治理智慧与方案,对于当前全球治理存在的霸权主义、单边主义等治理困局,消弭霸权、建立平等协商的对话机制才是一条可行之路。人类命运共同体理念的提出,为全球治理共同体理念的建立提供了理论基础及可行方案,同时,面对中东、东亚等区域治理,人类命运共同体理念同样贡献出中国智慧。但总体来看,人类命运共同体与全球治理相关的研究还存在覆盖面不全、深度不足等问题,对于人类命运共同体理念下治理主体、治理客体及治理机制等子问题的研究仍需进一步细化。

---

① 郭鸿炜:《"一带一路"民心相通的理论建构及路径选择》,载《科学决策》,2021年第8期,第80—86页。
② 郭砚博、郭昭、蒲瑶、周凯、叶恒语:《"中华民族共同体意识"知识图谱分析》,载《科学决策》,2021年第6期,第137—156页。

二、人类命运共同体理念下治理共同体构建路径研究

当今世界面临着百年未有之大变局,政治多极化、经济全球化、文化多样化和社会信息化潮流不可逆转,各国间的联系和依存日益加深,同时也面临诸多共同挑战,粮食安全、资源短缺、气候变化、网络攻击、人口危机、环境污染、疾病流行、跨国犯罪等全球非传统安全问题层出不穷,对国际秩序和人类生存都构成了严峻挑战。面对这些日益严峻的挑战和威胁,人类命运共同体理念的核心凝聚力变得愈发强大。创建人类命运共同体的最终目的是保障全世界各国人民的利益共同、命运共同、未来共同、期望共同。这一目标之宏大,历程之艰辛,流程之烦琐,需要依赖构建人类命运共同体的合理路径规划方案。

张劲松在其论文《风险社会视域下的人类命运共同体理念》中,分析了全球性风险促成人类命运共同体意识形成,同时人类命运共同体意识的形成又能应对全球性风险的相互关系。论文指出全球性风险对人类生存的影响主要表现在科技、生态和经济三个领域,而人类命运共同体意识正是源于风险社会。世界性风险社会外在地促成人类的团结意识,内在地揭示了人类命运共同体意识的人类学意蕴,并促成世界主义观念的孕育成型,奠定了人类命运共同体意识的政治行动基础。人类命运共同体理念在前期探索和实践基础之上,秉持"共商共建共享"的全球治理观,推动构建更加公正、公平、合理的国际政治经济新秩序,是应对世界风险社会、实现全球共同繁荣的中国方案,它为实现人类永久和平和持续发展,为推进全球治理体系新变革提供了理论指南和行动纲领。①

该论文为构建人类命运共同体的路径规划提供了较为清晰的思路建议,在风险社会视域下,对人类命运共同体的构建可以从科技治理、生态治理和经济发展三个维度展开,而这三个维度也是当前全球化趋势下人类社会发展共同关

---

① 张劲松:《风险社会视域下的人类命运共同体理念》,载《上海交通大学学报(哲学社会科学版)》,2021年第6期,第93—101页。

注的重要方面，同时也是人类在地球上更好生存并构建更美好家园的必要条件。

（一）科技治理共同体构建

随着互联网技术的创新和发展，世界迎来了数字时代。数字技术带动世界空间结构和产业结构发生巨大变化。作为继陆海空天后第五空间的网络空间，以及在数字技术的推动下全球涌现的新业态、新产业，都使得网络空间的主权维护和治理变得至关重要。网络空间治理是推进数字经济发展的必要方式，也是国家治理体系的重要内容。数字经济时代中的网络空间治理和结构优化是承上启下推进"数字生态共同体"建设的重要单元载体，也是深度落实数字产业化与产业数字化的内在需求，同时网络空间治理也是维护网络空间中国家主权、构建人类"网络命运共同体"的重要环节。

张东冬在《人类命运共同体理念下的全球人工智能治理：现实困局与中国方案》一文中，将全球治理的视域聚焦于人工智能领域，深入分析了人工智能的技术产业价值及应用风险，并全面阐述了全球人工智能治理的内涵、基本要素及治理困境。鉴于人工智能日益呈现出跨国家、跨文化和跨领域的全球化属性，应对这一技术的挑战并非取决于单一个体，需要从全球层面搭建人工智能的治理架构，因此，人类命运共同体的提出为应对人类过度使用和滥用新兴技术带来的风险提供了一种新的路径。人类命运共同体理念通过构建以多元主体、透明监管、包容价值和广泛方法为核心的人工智能综合治理体系，可在弥合现有分歧及引领未来发展方面发挥关键作用，为全球人工智能治理贡献中国方案。[①]

在《"十四五"时期中国数字经济网络空间结构优化路径》一文中，白杰和李秀敏指出，"十四五"时期各产业的数字空间结构地位与作用持续提升，将成为未来经济发展的主要推动力。但当前整体的空间网链体系并未形成，致使数字经济强有力的支撑效能并不显著。因此，通过分析中国数字经济与网络

---

① 张东冬：《人类命运共同体理念下的全球人工智能治理：现实困局与中国方案》，载《社会主义研究》，2021年第6期，第164—172页。

空间结构的内在逻辑、影响因素与重要特征,我国数字经济网络空间结构发展面临着巨大挑战,主要表现为逆全球化暗流致使网络空间布局失衡,发展中国家和发达国家间的数字鸿沟使得国际数字经济网络空间布局失衡,全球网络治理共识还未达成,网络安全问题仍难以全面解决。论文指出,"十四五"时期中国数字经济网络空间结构的优化路径,应从核心重点、支撑利基、基础保障三方面着力,从内到外重构中国数字经济网络空间结构,助推数字经济高质量发展。①

在《论新时代政治安全视阈下我国网络主权的维护》一文中,吉鹏和许开轶指出网络空间给主权国家的政治安全带来了重大挑战。新时代我国网络主权的特征,主要表现为边界的动态性、内容的层次性、对国家主权的依附性以及实践能力的非对称性,确立网络主权对捍卫国家的领土安全、保障政治秩序的稳定性、维护意识形态的安全以及重塑政治统治的权威等政治安全具有积极的影响。论文针对新时代我国网络主权维护面临的困境,提出了强化网络主权意识,加强战略顶层设计;推动核心技术创新,提升网络安全保护能力;以国家为主导,构建网络主权协同维护模式;加强网络空间国际合作,构建网络命运共同体等具体策略,以期维护好网络空间新秩序,从而促进网络命运共同体的健康平稳发展。②

(二) 生态治理共同体构建

生态文明与气候变化关乎人类的福祉与未来,随着全球环境治理问题日益突出、气温升高幅度扩大和极端天气概率不断加大,保护生态环境和应对气候变化成为人类社会面临的严峻挑战。在生态环境及气候治理问题的研究上,人类命运共同体理念的提出同样为复杂且严峻的生态气候治理问题提供了可遵循的价值观与路径。2021年人类命运共同体与生态环境及气候治理的相关研究涵盖了气候治理机制创新和生物多样性治理创新等内容。

---

① 白杰、李秀敏:《"十四五"时期中国数字经济网络空间结构优化路径》,载《经济体制改革》,2021年第5期,第78—84页。

② 吉鹏、许开轶:《论新时代政治安全视阈下我国网络主权的维护》,载《电子政务》,2019年第2期,第53—62页。

在《"一带一路"沿线绿色经济共同体构建研究》一文中，陈健根据"一带一路"建设工作领导小组办提出的"人类命运共同体是绿色的共同体，应坚持生态环境保护和资源节约利用，建设一个绿色低碳、永久美丽的世界"这一观点，提出应通过"一带一路"沿线绿色经济共同体的构建更好地实践人类命运共同体思想，打造一个"一带一路"沿线共同发展、共同繁荣的高质量发展新格局。作者总结了"一带一路"沿线绿色经济共同体的内涵和特点，指出其是构建人类命运共同体在经济合作领域的具体实践形态，并应具有经济效益性与生态效益性统一、竞争性与合作性统一的特点。目前的现实逻辑显示，构建绿色经济共同体是提升沿线区域经济竞争力的现实选择，也是沿线各国的使命和担当，并且各国已经形成生态利益共同体。然而，其实践也面临制度支撑缺乏、基础保障薄弱及外部环境有待优化等困境。基于此，应通过建立和完善相关制度，为构建绿色经济共同体提供制度保障；筑牢相关基础，为构建绿色经济共同体提供基础保障；优化外部环境，为构建绿色经济共同体提供环境保障。论文紧紧围绕习近平关于构建人类命运共同体的相关重要思想，以统一生态治理和经济发展为目标，为发展"一带一路"沿线绿色经济提供了切实、具体、可行的建议。①

赵斌在《人类命运共同体理念与全球气候治理创新》一文中指出，碎片化是目前全球气候治理混沌与失序的表现。当前全球气候政治的制度结构以联合国气候变化框架公约和京都机制为主导，与非正式国际机制下的气候政治互动现象并存，这种全球气候政治的制度结构越来越呈现出碎片化特征。而全球气候制度的碎片化难免导致各国治理主体利用"规则漏洞"逃避气候治理责任的情况。人类命运共同体理念的提出，为全球气候治理打开了一个新视角。论文强调，中国作为新兴大国及当今世界最大的碳排放国，仍应借助联合国这一平台，推动健全全球气候政治制度，确保全球气候治理进程的公平与公正，在践行生态环保理念的同时，与国际社会一道，共同构建人类命运共同体。②

---

① 陈健：《"一带一路"沿线绿色经济共同体构建研究》，载《经济体制改革》，2021年第2期，第56—61页。
② 赵斌：《人类命运共同体理念与全球气候治理创新》，载《西安交通大学学报（社会科学版）》，2021年第2期，第103—110页。

在《人类命运共同体视域下全球生物多样性治理的中国方案》一文中，赵雪研和周琼研究了全球生物多样性治理的现状与困境，指出尽管通过国际机制与多边合作，全球生物多样性治理有明显进展，但生物多样性丧失的总体趋势仍然存在，生态系统仍在退化。如何减轻人类对生态系统的破坏成为世界范围内的首要问题。而根据 2020 年发布的联合国第五版《全球生物多样性展望》对《生物多样性战略计划 2011—2020》的评估，20 项指标没有一项完全实现，全球生物多样性治理效果不容乐观。在全球生态治理失灵的时代背景下，人类命运共同体理念以一种新的视角呈现在世界舞台，向全球生态文明建设的治理投入了崭新的动力。在人类命运共同体理念的引领下，通过将生物多样性保护纳入法律体系、政府主导与公众参与并行、推动科技创新引领生态保护等生态保护制度和机制的建立完善、创新生物多样性治理模式，推进了生物多样性的保护与治理进程。[①]

在《气候治理与可持续发展目标深度融合研究》一文中，方恺、李程琳和许安琪分析了气候治理与可持续发展目标的高度关联性，从全球应对气候变化和促进可持续发展的历程来看，气候治理的最终目标是实现全人类的共同发展与繁荣。在人类命运共同体的价值观引领与生态文明理念的内涵指导下，将气候治理与可持续发展目标进行深度融合能够更有效地应对气候危机，并产生巨大的协同增效空间。建议通过促进跨部门合作、实现多元主体共治、推进跨学科研究等途径，打破气候治理与可持续发展目标深度融合在政策协同方面存在的难题，从而更好地满足国家治理体系和治理能力现代化的内在需要，也有利于我国树立负责任大国形象，实现由全球治理参与者向引领者转变。[②]

（三）经济发展共同体构建

在百年未有之大变局中构建人类命运共同体是具有中国特色的应对策略。而构建人类命运共同体的其中一个关键切入点就是构建经济共同体，建设绿色

[①] 赵雪研、周琼:《人类命运共同体视域下全球生物多样性治理的中国方案》，载《国际公关》，2021 年第 10 期，第 46—48 页。

[②] 方恺、李程琳、许安琪:《气候治理与可持续发展目标深度融合研究》，载《治理研究》，2021 年第 3 期，第 86—94 页。

经济共同体是建设美好世界的重点。其中，推动构建"双循环"新发展格局是我国在新的历史背景下的重要发展战略，是在以美国为代表的西方国家贸易保护主义盛行、新冠疫情全球蔓延还没有完全得到根本遏制背景下的国家战略的理性选择。同时，当今世界正处于百年未有之大变局，尤其是新科技革命的影响，广大发展中国家如果能够把握机遇，不仅能够促进经济发展方式转向绿色高质量发展，也能有效提升发展中国家在全球价值链中的位置，变革长期遭受的不平等经贸关系。

在《"双循环"新发展格局、新西部大开发与亚太自贸区建设》一文中，保建云指出国际社会百年未有之大变局诱发了新冠疫情、贸易摩擦、贸易保护主义、单边主义全球蔓延等诸多发展难题和挑战，构建国内国际双循环相互促进的新发展格局是我国破解此困境的战略选择，直接关系中国崛起和中华民族伟大复兴目标最终实现。作者运用分布经济学方法，从分布人性论出发分析人类经济活动规律并对相关经济现象进行解释和分析，指出大国经济增长和社会发展必须根据其对国内循环与国际循环的依靠程度适时调整国内循环与国际循环的相互关系。实证分析结果印证了中国应以构建双循环相互促进的新发展格局为新历史背景下的战略目标，而新西部大开发与亚太自贸区建设则是实现战略目标的战略选择。新西部大开发有利于我国形成国内大循环的市场、产业、经济安全和经济增长动力基础，《区域全面经济伙伴关系协定》的签署和亚太自贸区建设则是贯通国际循环和推动构建人类命运共同体的战略选择。作者提出，畅通国内大循环的内生动力是供应链安全性、产业链完整性和价值链增值性，贯通国际循环的关键条件是自由贸易和全球经济一体化。论文以新西部大开发和亚太自贸区建设为切入点，从微观与宏观相结合的角度解释"双循环"新发展格局的理论框架，并从实证层面探讨构建"双循环"新发展格局的战略选择，具有实证参考价值。①

在《"双循环"新发展格局的马克思主义政治经济学分析》一文中，作者郑尚植、常晶指出"双循环"新发展格局的提出不仅要实现国内大循环，也

---

① 保建云：《"双循环"新发展格局、新西部大开发与亚太自贸区建设》，载《经济体制改革》，2021年第4期，第12—21页。

要实现国内国际市场联动。文章基于马克思主义政治经济学视角，分析了社会主义本质下"双循环"新发展格局的理论、历史与实践逻辑，解释了"中心—外围"体系下不平等的共同体转向平等的共同体的必然性，解释了构建"双循环"在人类命运共同体形成中的作用和理论逻辑，并梳理出新中国成立以来国内市场如何培育、国际秩序如何发展的历史脉络。文中提出"双循环"新发展格局的政策目标为扩大内需、倡导"一带一路"建设和推进供给侧结构性改革，同时分析新发展阶段背景下如何构建国内国际经济循环的实现路径，如实现供给侧与需求侧的动态平衡、统筹国内大循环与国内国际双循环的关系、推动发展与改革的同向同行，以深化社会主义经济改革与世界格局的合理演变。完善与演进"双循环"的理论基础，论证国内循环与去依附的关系，并证明去依附如何成为中国经济从站起来、富起来到强起来的逻辑主线是文章研究的核心问题。①

在《基于人性逻辑的国际政经旧格局形成与新秩序确立》一文中，唐克敏系统阐述了人性组织发展起点的国际政经格局形成逻辑，主要从人与人性、自然生存压力与人的组织性适应、组织分类与最强组织和国家全球化发展、主要国际组织与国际政经格局形成方面层层展开。国际政治经济格局的形成，一方面有利于各类组织深入理解国际环境，另一方面也面临着单极化、多极化以及极主和对弈等问题。横向比较世界单极必然性与多极化趋势与分析美国国际政经地位显著表现及原因，当前的国际秩序霸权特征明显。随着世界百年未有之大变局的加速演进，国际秩序到了必须转型的关头，朝着更加公正合理的方向发展，中国正不断提升自身国际话语权和国家实力，国际霸权旧体系必将被中国方案所取代。②

在《新形势下我国区域经济合作的动力及趋势》一文中，仇发华、陈露和吴迪指出，在新冠疫情对我国经济发展带来消极影响、美英等国逆全球化趋势加剧以及美国加大对中国及相关企业的制裁力度的国际环境下，我国经济发

---

① 郑尚植、常晶：《"双循环"新发展格局的马克思主义政治经济学分析》，载《当代经济管理》，2021年第12期，第1—11页。
② 唐克敏：《基于人性逻辑的国际政经旧格局形成与新秩序确立》，载《中国软科学》，2021年第S1期，第29—35页。

展环境逐渐恶化,为了改变这一现状,推动区域经济合作是可行性路径,并分别从改革开放的实践、外部环境和中华民族伟大复兴的愿景三个角度提出推动新形势下我国区域经济合作的动力的战略举措。但我国推动区域经济合作发展仍面临着受制于大国博弈及区域成员国政治安全关系的影响、各区域存在不同程度的机制重叠及竞争的状况、各区域部分国家的民族主义情绪消解区域经济合作效果等问题,未来我们可以向以命运共同体为顶层设计和远期目标,引领区域经济合作深入发展;树立负责任的大国形象,积极承担供给区域公共产品的责任;深化人文交流,推进互联互通建设,消除意识形态和民族主义对区域经济合作的障碍;发挥"一带一路"推动区域经济合作的平台作用四方面努力,在推动区域经济合作上仍可有所作为。①

  总体来讲,上述作者在治理共同体的构建路径研究上,各自选取某一具体方面进行深入、全面的分析,多数作者分析了其研究领域构建治理共同体的当前困境以及局势特征,并提出了有效建议或实施方案;部分作者采用实证分析的方法论证其研究对象之间的逻辑关系,如作者方恺、李程琳和许安琪。上述研究认为:构建人类命运共同体可以从科技、生态和经济三个方面着手。其中科技治理共同体构建的主要侧重点应该是以人工智能为代表的数字技术治理以及网络空间治理,人类命运共同体的提出为应对人类过度使用和滥用数字技术带来的风险提供了一种新的路径,此外,世界各国应达成网络治理共识,共同应对网络安全问题,维护网络空间国家主权,上述作者针对以上研究问题均提出了有效治理建议和措施。生态治理共同体的构建需要以建立绿色经济共同体为目标,通过完善制度、基础和外部环境保障实现经济效益和生态效益的统一,其中,作者赵斌、方恺、李程琳和许安琪等人从气候治理的角度提出构建生态治理共同体的相关方案,认为中国作为当今世界上最大的碳排放国家,需首当其冲担起责任,推动健全世界气候政治制度。此外,作者赵雪研和周琼从生物多样性治理角度为构建生态治理共同体提供思路和方法。在构建经济发展共同体方面,作者保建云、郑尚植和常晶等人以中国为主要研究对象,认为面

---

① 仇发华、陈露、吴迪:《新形势下我国区域经济合作的动力及趋势》,载《宏观经济管理》,2021 年第 2 期,第 46—50 页。

对目前国际政治经济旧格局和新秩序的关系现状，应着重推动我国区域经济合作，发挥"一带一路"推动区域经济合作的平台作用，重视"双循环"经济发展格局的建立，形成国内国外市场联动的良好环境。

三、人类命运共同体理念下治理路径创新

人类命运共同体理念自2012年被提出以来，学界不乏关于命运共同体治理路径的有效研究贡献，部分研究结果表明，主要的治理路径大致可以分为经济、科技和生态治理几个方面。随着政治多极化、经济全球化、文化多样化的程度日益加深，人类命运共同体治理路径亟须创新和改革。这不仅有利于人类命运共同体的构建过程紧跟时代步伐，同时也有助于构建一个更加和谐、美好和适应全人类的共同家园。

（一）公共危机治理路径创新

2021年是新冠疫情暴发的第二年，在全球抗疫背景下，对人类命运共同体在疫情防控、危机治理、应急管理方面影响的研究是管理学领域的另一大重点。2021年国内相关研究主要聚焦人类命运共同体理念对抗击疫情、应对全球公共危机治理及突发事件应急管理的价值引领及治理路径创新作用等方面。

在《从非洲新冠肺炎疫情防控看"人类命运共同体"的世界性意义》一文中，周倩和苏韦铨以非洲新冠疫情防控为案例，研究人类命运共同体所倡导的新世界观、新价值观、新方法论在非洲疫情防控中产生的重要实践意义。论文指出，非洲疫情防控在人类命运共同体理念的指导下，建立起国际协同治理、区域协作治理及抗疫主体责任行动治理的"国家—区域—全球"三层治理模式，并在医疗物资、医疗技术信息共享、医疗科技和民间医疗等领域与中国建立起共同抗疫合作机制。非洲抗疫通过多边良性互动拉近了与世界的联系，构筑了抗疫命运共同体。论文最后强调，非洲的抗疫事实表明，面对影响全球的突发公共事件，霸权秩序已不再是治理规则，多边主义与平等秩序正成为解决全球性问题的关键，推动构建人类命运共同体将成为新时代各国际行为

体的重要价值和行动逻辑。①

在《人类命运共同体理念在全球治理中的价值彰显——基于中国抗击新冠肺炎疫情实践的考察》一文中，杨宏伟和喇逸瑄研究了人类命运共同体理念在中国抗击新冠疫情中的实践应用。在全球联合抗疫的实践中，中国奉行的人类命运共同体理念彰显出独特价值优势，发挥了重要引领作用。通过建立联防联控机制共同抗疫、积极协同国际组织、及时复工复产阻击全球经济衰退、构建人类卫生健康共同体等危机治理措施和机制的构建，为全球应对大型公共卫生危机做出重要贡献。②

在《人类命运共同体视域下构建应对突发事件的国际合作机制探讨》一文中，杨修文指出，人类命运共同体理念与应对突发事件的国际共同价值观是相契合的，人类同疫情的斗争史证明，团结协作是全球公共卫生安全治理的大势，也是人类遏制大规模传染病及维护生命健康福祉的必由之路。论文强调，为有效应对突发事件及其带来的不利影响，国际社会应在人类命运共同体的视域下，以人类共同价值观为追寻，构建以相互依存的利益共同体、和而不同的价值共同体、共建共享的安全共同体、同舟共济的行动联合体为核心的国际合作机制。③

在《21世纪全球公共危机治理新挑战及中国智慧》一文中，陈文旭以21世纪全球面临的公共危机治理挑战为切入口，分析了人类命运共同体理念为全球危机治理问题提供的解决方案。论文指出，21世纪全球公共危机新特征主要表现为传统安全和非传统安全问题扭结相缠、公共危机风险的全球化程度加深、全球公共危机深受信息技术影响及全球公共危机所引发的次生危机的复杂性加剧等方面。人类命运共同体理念的提出，为全球公共危机治理提供了价值遵循；全球公共危机治理共同体的构建，为全球公共危机治理体系的完善提供逻辑理路。通过多主体多渠道共同参与全球公共危机治理的现代化变革，可减

---

① 周倩、苏韦铨：《从非洲新冠肺炎疫情防控看"人类命运共同体"的世界性意义》，载《区域与全球发展》，2021年第5期，第80—106页。
② 杨宏伟、喇逸瑄：《人类命运共同体理念在全球治理中的价值彰显——基于中国抗击新冠肺炎疫情实践的考察》，载《宁夏党校学报》，2021年第5期，第106—112页。
③ 杨修文：《人类命运共同体视域下构建应对突发事件的国际合作机制探讨》，载《厦门特区党校学报》，2021年第4期，第37—42页。

少全球公共危机治理共同体构建过程中的分歧。①

(二) 网络空间治理路径创新

随着互联网数字技术的高速发展，人类进入了互联网 3.0 时代，社会信息化潮流已出现了不可逆转的局势，网络空间作为除海、陆、空领域之外的人类生存的另一个重要空间，其内部环境的秩序必然影响整个网络空间的稳定，并受到社会各界的广泛关注。因此，网络空间治理已成为数字经济时代管理学领域研究的重中之重，而网络空间治理路径的创新研究，也必将成为构建网络空间共同体的重要一步。

在《"十四五"时期中国数字经济网络空间结构优化路径》一文中，作者白杰和李秀敏除了分析数字经济与网络空间结构的内在逻辑、中国数字经济网络空间结构的影响因素与重要特征以及中国数字经济网络空间结构发展面临的挑战之外，就当前中国数字经济网络空间结构的现状提出了以下优化路径：为加速推进数字中国建设，切实落地网络强国战略，需要推进数字社会建设、打造良好数字生态和深化数字开放合作；为积极参与国际秩序与规则制定，共建网络空间命运共同体，需要完善全球发展共同体、共建全球网络安全共同体和健全互联网发展责任共同体；为施行"以网治网"策略，打造网络空间治理新体系，需要加强网络设施治理、加强网络技术治理和加强网络数据治理等。该优化路径紧扣"十四五"时期中国数字经济网络空间面临的挑战和构建生态网络共同体的目标，层次分明，切实可行，为网络空间治理提供了有效的路径创新参考方案。②

在《论新时代政治安全视阈下我国网络主权的维护》一文中，作者吉鹏和许开轶提出，为保障新时代国家的政治安全，进而为网络化进程中有序的政治参与和政治发展保驾护航，需要在确立网络主权的同时，从多个层面进一步强化与细化网络主权的维护。一方面，需要强化网络主权意识，加强战略顶层

---

① 陈文旭：《21 世纪全球公共危机治理新挑战及中国智慧》，载《湖南大学学报（社会科学版）》，2021 年第 6 期，第 7—14 页。
② 白杰、李秀敏：《"十四五"时期中国数字经济网络空间结构优化路径》，载《经济体制改革》，2021 年第 5 期，第 78—84 页。

设计。同时,推动核心技术创新,提升网络安全保护能力。另一方面,要以国家为主导,构建网络主权协同维护模式。论文强调,国家在网络空间发展、网络安全治理、网络产业进入与退出等方面应发挥关键性作用,应主动制定相关政策与制度,强化涉及安全领域的必要审批职能,建立网络安全相关职能的纵向整合与横向协调机制,从而构建立体化的网络主权协同维护体系,形成从技术到内容,从日常安全到打击网络攻击与恐怖主义的网络空间治理合力。政府和相关企业应进一步共享敏感网络威胁信息,共同制定网络安全标准,协同开展网络安全演习和应对行动,联合开发网络安全技术。在国家网络主权受到侵犯时,企业应及时汇报信息,做好应急预案,并与政府就信息共享和恢复达成一致,共建合作协商机制。①

(三)生态环境治理路径创新

所谓"生态共同体",就是指在全球性生态危机不断加剧、人类的生态命运进一步恶化的背景下,人类怀着生死与共的伦理情怀,把自身置入地球生态的宏观视野,由此正确认识人与自然的关系,实现人与其他物种和平共享地球生态环境资源,进而形成人与自然协同发展、繁荣昌盛的有机生态网络体系。在生态共同体中,人类只是其中的一员而非中心,人类并非自然世界的主人和主宰,但由于人类相较于其他物种而言,拥有其他物种所不具备的智慧、知识和科技手段,人类又不能不是建构生态共同体的主导力量,也正因为如此,建构生态共同体既是人类这一高等生物的责任,对于人类的健康发展亦具有非常重要的价值和意义。

在《人类命运共同体理念与全球气候治理创新》一文中,作者提出构建人类命运共同体是一个较为漫长的发展进程,有赖于国际社会各政治行为体在互动中尽可能实现合作、公正、包容。在国际关系中以利益共容为基础,共同营造和平稳定的国际环境,共谋社会发展与稳定,从而为较为具体的气候治理难题化解提供适宜的政治与社会土壤。应综合考量气候治理的政策协同效应,

---

① 吉鹏、许开轶:《论新时代政治安全视阈下我国网络主权的维护》,载《电子政务》,2019年第2期,第53—62页。

即无论是基础设施建设、公共安全、应急物资储备、防灾资金投入等,都需要有较为完备的调度方案和运作规则,从而真正推动气候治理创新。打造综合的气候治理机制,要有合理的组织机构、完善的制度规范、有效的约束和激励机制以及良好的风险管控预警机制,不可能一蹴而就。中国外交需要审时度势,争取国内生产生活低碳化转型,推动绿色环保产业发展,通过宣传和教育,给消费者和民众普及低碳消费和环保理念,实现"消费者—企业—环境"的正反馈循环;加大对本土企业的环保治理力度,敦促低碳产业建设,优化环境,塑造环保大国形象,为中国融入全球低碳产业升级创造有利条件。同时,就气候外交而言,中国应与国际社会一道,努力形成环保和气候治理的长效协作机制,并借助多样外交平台和多边舞台,积极宣传中国的气候政治立场和环保理念,从而提升中国在全球气候政治中的影响力和话语权。①

在《人类命运共同体视域下全球生物多样性治理的中国方案》一文中,作者赵雪研和周琼除了深入分析全球生物多样性治理的现状与困境,以及人类命运共同体的生态理念之外,还深入研究了全球生物多样性治理的中国方案。在该理念的指导下,我国应积极推进生物多样性保护与治理进程,创新治理模式,将生物多样性保护与可持续利用纳入顶层制度体系设计,推动政府主导与公众参与的行动方针,为世界提供成功的治理案例。②

在《气候治理与可持续发展目标深度融合研究》一文中,作者方恺、李程琳和许安琪通过回顾全球应对气候变化与可持续发展的目标与行动,并对气候治理与联合国可持续发展目标进行关联分析,最后以中国为例对气候治理与联合国可持续发展目标深度融合进行可行性分析,并提出对策建议。通过促进跨部门合作、实现多元主体共治、推进跨学科研究等方式方法,形成气候治理与联合国可持续发展目标深度融合的共识与合力,达成构建生态共同体的战略目标。③

上述学者对命运共同体理念的三个方面治理路径深入思考,认为人类命运

---

① 赵斌:《人类命运共同体理念与全球气候治理创新》,载《西安交通大学学报(社会科学版)》,2021年2期,第103—110页。
② 赵雪研、周琼:《人类命运共同体视域下全球生物多样性治理的中国方案》,载《国际公关》,2021年第10期,第46—48页。
③ 方恺、李程琳、许安琪:《气候治理与可持续发展目标深度融合研究》,载《治理研究》,2021年第3期,第86—94页。

共同体治理路径亟须创新和改革。在面对全球公共危机治理方面时，多数学者认为霸权秩序已不再是治理规则，而中国奉行的人类命运共同体理念彰显出独特价值优势，并发挥了重要引领作用。在网络空间治理方面，学者们通过分析当前现状，并针对我国数字经济网络空间结构与细化网络主权维护问题提出优化路径，为我国网络空间治理提供了有效的路径创新参考方案。在生态环境治理方面，学者们以中国为例对生物多样性保护、气候治理与联合国可持续发展目标深度融合进行可行性分析，并提出建议，为全球建构生态共同体的治理路径提供参考案例。

四、小结

当今世界正处于百年未有之大变局，人类命运共同体理念的提出为解决人类面临的共同问题提供了中国智慧，同时也为广大发展中国家探索符合国情的非西方现代化道路提供了深刻启示。

回顾2021年管理学学科视域下的人类命运共同体相关研究，学者们主要对全球治理理念、治理共同体构建及治理路径创新等方面进行了深入分析。在全球治理理念方面，研究重点强调了人类命运共同体理念对全球及区域治理规则建立的重要贡献。在风险社会视域下，人类命运共同体理念的提出为全球治理共同体的构建提供了前瞻性建议，从科技、生态及经济发展三方面构建治理共同体，为抵御人类社会风险提出可行方案。最后部分研究聚焦如何创新治理路径，人类命运共同体理念为公共危机、网络空间和生态环境等全球共同关注的热点领域提供了创新的治理路径。虽然还存在研究覆盖面不全、子话题研究不够深入等问题，但也预示着管理学领域对人类命运共同体的研究还存在着广阔空间。未来在人类命运共同体理念指导下，对全球治理规则、治理主客体、治理机制路径及具体治理内容等方面的研究仍具很高的理论价值及现实意义。

人类命运共同体
新闻传播学研究述评

张艳秋　戴　菡*

人类命运共同体理念的国际传播是当下国内加强国际传播能力建设的重中之重。自人类命运共同体理念提出以来，国内新闻传播研究学界对这一具有历史创新及可持续发展意义的中国政治及外交核心话语的国际传播给予了高度关注。如何对外传播好人类命运共同体理念，解读传播困境，提升话语叙事能力，探索有效传播渠道，切实提升传播效果，增强国际共识是学界普遍关注的议题。2021年5月31日，习近平总书记在中共中央政治局第三十次集体学习时强调，要深刻认识新形势下加强和改进国际传播工作的重要性和必要性，下大气力加强国际传播能力建设，形成同我国综合国力和国际地位相匹配的国际话语权，为我国改革发展稳定营造有利外部舆论环境，为推动构建人类命运共同体做出积极贡献。

2021年，国内新闻传播学界的相关研究大致分为四个脉络。其一，是对人类命运共同体理念自身概念的研究，包括对概念内涵与外延的解读及这一概念发展脉络的梳理等；其二，是对人类命运共同体理念传播困境、路径、策略及效果的研究，主要是从国家战略和媒体实践两个维度出发，探讨如何建构更加有效的传播路径与策略；其三，是对人类命运共同体话语及叙事体系的研究，包括讲好中国故事的对外传播叙事模式、构建积极的中国国家形象等；其

---

* 张艳秋，中国传媒大学人类命运共同体研究院副院长、教授、博士生导师，非洲传媒研究中心主任，主要研究方向为国际传播、非洲传媒、建构性新闻、公共外交、媒介素养。戴菡，中国传媒大学传播研究院在读硕士，研究方向为媒介素养。

四,是有关人类命运共同体理念的区域国别传播研究,如国外媒体围绕人类命运共同体理念的报道及传播情况等。

本文以知网数据库为数据来源,以 CiteSpace 为数据分析工具,以"命运共同体"为主题词,以新闻与传媒学科为限制条件,对 2008 年—2021 年中国学者在知网上发表的文章进行统计,共检索到 923 篇文章。如图 1 所示,国内新闻传播学科关于命运共同体的研究在 2015 年后开始升温,于 2021 年达到高峰。2021 年,中国学者在中文期刊发表的关于命运共同体研究的论文数量为 257 篇。

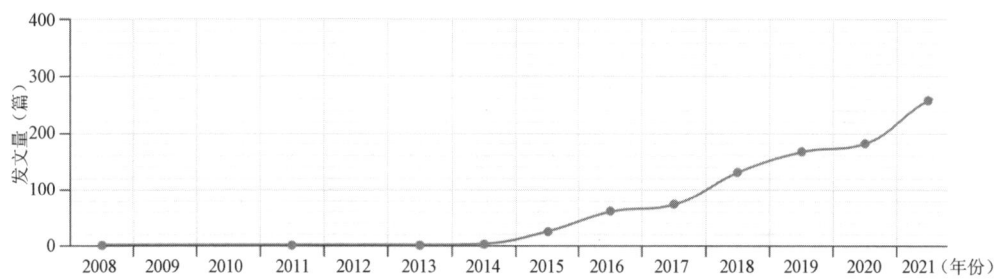

图 1　2008 年—2021 年新闻与传媒学科关于命运共同体研究发文数量及变化趋势

以 CiteSpace 作为数据分析工具,本文对有关命运共同体的论文进行了关键词分析。与命运共同体相关研究领域的关键词有:"国际传播""对外传播""大数据""一带一路"等。2018 年以前,国内新闻传播学相关研究关注的重点为"大数据""媒体合作""数据新闻""可视化""传播学"等研究议题及领域;而在 2018 年后,研究重点转为"传播秩序""国际传播""中国故事"等研究议题及领域,特别是在 2019 年后,聚焦人类命运共同体理念的"国际传播""中国故事""媒体融合"相关研究呈现强势增长。

一、人类命运共同体理念的传播困境研究

随着中国综合国力和国际地位的不断提高,中国在全球政治经济格局中的角色和地位日益凸显。然而,中国的和平崛起遭遇了西方国家的误解、质疑甚

至攻击。首先,在赢得国际话语权的进程中,我们既要通过新闻传播"讲好中国故事",改变被西方话语他塑的"负面形象",展示真实、立体、全面的中国;同时,还要"传播好中国声音",把自己的发展优势转化为话语优势,增强中国在国际上的影响力和感召力。更重要的是,面对百年未有之大变局,人类向何处去?国际社会该如何发展?我们需要贡献中国方案,彰显中国智慧与大国责任。人类命运共同体理念的提出正是对这一"世纪之问"的理性回应。同时,我们进一步提出要弘扬和平、发展、公平、正义、民主、自由的全人类共同价值,引领人类进步潮流。在加强我国国际传播能力建设的过程中,为推动构建人类命运共同体理念的全球传播,首先要明晰对外传播面临的话语困境与挑战,这也是2021年新闻传播学科有关人类命运共同体研究的重要议题之一。

在国际话语体系中,西方话语长期处于垄断地位,相比之下,中国话语在国际社会的失语状态成为巨大的挑战。首先,向内反思,学者们提出,缺乏配套的话语体系及叙事体系,限制了人类命运共同体的国际传播可持续性。金伟、刘攀在其《人类命运共同体理念的对外传播探析》一文中指出,人类命运共同体理念的国际传播理论尚需更深入的研究,尤其是关于人类命运共同体国际话语体系建设亟待完善,主动设置人类命运共同体议题的能力也需要加强。[①] 金天栋、任晓的《"人类命运共同体"国际传播的"共通的意义空间"研究》一文从意识形态和战略思维两个方面论述了当前所面临的传播困境,认为其中有国外学者意识形态偏见的因素,也有国内研究存在偏差的影响,"人类命运共同体"话语在国外学界的影响力稍显微弱,价值研究偏多,缺乏实证分析,对"人类命运共同体"话语诠释的意识形态色彩过重,造成了国内外意识形态的沟壑加深。从战略思维来看,现实主义范式作为西方国家的政治文化与国际关系理论,是国外学界借以分析人类命运共同体的基本路径,并且研究成果基本取得共识,因此,他们认为人类命运共同体是中国意图在全球政治领域重塑国际秩序,使之获得与其实力相匹配的权力地位,这一观点也让

---

① 金伟、刘攀:《人类命运共同体理念的对外传播探析》,载《思想理论教育导刊》,2021年第4期,第85—89页。

中西双方的战略竞争壁垒难以打破。①

其次,向外批判,学者们分析了严峻复杂的国际舆论形势给人类命运共同体理念传播带来的挑战。程璐和黄明理等学者从国际舆论视角出发,认为后疫情时代,美国等西方国家掀起了一轮全方位、多领域的以污名化中国为目的的对华舆论泛政治化批判,这种全方位的话语围攻表现在公共卫生安全及经济贸易多个领域。加强人类命运共同体的理论建构与实践,需要打破"国强必霸"的思维定式,才能以中国之治推动世界之治。② 张桢和庄严从西方国家的舆论攻击的特征和具体策略切入指出,当前西方媒体发起的舆论攻击和宣传造势特征呈现涉华新闻议题战日趋激烈的趋势,主要采取贴标签法、重复谎言法、"第五纵队"法和栽赃陷害法。两位作者认为,中国的对外传播要努力将发展优势转化为传播优势,构建有力支撑人类命运共同体的话语体系。③ 申琰认为,人类命运共同体的理念主张与西方中心主义的碰撞将是一个长期过程,西方的疫情报道对许多全球问题持双重标准,习惯性妖魔化中国抗疫,违背了其宣扬的"新闻专业主义"。④

学者们还思考了人类命运共同体理念获得广泛国际共识的困境。基于人类命运共同体的传播策略,招春袖和胡文涛在《人类命运共同体与国际共有观念建构——基于传播策略分析》中分析了人类命运共同体理念成为国际共有观念的困难。他们认为,主要困难在于西方关键少数国家的态度含糊和普遍多数国家的内化程度不够深。一方面,西方国家长期占据着国际传播格局中的传播超级大国和传播既得利益者的利益;另一方面,亚非拉等普遍多数国家虽然占据数量优势,但在国际传播格局中处于劣势地位,其中部分国家担忧人类命运共同体理念在国际社会上成为共有观念会触动现有国际秩序,人类命运共同

---

① 金天栋、任晓:《"人类命运共同体"国际传播的"共通的意义空间"研究》,载《社会科学》,2021年第2期,第32—46页。
② 程璐、黄明理:《后疫情时代西方对华舆论泛政治化批判之批判》,载《中国矿业大学学报(社会科学版)》,2021年第10期,第71—82页。
③ 张桢、庄严:《新形势下有效应对国际舆论的对策探究》,载《新闻爱好者》,2021年第1期,第70—73页。
④ 申琰:《永远的他者与人类命运共同体思想在全球新冠肺炎疫情报道中的折射——基于中西方媒体比较的视角》,载《中国记者》,2021年第3期,第11—17页。

体理念在多数国家的内化程度不够深。①

此外,有研究还分析了国外媒体、组织和个人曲解及误读我国外交核心话语的挑战。胡开宝和张晨夏采用语料库方法考察了英、美、印三国主流媒体对"命运共同体"概念的态度认知。该研究发现,英国媒体整体态度趋向积极,关注命运共同体对金砖国家的影响,美国与印度趋向中立,但消极态度多于积极态度,对我国外交话语核心概念所表达的外交理念和相关举措采取抵制甚至敌视的态度。他们认为,这一现象固然是由于英、美、印等国的社会制度和主流意识形态与我国存在巨大差异,但还有一个重要原因在于我国外交话语核心概念的对外传播存在诸多问题,如译名变化不定、传播主体单一、传播形式与传播方式较为单调。研究认为,虽然中国当代外交话语核心概念的对外传播取得了一定的进展,然而在传播的广度、深度和效度等方面尚有较大的提升空间。②

上述学者对命运共同体国际传播面临困境的反思较为深入,认为人类命运共同体理念的国际传播仍面临国内及国际多方因素的掣肘。一方面,相关研究多认为,我国开展人类命运共同体理念的国际传播存在针对性、实效性不强,表达方式较为刻板,对外传播过程中话语体系设置缺乏亲和力,传播效果不佳等状况。另一方面,学者们提出要充分认识国际社会复杂的政治文化背景的原因,首先是西方国家对于该理念的防范心理及抵制性的解读,同时,不能忽视部分发展中国家的"不信任"与"观望"。

二、人类命运共同体理念的多元传播主体研究

国际互联网的发展消弭了时空界限,拓展了国与国之间的信息交往渠道,也为构建人类命运共同体的国际传播及打破西方长期主导话语权的局面提供了

---

① 招春袖、胡文涛:《人类命运共同体与国际共有观念建构——基于传播策略分析》,载《对外传播》,2021年第8期,第52—56页。

② 胡开宝、张晨夏:《中国当代外交话语核心概念对外传播的现状、问题与策略》,载《浙江大学学报(人文社会科学版)》,2021年第5期,第99—109页。

技术支持。2021年国内学者对于命运共同体国际传播主体进行了探索和论证，议题涉及建设中国特色传播体系、国际短视频传播、影视网络剧的海外传播、中文教育主体、性别传播等方面。

首先，新闻传播学者探讨了新型媒体如何以人类命运共同体思想为引领，构建中国特色国际传播体系。殷乐和杨宁认为，中国特色传播体系要求主流媒体在技术方面更新换代，在角色功能方面与时俱进，根据现实需求强化媒体的责任与使命，在国际传播中努力追求"信、达、雅"，保障文化的"各美其美、美美与共"。[1] 杨广青认为，广播电视国际传播能力提升有利于增强文化自信。通过"一网、两微一端"（即中英文双语网站、微信公众号、微信小程序、手机客户端）打造永不落幕的"中国联合展台"，以互联网思维赋能国际内容供给，向世界展示真实、立体、全面的中国。[2] 路鹃、付砾乐和张君昌认为中华田园风短视频的跨文化传播成功实践，得益于其以诗意叙事满足海外观众"返璞归真"的观看诉求，从而形成跨文化的"视觉共同体"，凸显了人类命运共同体的精神内核，指出当前主流媒体在跨文化传播中存在媒介技术短板和话语策略失当等问题。基于此，两位研究者进一步指出，主流媒体的跨文化传播策略应该实现三层逻辑转向：技术逻辑上提升媒介与文化有机互动，生产逻辑上以用户需求为导向创作内容，政治逻辑上重视有效的民间话语软渗透。[3]

人类命运共同体的国际传播主体不止于对外新闻传播媒体，还包括其他公共外交主体。彭增安和张梦洋在《传播学视阈下的国际中文教育主体研究》中以国际中文教育主体为研究对象，阐释了人类命运共同体与国际中文教育主体二者的关联及重要性，认为国际中文教育对构建不同地区和国家的"情感共同体"具有积极意义，有利于提升对人类命运共同体的国际认同。该研究指出，国家的顶层设计需要加以完善，机构间需要系统性地运营，同时应重视

---

[1] 殷乐、杨宁：《智慧化·价值性·建设性·国际化：中国特色传播体系构建的进路探索》，载《电视研究》，2021年第11期，第19—23页。

[2] 杨广青：《坚定文化自信 提升广播电视国际传播能力》，载《中国广播电视学刊》，2021年第7期，第88—91页。

[3] 路鹃、付砾乐、张君昌：《中华田园风短视频跨文化传播价值分析》，载《青年记者》，2021年第7期，第63—65页。

中方人才的培养,充分利用留学生"说书人"的群体身份。① 基于中美贸易争端中刘欣与翠西·里根的话语交锋,於春在《启蒙、超越与共在:女主播对话的"第二性"哲学阐释》中阐释了双方从"约辩"到"对话"的转变,以此对我国对外传播和更广阔意义的人类命运共同体传播提出了启示。论文也提出女性等弱势群体可以超越"第二性"成为国际交流中的互为主体,这为人类命运共同体传播提供了一个新的视角。②

人类命运共同体国际传播多元主体的发掘与建构,是探讨有效开展人类命运共同体传播的重要思考。从整体来看,2021年的相关研究对传播主体的讨论较为多元,从新闻传播媒体到不同角色的公共外交主体,反映了本学科对建构中国国际传播体系的思考。值得注意的是,这些主体多以"我"为主,虽然已经从官方主体迁移到社会个体层面讨论,包括更好地依托留学生及海外华人开展传播,但相关的理论阐述及具体实证案例研究仍值得期待。

三、人类命运共同体理念传播的话语和叙事体系研究

人类命运共同体作为我国对外传播的核心话语具有划时代历史意义,如何围绕该话语更新对外传播话语和叙事体系,是我国新闻传播学界的新时代命题。对此,国内新闻传播学者对构建新时代中国话语和叙事体系展开了较为广泛的研究,议题主要涉及对外传播的叙事内容、叙事模式、叙事策略等多个方面。

首先,学者们对实现后疫情时代人类命运共同体国际传播话语内涵、话语理念、话语设置、话语实践的适应性转变提出了建议。段鹏和张倩从国家身份建构的话语调适、话语应对模式的重建、全球信息价值观的重塑三个方面提出

---

① 彭增安、张梦洋:《传播学视阈下的国际中文教育主体研究》,载《河南社会科学》,2021年第2期,第118—124页。

② 於春:《启蒙、超越与共在:女主播对话的"第二性"哲学阐释》,载《现代传播(中国传媒大学学报)》,2021年第6期,第100—103页。

了我国国际传播话语体系建设的价值维度转向,并从理念路径、技术路径、文化路径等方面描摹出国际传播话语体系的实践重构图景。两位作者认为,在理念路径方面,后疫情时代国际传播话语体系建设应转向更具有话语认同力、影响力和行动力的情感传播,建构立体话语网络,实现由"他者"向"我塑"的话语主动性转变;在技术路径方面,需要发挥技术自动化、远程化的传播链条优势,提升数据收集、处理、分析等能力,利用技术视频化、社交化的传播形式重构我国国际传播话语模式、叙事艺术、情感表达;在文化路径方面,我国国际传播的话语体系建设应更加具备人文关照,承担构建世界人文共识的大国责任。①

学者们还探讨了如何从人类命运共同体国际传播的叙事价值、叙事思维与叙事落点出发,提升我国话语体系建设。其中,谢进川在《人类命运共同体国际传播彰显大国风范》一文中指出,我们应基于人类命运共同体价值建立起有效的国际传播主体间性、传播世界同构的叙事思维。文章作者认为,中国在国际传播实践中需要着力解决好消解世界传播中关于中国发展的"例外"叙事,以政党互动为纽带,发挥政党国际传播在人类命运共同体建设中的引领功能,强化世界获得感的国际传播叙事,推进人类命运共同体的现实感召力的三个叙事落脚点。②

在 2021 年中国共产党建党百年之际,如何对外讲好中国共产党的故事、建构党的对外话语策略受到学者们的关注。其中,姬德强和朱泓宇的研究关注了中国共产党对外传播的三维向度及其交叉关系,提出中国共产党在 1949 年、1978 年及 2012 年等多次历史转折节点实现了自身对外传播主体身份的拓展和转化,由党际传播向国际传播,再由党际传播、国际传播向命运共同体传播转变。该论文基于文本与话语征象,分析了中国共产党对外传播活动的不同向度特征。作者认为,长期以来,党的话语体系建构一直都落脚于中国共产党始终坚持以人民为中心、与时俱进和发展的可持续性。论文提出,一方面,要适度

---

① 段鹏、张倩:《后疫情时代我国国际传播话语体系建设的价值维度与路径重构》,载《新闻界》,2021 年第 3 期,第 28—36 页。
② 谢进川:《人类命运共同体国际传播彰显大国风范》,载《人民论坛》,2021 年第 11 期,第 44—47 页。

调整中国外宣话语策略，凸显理性声音，媒体在讲经验、讲成就的同时，也不回避问题和困难；要坚持制度自信，在多种声音中呈现其自信的态度。另一方面，要做好预案，防范西方国家通过社交媒体传播谎言和不实报道；组建党史研究、国际政治和新闻评论专家团队，针对虚假报道、谎言和污名化话语，及时发声、澄清真相，有效引导国际舆论。①

此外，部分学者关注作为人类命运共同体实践的"一带一路"的话语体系建构，对新时代建设中国特色话语体系提出解决方案。冯霞和胡荣涛认为，"一带一路"是构建人类命运共同体的重要路径，构建"一带一路"话语体系是表达人类命运共同体内在诉求的话语实践，相关话语体系的建构需要在尊重国际话语传播规律的前提下，通过话语场域、话语主体、话语主题和话语媒介等进行"一带一路"话语传播，进一步将话语内容优势转化为话语传播优势，增强"一带一路"国际话语权。②陈世华和汪旭关注了修辞传播对于"一带一路"话语体系建构的意义。面对跨文化、多语境、差异化的传播对象，作者认为应将宏大叙事与个体关照相结合，将客观报道与修辞呈现相结合，遵循相应的新闻传播规律，借助各类修辞手段将严肃性与趣味性、客观报道与修辞呈现有机结合，达到良好的呈现效果。③贺文萍探究了在西方智库和媒体对"一带一路"妖魔化解读的背景下，我国话语建设突破阻碍的新路径，认为在方法上需要做好宏观叙事与微观讲述的有机结合。④

通过以上研究可以发现，学者们注意到了以往我国的国际传播的话语与叙事体系所经历的沟通隔阂、语意误差、官方话语色彩过重等问题，为避免人类命运共同体在国际交往与传播中重蹈上述覆辙，多数学者提出构建一个西方所能接受和认同的话语和叙事体系的重要性，尤其是寻找中西双方共通的意义空

---

① 姬德强、朱泓宇：《党际、国际与命运共同体：建党百年中国共产党对外传播的三维向度及其交叉关系》，载《全球传媒学刊》，2021年第3期，第48—68页。
② 冯霞、胡荣涛：《人类命运共同体视阈下"一带一路"话语体系构建》，载《厦门大学学报（哲学社会科学版）》，2021年第1期，第12—21页。
③ 陈世华、汪旭：《"一带一路"修辞传播的逻辑与进路》，载《国外社会科学》，2021年第1期，第117—126页。
④ 贺文萍：《讲好"一带一路"建设的中国故事》，载《人民论坛》，2021年第11期，第40—43页。

间,部分研究提出结合"一带一路"倡议及讲好中国共产党故事的重要意义及具体策略,强调了话语传播与具体叙事内容、叙事价值和叙事思维在推动人类命运共同体理念对外传播的重要作用,提出了修辞传播对构建人类命运共同体的话语和叙事体系的积极作用。

四、人类命运共同体理念的区域国别传播研究

针对不同国家、地区展开区域国别传播研究,是切实提升人类命运共同体传播的有利途径。2021年国内学者采用定量与定性的研究方法,就人类命运共同体的区域国别传播研究产出了一系列成果,主要涉及情感态度、传播效果、国外媒体涉华报道、国外民众认知等多个方面。

关于命运共同体的区域国别传播研究主要涉及亚洲等国家和地区以及当地媒体。首先,王四新等学者对亚洲、东北亚地区人类命运共同体传播实践进行了研究,提出加快打造亚洲命运共同体的策略。该研究选取2020年1月至8月亚洲媒体中有关人类命运共同体的相关报道为样本,经分析发现,亚洲媒体视野中的人类命运共同体议题主要呈现为三个方面:国家间关系、以"一带一路"倡议为基础的经济合作及人类卫生健康共同体。论文认为,受地缘政治、国家间竞争等因素的影响,亚洲不同国家的媒体往往从本国利益出发,对共同体理念加以解读。[①] 蔡馥谣对我国对东北亚文化传播的模式和策略提出了展望,认为由于受到现实因素的影响,东北亚国家长期处于"政冷经热"的状态,加强区域机制创新,打造共同命运理念,拓展传播渠道平台,以民间交往促进文化认同,重视传播议题内容打造,尤其是"提高传受者信息加工能力"应成为提升东北亚共同体的文化传播策略路径。[②]

---

① 王四新、朱莉:《人类命运共同体理念在亚洲的传播——以2020年1—8月亚洲媒体报道为例》,载《国际传播》,2021年第2期,第50—60页。
② 蔡馥谣:《中国对东北亚区域文化传播力的提升策略》,载《青年记者》,2021年第8期,第50—51页。

周边传播是近年来我国国际传播实践及研究的新疆域,是对细化国际传播效果的现实关照。朱莉和张忞煜两位学者对印度主流媒体涉华报道进行了研究,重点探析了人类命运共同体理念在印度的传播现状。朱莉的研究以印度主流媒体中提及人类命运共同体相关关键词的报道为样本,进行了传播议题和情感倾向分析,主要是对印度主流媒体官网 2020 年 1 月 1 日至 8 月 31 日的报道进行内容选择和文本分析。基于所筛选的 557 个有效数据,研究发现,相关正面倾向报道居多,文本情感随着中印关系而转变,且印度媒体十分关心疫情后的世界秩序及中印未来走向等议题。有关人类命运共同体理念在印度主流媒体中的传播议题可分为中印双边关系、以"一带一路"倡议为基础的经济共同体及健康共同体。研究发现,尽管中国一直在践行人类命运共同体理念,但印度媒体涉华报道中有时还会出现负面叙事,甚至恶意解读,建构了与现实差距较大的中国国家形象。[①] 张忞煜选取了七家具有代表性的印度媒体,分析了人类命运共同体理念在印度的传播与接受度。从理念认可度来看,印度媒体虽然获取了有关人类命运共同体理念的信息,但尚未对此理念加以进一步接纳和反馈,相比人类命运共同体理念的宏观内涵,印度媒体更加关注人类命运共同体理念在具体政治、经济、社会、文化议题语境中的表述。从媒体语义差异性来看,印度英语媒体和印地语媒体之间存在差异,载《太阳日报》对人类命运共同体理念的报道态度为正面的比例达到 57.1%,相比之下,亲右翼的印刷网涉及人类命运共同体的两篇报道均持负面态度,被认为亲左翼的《印度教徒报》的 10 篇报道中有 5 篇持正面态度。研究建议,要有针对性地将人类命运共同体理念与印度媒体的关切、与中印认知差异较小的具体议题相结合,根据印度本土语言媒体设计更有针对性的传播方案。[②]

此外,刘滢和蒲眺林在《"人类命运共同体"理念的国际社交媒体呈现——基于 Twitter 平台的内容分析和语义网络分析》一文中,分析了人类命运共同体理念在国际社交媒体平台上的传播效果。基于推特平台的内容分析和

---

① 朱莉:《"人类命运共同体"理念在印度的传播——基于 2020 年 1—8 月部分印度主流媒体的分析》,载《青年记者》,2021 年第 8 期,第 120—121 页。

② 张忞煜:《印度主流媒体"人类命运共同体"理念报道探析》,载《国际传播》,2021 年第 3 期,第 59—66 页。

语义网络分析，研究发现，该理念在推特平台的报道逐年增多，但讲述者多为中国媒体，报道内容主题较为单一。不过，对该理念的叙事框架已由抽象转向具体。外国媒体对该理念的报道态度多为中性偏正向，具体国家的情感态度及叙事框架与该国同中国的关系密切相关。[1]

综上可见，有关人类命运共同体的区域国别传播研究以实证研究为主，虽然篇数不多，但具有很强的学术说服性及参考价值。值得注意的是，人类命运共同体理念在不同区域、国别和平台的传播及公众认知存在较大差异，其中地缘政治框架下的负面解读值得关注，学者们提出的区域国别传播中的内容话语贴合性、叙事框架具体化、叙事主体多元化等策略具有参考价值。

五、人类命运共同体理念的传播路径与策略研究

在国际环境下，人类命运共同体所面临的困境及困难是多重的，如何实现境外有效落地及认同是重中之重。人类命运共同体理念的国际传播路径与策略的研究具极强的现实紧迫性，学者们从话语建构、体制机制建设等多个维度提出了人类命运共同体理念的传播路径及策略的创新问题，其中特别强调了国际媒体的"在地化"建设、构建"学术话语"、达成"文化共通性"的重要性。

针对国际传播中意识形态色彩较重、未区分"国内话语"和"国际话语"等问题，金天栋和任晓在其《"人类命运共同体"国际传播的"共通的意义空间"研究》一文中提出寻找国际传播"共通意义空间"的主张，认为需要加强对人类命运共同体的"学术话语"建设，在体系层次上对人类命运共同体进行话语建设和传播，强调文化的共通性，降低意识形态色彩，将塑造"共通的意义空间"，作为人类命运共同体国际传播的重点。[2] 此外，部分学者还探

---

[1] 刘滢、蒲晓林：《"人类命运共同体"理念的国际社交媒体呈现——基于 Twitter 平台的内容分析和语义网络分析》，载《新闻与写作》，2021 年第 6 期，第 81—90 页。

[2] 金天栋、任晓：《"人类命运共同体"国际传播的"共通的意义空间"研究》，载《社会科学》，2021 年第 2 期，第 32—46 页。

究了中国国际媒体的在地化建设与提升国际传播力的关系。郑亮和夏晴以"推拉理论"为理论基础,分析了英国广播公司、美国有线电视新闻网在中东地区和南美地区的在地化建设实践,提出我国国际媒体的在地化建设应致力于打破西方意识形态霸权,构建人类命运共同体的价值认同。该研究认为,我国国际媒体可从"弱化外来身份"与"增强本土色彩"的在地化策略出发,构建中国特色的在地化建设策略。① 陈兰英和李琳的研究关注了人类命运共同体中的斗争艺术中的传播策略,提出需要进一步加强人类命运共同体理念的学理研究和阐释,揭示新自由主义的实质与危害,求同存异,辨明社会主义与资本主义关系。②

如何在网络空间尤其是社交媒体平台提高人类命运共同体议题热度与认同度受到学界关注。向安玲和沈阳研究了推特平台上人类命运共同体的声量,从主体、内容、受众、效果方面提出传播策略。该研究发现,推特平台上人类命运共同体议题虽然整体热度不高,但相关信息正面情感高于其他议题。作者认为,基于主体策略来看,需要将官方声音与民间声音相融合,甚至需要部分客观批判和辩证视角的探讨,相比于价值观、观点和事实信息等"硬核输出",以情绪和感官为主导的软性传播可以成为渗透文化价值壁的重要抓手,因此,需要基于动态效果测评发现问题、挖掘规律、预测趋势,从而进一步有针对性地调整策略。③ 招春袖和胡文涛在《人类命运共同体与国际共有观念建构——基于传播策略分析》一文中提出,借助人工智能时代的数字化传播手段实现人类命运共同体理念的可视化传播,创新人类命运共同体理念的视觉叙事范式,将人类命运共同体理念融入视频制作,用受众喜闻乐见的视频传播方式提升人类命运共同体理念的国际传播能见度。④

---

① 郑亮、夏晴:《国际媒体海外在地化建设与传播力提升研究》,载《中国出版》,2021年第16期,第12—17页。
② 陈兰英、李琳:《论人类命运共同体理念国际传播中的斗争艺术》,载《湘潭大学学报(哲学社会科学版)》,2021年第2期,第150—153页。
③ 向安玲、沈阳:《多种声音,一个方向:国家战略议题的对外传播》,载《现代传播(中国传媒大学学报)》,2021年第11期,第54—59页。
④ 招春袖、胡文涛:《人类命运共同体与国际共有观念建构——基于传播策略分析》,载《对外传播》,2021年第8期,第52—56页。

此外，部分学者从文化传播视角探讨人类命运共同体的构建。金奕彤对译介文本构建人类命运共同体的实践进行思考，提出在外译时需采取图式移植的外译传播策略。① 文春英和薛傲宇从城市传播的角度，探讨城市传播对推动人文共同体建设的有效路径，认为应重视城市空间的营造和品牌化建设，从文化交流和人类文明传播的高度看待城市，加强与国外城市的友好交流和合作，促进国家和民众之间对话交流。② 也有学者提出智库国际化建设的重要性，要树立人类命运共同体议题管理思维，提升人类命运共同体的对外传播能力。③

综上可见，学者们从多个维度对人类命运共同体的传播路径及策略进行了研究与反思。其中一个突出的共性主张是强调以"传播共通性"实现传播的有效性，通过数字化手段，以社交媒体平台、智库外交、文化传播、学术话语融通等实现传播的最大效果，从以往我国对外传播实践中汲取经验教训。

六、人类命运共同体理念传播的其他相关研究

除上述研究方向外，国内学者还关注了人类命运共同体理念的传播与相关的学科建设、媒体节目评估、民族共同体等多个交叉领域相结合的研究。

杨柏岭在《文明对话：跨文化视野下当代传播学的研究进路》中探讨了传播学与人类命运共同体理念的相关性。该论文指出，人类命运共同体理念植根于华夏文明的历史底蕴，传承与创新"天下大同"及马克思主义思想，同时又破解了目前人类文明发展中出现的全球性难题，理当成为建设当代传播学理论与方法的价值取向。④ 王成、王建国的《铸牢中华民族共同体意识中的建

---

① 金奕彤：《人类命运共同体视阈下〈之江新语〉的外译传播策略研究》，载《浙江理工大学学报（社会科学版）》，2021第6期，第646—652页。

② 文春英、薛傲宇：《试论人文共同体建设的城市传播路径》，载《对外传播》，2021年第2期，第28—30页。

③ 金伟、刘攀：《人类命运共同体理念的对外传播探析》，载《思想理论教育导刊》，2021年第4期，第85—89页。

④ 杨柏岭：《文明对话：跨文化视野下当代传播学的研究进路》，载《现代传播（中国传媒大学学报）》，2021年第12期，第7—13页。

设性新闻五维价值平议》关注了建设性新闻对筑牢中华民族共同体的积极意义,认为应把建设性新闻放到国家和社会治理的角度上进行考量,运用积极心理学等理论引导公众参与到新闻事实变动之中,让矛盾向着积极方向发展,真正发挥建设性新闻理念对铸牢中华民族共同体意识、构建人类命运共同体的社会价值。[1]

谭震、何国平等学者将研究视角聚焦媒介节目诠释人类命运共同理念的成功经验及借鉴意义。该研究以 CCTV-17《中国农场》为案例,认为《中国农场》使得中国农业电视节目国际化又向纵深迈出了一大步,农业类节目"走出去"较好地传播和诠释了人类命运共同体理念,无论是讲述中国农业故事还是服务当地农民,都将有助于提升中国国家形象,通过互惠共赢的方式传播人类命运共同体理念。[2] 何国平和刘琦分析了 2021 年总台春晚四个具有国际元素的节目,在顶层设计的高度构建体现了人类命运共同体理念。[3]

以上对建设性新闻理念的探索及节目传播案例研究具有务实及创新意义。其中,基于积极心理学,从建设性新闻这一新的理念出发,探索人类命运共同体理念对内及对外传播,对于突破既往的新闻报道实践具有探索价值;聚焦中国农业电视节目国际化及春晚的国际元素,则为共同体理念的国际传播提供了落地案例参考。

七、小结

2021 年适逢中国共产党建党百年,我国面临新冠疫情挑战及部分西方国家的批判及打压,围绕人类命运共同体理念,如何讲好中国故事、讲好中国共产党的故事,提升我国国际传播能力建设成为国内新闻传播学界关注的核心议题。学者们较为深入、客观地梳理并反思了国际大环境给人类命运共同体的建

---

[1] 王成、王建国:《铸牢中华民族共同体意识中的建设性新闻五维价值平议》,载《学习与探索》,2021 年第 10 期,第 161—167 页。
[2] 谭震:《中国农业类电视节目"走出去"的实践与思考——以 CCTV-17〈中国农场〉为例》,载《电视研究》,2021 年第 3 期,第 79—81 页。
[3] 何国平、刘琦:《总台春晚的国际元素探析》,载《电视研究》,2021 年第 3 期,第 23—26 页。

构与理念传播带来的诸多挑战，认为人类命运共同体话语在国外学界的影响仍较为有限，提出该理念的传播存在研究内在不足、国际传播缺乏实证分析、话语诠释意识形态色彩过重、传播叙事主体仍以"我"为主等问题。

值得肯定的是，针对上述问题，学者们在聚焦传播策略及传播多元主体的同时，特别强调了话语和叙事体系建构的意义及建构路径，提出了国家身份建构需要进行话语调适以实现共通话语及共通价值，如我国国际传播话语体系建设的价值维度转向问题，从理念路径、技术路径、文化路径等方面描摹出国际传播话语体系的重构图景。同时，学者们还探讨了如何从人类命运共同体国际传播的叙事价值、叙事思维与叙事落点出发，提升我国话语体系建设的主张。相关研究还总结了党的话语体系建构特征，提出要适度调整中国外宣话语策略，针对国际虚假报道，要及时发声，有效引导国际舆论，结合"一带一路"倡议讲好中国共产党的故事。

在多数研究以理念阐述为主的学术发表中，有关人类命运共同体理念的区域国别传播的实证研究特别值得肯定，这也应该成为今后新闻传播学科围绕人类命运共同体理念助力国际传播能力建设的努力方向，毕竟有效的国际传播总是基于具体的区域国别传播。此外，学者们提出，国际传播中要慎用"硬核输出"，主张探索以情绪和感官为主导的软性传播。在未来开展的以推动人类命运共同体理念传播为核心的研究中，更多更具传播实践参考价值的发表值得期待，同时，高校、智库、研究机构、新闻传播学者如何在人类命运共同体理念的传播中做好自身的学术话语传播、发出学者应有的理性声音同样具有时代意义。

人类命运共同体教育学研究述评

王景枝　孙玉红　梁凯瑞*

教育是促进全球可持续发展、推动构建人类命运共同体的一个有效途径。从文明观看，人类文明发展史就是一部教育探索繁荣史；从大学看，大学发展史就是一部探索人类命运共同体的创建史。① 教育作为人类的事业和全球的共同利益，必须从全人类乃至宇宙的观点来寻求解决之道，回应人类命运共同体的要求，培养人类命运共同体的建设者。

通过研究历年已发表的相关文章的数量变化情况，本文对人类命运共同体教育学研究的发展趋势进行了梳理，统计并分析了2011年—2021年人类命运共同体教育学研究中文期刊论文情况（见图1）。笔者以中国知网数据库为来源，以"命运共同体"为主题词搜索，共检索到"高等教育""教育理论与教育管理""思想政治教育"三个类别的"全部期刊"论文共1305篇。自2012年11月"人类命运共同体"一词出现在党的十八大报告中，到2017年3月被写入联合国人权理事会通过的两个决议，人类命运共同体理念获得了普遍的认同。2017年之后，国内学者对于人类命运共同体教育学研究的关注度持续上升，研究成果数量快速增加。2011年—2017年，论文数量由0篇增长到50篇；2017年—2021年，论文数量由50篇迅速增长到433篇。

---

* 王景枝，中国传媒大学学科建设与发展规划处研究员，研究方向为比较教育、高等教育管理。孙玉红，中国传媒大学人类命运共同体研究院孔子学院管理办公室科长，研究方向为国际中文教育、跨文化传播。梁凯瑞，中国传媒大学媒体融合与传播国家重点实验室综合办公室教师，研究方向为跨文化传播。

① 汪明义：《大学推动人类命运共同体构建的使命及实践方式》，载《中国高教研究》，2021年第7期，第35—41页。

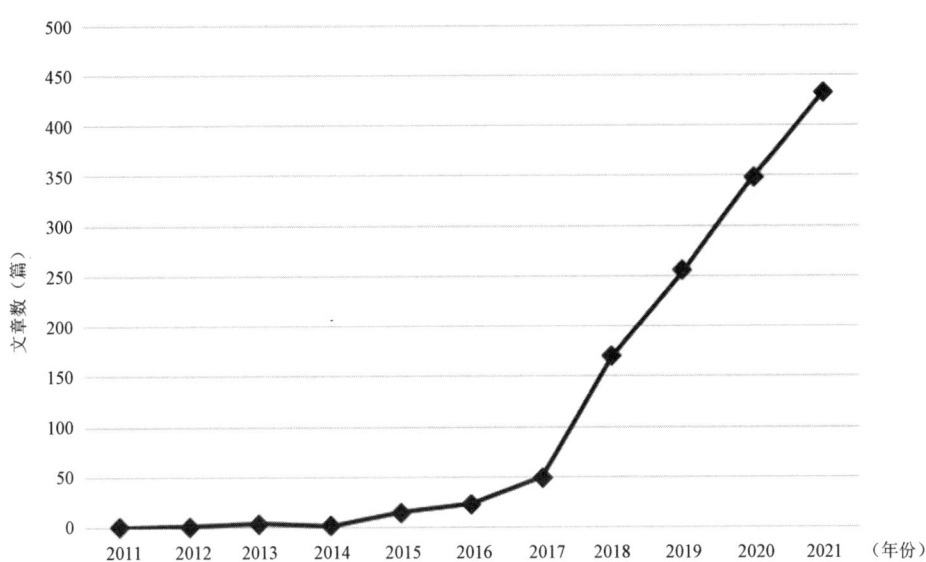

图1 2011 年—2021 年人类命运共同体教育学研究中文期刊发文数量变化趋势

2021 年，人类命运共同体的教育学研究主要集中在如下五个方面：一是探讨人类命运共同体教育理论的研究，二是阐释人类命运共同体的思想政治教育价值基础与实践路径研究，三是分析人类命运共同体理念对国际教育的规范和引领作用的研究，四是关于人类命运共同体与孔子学院建设的研究，五是结合人类命运共同体思想解析伟大抗疫精神和抗疫教育的研究。① 其中，以"命运共同体"为主题词搜索 2021 年中国知网全部学术期刊，共检索到 433 篇教育类论文，去除 101 篇偏离人类命运共同体主题的文章，本文重点对筛选出的 332 篇文章进行述评。

一、人类命运共同体的教育理论研究

围绕人类命运共同体的教育理论研究，2021 年国内学者的研究内容涉及

---

① 广义的"国际教育"包含"孔子学院教育"，鉴于篇幅内容的原因，本文将"孔子学院教育研究"单列。

习近平就教育问题的重要论述、大学治理、人才培养、家国情怀、教育扶贫等多个方面。

首先,左志德等学者关注了习近平关于教育的重要论述。他们认为,习近平教育思想的价值取向是世界的、全人类的,服务于人类命运共同体美好生活,他把教育的意义和价值与人类的今天和未来紧密结合起来,深刻解析了教育在培养人才、推动经济社会发展中的作用。新时代我国教育责任来自广大人民、中国梦以及人类命运共同体三方面的现实逻辑需要。中国特色社会主义教育所担当的世界责任是对人类命运共同体面临的诸多问题的积极回应,是促进人类共生共存的世界需要。① 杨燕则重点分析了习近平关于教育重要论述的价值维度、理论维度、实践维度。②

冯建军、汪明义等学者指出,教育必须把培养构建人类命运共同体所需要的人作为教育思考和实践的主题。人的公共性是人面向公共领域,尤其是面向社会公共领域、世界和人类的特征,这要求人的发展需要在一个更大的全球范围内构建人类命运共同体,使之具有全球或者人类意义上的公共性。③《迈向人类命运共同体的价值教育》一文指出,人类共同价值教育要进行人类基本价值教育,国家、民族价值的多元理解教育,国与国、人与人之间的全球责任意识教育,以及人与自然和谐共生的价值教育。④ 教育需要唤醒人的类本性和公民的全球责任意识,建构主体间对话与理解的教育行动方式,以共享发展的理念,促进教育国际合作交流,建构全球教育共同体。⑤《大学推动人类命运共同体构建的使命及实践方式》一文强调,大学需要从人类学出发,立足全球视野,培养具有全球责任意识及能力的国际化人才,推进国际文化交流与传

---

① 左志德、刘丽如、左婵娟:《习近平教育重要论述的教育责任内涵及其现实的逻辑需要》,载《赣南师范大学学报》,2021年第5期,第13—19页。
② 杨燕:《习近平关于教育重要论述的三个维度》,载《井冈山大学学报(社会科学版)》,2021年第2期,第5—11页。
③ 冯建军:《主体教育研究40年:中国特色教育学建设的案例与经验》,载《中国教育科学》,2021年第4期,第8—19页。
④ 冯建军:《迈向人类命运共同体的价值教育》,载《高等教育研究》,2018年第1期,第1—8页。
⑤ 冯建军:《推动构建人类命运共同体:教育何为》,载《教育研究》,2018年第2期,第37—42页。

播，承担起人类命运共同体建设的伟大历史使命。①《自利与共生：人类命运共同体的人性基点及学校德育价值取向》一文也指出，培育学生"共生观"就是在认知上让学生懂得整个人类是一个命运共同体，在情感上让学生对人类命运共同体持有积极态度和正面评价，并且培养学生自觉构建人类命运共同体的意识行为和践行能力。②

基于大学肩负的探索和建构人类命运共同体的精神方式、国际视野、世界胸襟和人类情怀，以及培养"推进和建构人类命运共同体"的自由存在者、文雅生活者和文明创造者的使命③，汪明义、钟秉林、别敦荣、董新良等学者集中探讨了大学治理体系和治理能力现代化的人类命运共同体思想基础。现代大学不仅通过"公共行动"服务国家和区域发展，也通过"共益行动"服务人类命运共同体。④ 中国高等教育普及化是构建人类命运共同体的基础，它将在国内国际经济社会双循环中，增进与世界各国社会文化的交流互动，促进多元社会文化的融合发展，为构建人类命运共同体奠定坚实的基础。⑤ 人类命运共同体理念为化解全球风险社会治理困境、维护国际环境安全稳定贡献了中国智慧，学校安全教育迫切需要形成国际和平与安全共识。⑥ 刘益东认为，人类命运共同体理念还提供了大学治理中构建超越身份政治的全球图景。⑦

中华优秀传统文化是增进人类命运共同体价值认同的思想资源，正确把握家国情怀与人类情怀能够有力推动构建人类命运共同体。通过追溯"家""国"的文字学渊源，刘余莉、聂菲璘认为，中华民族共同体和人类命运共同

---

① 汪明义：《大学推动人类命运共同体构建的使命及实践方式》，载《中国高教研究》，2021年第7期，第35—41页。
② 林丹、柳海民：《自利与共生：人类命运共同体的人性基点及学校德育价值取向》，载《教育科学》，2021年第6期，第1—6页。
③ 汪明义：《对推进大学内部治理体系和治理能力现代化的思考》，载《国家教育行政学院学报》，2021年第2期，第17—24页。
④ 钟秉林、翟雪辰：《现代大学的社会责任及其边界拓展》，载《国家教育行政学院学报》，2021年第4期，第3—10页。
⑤ 别敦荣：《"双循环"视角下中国高等教育普及化发展的意义》，载《中国高教研究》，2021年第5期，第22—28页。
⑥ 董新良、桑晓鑫、李县慧：《总体国家安全观视域下学校安全教育一体化：理念、目标与体系构建》，载《中国教育学刊》，2021年第11期，第50—54页。
⑦ 刘益东：《论大学治理中的身份政治》，载《江苏高教》，2021年第1期，第39—46页。

体是家国情怀在当代处理民族关系和国际关系的思想结晶和升华。[①] 家国情怀不仅构成了培育人类情怀和构建人类命运共同体的原初情感动力,而且蕴含着培育人类情怀和构建人类命运共同体的价值观念原型。[②] 传统家国情怀旨在实现"平天下"的伟业,但"天下"更多的时候只是一个抽象概念,新时代的人们却能切身体会到构建人类命运共同体的需要,"大道之行也,天下为公"从抽象理想成为现实需要。[③] 闫旭蕾则强调,人类需要超越二元对立的思维方式与现代契约伦理的局限,创立人类命运共同体伦理,基于全球伦理建构教育体系,以新的"道"之伦理贯通"家、国、天下"体系。[④]

针对数字化时代的教育特点培养人类命运共同体的建设者是学者们关注的另一个重点。朱敬、田友谊、曾骊等学者集中探讨了数字公民教育、未来学校和在线教学等议题。《人工智能时代的高等教育与人类命运共同体》一文指出,高等教育需要从人类命运共同体的利益出发,深入思考目标定位,变革教育内容和教育方式,以培养适应人工智能时代发展需要的人才,促进人类共同发展。[⑤] 数字公民教育的本土逻辑立足于"人",起点是人的数字化生存与发展,终点是数字时代人类命运共同体。[⑥] 未来学校的价值意蕴主要体现在助推以学习为中心的学校教育,促进个体通过共学互教完整成人,达成人类命运共同体的思想观念。[⑦] 中国在线教学经验为发展中国家提供了可资借鉴的教学变革之路,弘扬人类命运共同体的根本价值理念,全面开展在线教学推进了我国高等教育的迭代更新,也向"无论何时何地何人都能学习"的教育环境迈出

[①] 刘余莉、聂菲璘:《家国情怀的精神境界与历史文化内涵》,载《甘肃社会科学》,2021 年第 5 期,第 152—159 页。

[②] 陈杰:《家国情怀、人类情怀与人类命运共同体的构建》,载《中国矿业大学学报(社会科学版)》,2021 年第 2 期,第 1—12 页。

[③] 高昕、杨威:《新时代家国情怀的现实基础、价值内蕴与基本特征》,载《中国社会科学院研究生院学报》,2021 年第 4 期,第 36—43 页。

[④] 闫旭蕾:《教师传道者角色的"隐退"与"回归"》,载《教育研究与实验》,2021 年第 5 期,第 12—19 页。

[⑤] 周玲、李佳欣:《人工智能时代的高等教育与人类命运共同体》,载《苏州大学学报(教育科学版)》,2021 年第 4 期,第 8—15 页。

[⑥] 朱敬:《终身教育视角下我国数字公民教育的形态与逻辑》,载《现代远距离教育》,2021 年第 4 期,第 76—82 页。

[⑦] 田友谊、姬冰澌:《未来学校:迈向技术使能的学习共同体》,载《现代教育管理》,2021 年第 8 期,第 51—57 页。

了坚实的一步。①

消除贫困是全人类共同奋斗目标，也是人类命运共同体建设的内在需要，陈晨子、覃红霞、谢荣娥、贾文山和田晓明等学者分别从教育扶贫、语言共同体和"新文科"建设等视角阐释了人类命运共同体的教育理论内涵。脱贫攻坚精神是以攻坚、奉献、奋斗、诚信为基本内涵，致力于实现共同富裕，助力全球范围内消除贫困、解决世界贫困问题，中国脱贫攻坚精神为全球贫困治理提供了参照。②《高等教育扶贫与人类命运共同体建设》一文指出，中国高等教育扶贫应成为解决世界贫困顽疾、推动各国教育互鉴、促进各国经济共赢的重要载体，在构建人类命运共同体的进程中发挥教育引领和扶贫共富示范作用。③ 谢荣娥、赵洁认为，语言共同体为人类命运共同体担当书写人的历史、发现生命精神和传播爱的力量的教育使命，语言共同体的形成机制与人类命运共同体的语言要素价值密切关联。④ 人类命运共同体理念是推进"新文科"建设中国方案的抓手，全球意义上的新文科建设工程首要为人类命运共同体建设做好思想理论储备、知识储备和人才储备。⑤ 我国"新文科"建设在政策走向上的全球视野和角逐世界舞台、贡献中国方案、构建人类命运共同体等活动是重要的中国特色。⑥

上述学者围绕构建人类命运共同体的人才培养、大学治理、教育扶贫、家国情怀教育和"新文科"建设等多个议题，就"为何培养、怎样培养人类命运共同体的建设者"做出了多角度的教育理论阐释。全球性危机超越了局部的、民族和国家的以及个人的利益，将全人类紧密联系在一起，这就要求教育

---

① 曾骊：《高校在线教学的历史演进与中国经验》，载《现代远距离教育》，2021年第2期，第54—61页。

② 陈晨子：《建党百年背景下脱贫攻坚精神的价值意涵与弘扬路径》，载《中学政治教学参考》，2021年第43期，第17—19页。

③ 覃红霞、李政：《高等教育扶贫与人类命运共同体建设》，载《苏州大学学报（教育科学版）》，2021年第4期，第1—7页。

④ 谢荣娥、赵洁：《语言共同体的教育路径》，载《教育研究与实验》，2021年第6期，第20—25页。

⑤ 贾文山、马菲：《从对中国新文科的回望到对全球新文科的畅想》，载《扬州大学学报（人文社会科学版）》，2021年第2期，第104—111页。

⑥ 田晓明、黄启兵：《论我国"新文科"建设之中国特色》，载《苏州大学学报（教育科学版）》，2021年第3期，第91—98页。

和人的发展也要超越个人、民族和国家，在一个更大的全球范围内构建人类命运共同体，使之具备人类命运共同体所需要的价值观念、知识技能和行为方式。就此而言，冯建军、林丹和柳海民等学者的研究极大地推动了教育基本理论创新。

二、人类命运共同体的思想政治教育研究

推动构建人类命运共同体是思想政治教育的一个时代命题和价值逻辑。围绕人类命运共同体的思想政治教育这一内容，2021年，教育学者们的研究涉及思想政治教育话语、文化自信、爱国主义、生态文明、共同价值和特定学科领域的思想政治教育等多个方面。

（一）思想政治教育话语研究

万成、张明进、王永贵等学者指出，人类命运共同体理念有力增强了党的思想政治教育话语体系影响力与感召力。中国共产党实现民族复兴是将国家和人民视为命运共同体，也是将世界各国和各民族人民视为命运共同体，它既是新时代中国特色社会主义发展的价值目标，同样也是人类共同实现梦想、实现自身发展、重塑世界格局的战略抉择。① 构建人类命运共同体，思想政治教育承担起了弥合不同国家间文化冲突、传播全球共同价值、培育具备全球意识及全球参与能力之国民的重要责任。② 新时代意识形态战略建设的高瞻远瞩体现在树立全球视野，积极参与全球治理，不断为世界谋和平、谋发展、谋大同贡献智慧和力量，充分体现了人类命运共同体理念的行动价值，也有力增强了意识形态国际影响力和国际话语权。③ 张明海则认为，中国社会文明程度越高，所倡导的

---

① 万成：《中国共产党思想政治教育话语体系的百年探索：历程、逻辑与展望》，载《中国矿业大学学报（社会科学版）》，2021年第4期，第15—25页。
② 张明进：《两个大局下思想政治教育的逻辑指向》，载《中学政治教学参考》，2021年第20期，第66—69页。
③ 王永贵：《中国共产党意识形态战略建设的新时代创新》，载《南京师大学报（社会科学版）》，2021年第5期，第15—24页。

人类命运共同体理念就越发深入人心，建设人类命运共同体必须站在更高层次上重新构建自身文明和认识其他文明，以夯实人类命运共同体的人文基础。① 习近平新时代文明观以实际行动有力作用于构建人类命运共同体的实践中，呈现出追赶时代潮流的世界全景透视、体现主流价值的人类命运关怀和兼济共赢发展的共建共享愿望等特性。②

中国共产党的诞生和发展不仅深刻改变了中国人民和中华民族的前途和命运，也深刻改变了世界发展的趋势和格局。代玉启的研究阐释了中国共产党伟大建党精神的三重逻辑，中国共产党是为中国人民谋幸福、为世界人民谋大同的政党，在致力于实现自身发展的同时，为促进全球共同发展贡献力量；未来需要不断将伟大建党精神转化为推动构建人类命运共同体的强大精神指引和历史自觉。③ 中国共产党"奋斗"话语包括党内、国内和国际三个维度的基本内涵，国际维度上的"奋斗"就是构筑人类命运共同体，谋求世界大同。④ 高志伟则阐释了延安精神蕴含的全人类同心同德、和衷共济、共同战胜挑战的精神基因，它为世界人民共同打造人类命运共同体、创造新的更加美好的未来提供了强大的精神动力。⑤

（二）文化自信和爱国主义教育

金惠敏、许斯诺、卞程秀等学者的研究表明，文化自信是中国走向世界的通行证，铸牢中华民族共同体意识、推动构建人类命运共同体，是中华文化符号的历史使命和时代价值。金惠敏指出，新冠疫情全球大流行导致"封户、封村、封城"乃至"封国"，是以极端的形式警示人类，全球化已经迈入了人类命运共同体新时代，一旦有谁完整把握了"文化自信"的含义，谁便走进了人类文化共

---

① 张明海：《新时代社会文明程度的理论意涵与提升路径》，载《探索》，2021年第5期，第164—177页。
② 索世帅、孟宪平：《习近平新时代文明观的三维探赜》，载《思想教育研究》，2021年第1期，第8—13页。
③ 代玉启：《中国共产党伟大建党精神的三重逻辑》，载《求索》，2021年第5期，第33—41页。
④ 边景景、杨文选：《中国共产党"奋斗"话语及其教育价值》，载《教育理论与实践》，2021年第28期，第24—29页。
⑤ 高志伟：《延安精神形成的历史脉络及时代价值》，载《人民论坛》，2021年第9期，第68—70页。

同体的新时代。^① 陈伟和卢德平阐释了中华文化符号蕴含的大同世界"和合"天下观，它与人类命运共同体理念的学理勾连赋予其新的历史使命。^② 正是基于"家国情怀""王道之治""天下为公"的中华文化滋养，新时代爱国主义才在人与国家、国家与世界等关系中凸显出仁爱精神、和平本质和人类情怀。^③ 张智、陈怡帆则强调，"中国精神"蕴含坚定的集体主义价值取向，并充分体现构建人类命运共同体的价值逻辑；将人类整体利益的实现作为自身的重要目标追求，将对人类整体价值的维护作为本国利益实现的重要条件和必要保障，这是对人类这个"大集体"、世界这个"大家园"的深刻认识和意义关切。^④ 中华民族共同体的发展依赖于人类命运共同体的外部保障，中华民族共同体的凝聚又进一步促进人类命运共同体的和谐发展；大学生中华民族共同体意识培育就是深化其对世界一体化的认知，引导他们辩证看待中华民族与世界的关系。^⑤

倪培强、谷松岭、张晓婧等学者围绕习近平关于爱国主义的重要论述和构建人类命运共同体的爱国主义教育展开了深入研究。黄莉、郑澄澄的研究显示，探寻"中国梦"的实现路径与推动构建人类命运共同体的研究，是近年来爱国主义教育研究的最前沿热点。^⑥ 倪培强、方秀丽指出，习近平关于爱国主义的重要论述是从全人类命运的宏大视角，创造性提出的解决全球性难题的科学理论，它把爱国主义与扩大对外开放相结合，弘扬人类共同价值观，打造人类命运共同体。^⑦ 它既是对中华民族传统爱国主义精神的继承和弘扬，又是

---

① 金惠敏：《论文化自信与新的全球化时代》，载《人民论坛·学术前沿》，2021年第8期，第82—102页。
② 陈伟、卢德平：《共同体意识与现代性转化：中华文化符号传播的时空价值与规约》，载《现代传播（中国传媒大学学报）》，2021年第11期，第12—20页。
③ 许斯诺、王学俭：《论新时代爱国主义的践行与发展》，载《思想教育研究》，2021年第2期，第127—131页。
④ 张智、陈怡帆：《中国精神中的集体主义内核研究》，载《思想教育研究》，2021年第3期，第96—100页。
⑤ 卞程秀、潘莉、邓小明、廖永林：《论大学生中华民族共同体意识的培育》，载《学校党建与思想教育》，2021年第18期，第27—29页。
⑥ 黄莉、郑澄澄：《近20年我国爱国主义研究文献的定量研究——基于CNKI和CiteSpace的可视化分析》，载《教育文化论坛》，2021年第6期，第31—41页。
⑦ 倪培强、方秀丽：《习近平关于爱国主义重要论述三维生成释读》，载《学校党建与思想教育》，2021年第21期，第71—73页。

以世界胸怀和全球视野作出的爱国主义理性思考，其中的人类命运共同体思想提供了着眼世界未来前途与全人类共同发展的中国方案，传承了"和实生物、同则不继"的中华优秀传统文化理念，彰显了中华民族传统爱国主义的时代价值。① 人类命运共同体理念是中国共产党人将民族性与世界性、爱国情怀与世界情怀相统一的爱国主义理论新贡献，开创了中华民族爱国主义与国际主义相结合的新范例。②

（三）生态文明思想和共同价值教育

陆波、田启波、王鹏伟等学者的研究显示，社会主义生态文明思想高度契合人类命运共同体理念，生态环境问题的全球性和非排他性特征要求人们抛开短期和局部利益，从全人类共同利益和长远利益来思考环境问题。人类命运共同体理念以其整体性、全局性和系统性逻辑彰显了丰富的生态文明意蕴，构建起全人类永续发展的世界语境。③ 共谋全球生态文明建设、建设清洁美丽世界，是构建人类命运共同体的重要内容与目标；构建人类命运共同体为推进全球环境治理、维护全球生态安全指明了方向与路径。④ 杨宁则指出，社会主义生态文明是基于人类命运共同体总体关怀维度的人与自然、人与社会、人与人的新型关系理论与实践的表述，它创造性地将马克思主义关于社会发展与人类前途命运的理论、中华优秀传统文化中人与自然和谐关系的道德命题与新发展道路结合起来，是对资本主义内在反生态发展模式的批判与超越。⑤ 何伟的研究也表明，习近平生态文明思想倡导构建人类命运共同体在推进国际生态正义、着眼人权保障生态权利以探索代际生态正义等方面，成功走出一条中国特色生态

---

① 谷松岭、尹欢：《习近平总书记关于爱国主义重要论述的国际意蕴》，载《学校党建与思想教育》，2021年第24期，第24—26页。
② 张晓婧、宋泽芮：《中国共产党弘扬爱国主义精神的百年历程及其基本经验》，载《南京社会科学》，2021年第6期，第18—25页。
③ 陆波、方世南：《中国共产党百年生态文明建设的发展历程和宝贵经验》，载《学习论坛》，2021年第5期，第5—14页。
④ 田启波：《习近平生态文明思想的世界意义》，载《北京大学学报（哲学社会科学版）》，2021年第3期，第15—23页。
⑤ 杨宁：《社会主义生态文明的认知、愿景与实现》，载《马克思主义研究》，2021年第12期，第122—132页。

正义道路。① 王鹏伟、贺兰英认为，从全球生态文明建设和生态环境治理的维度来看，习近平生态文明思想和人类命运共同体理念是对现代西方环境理论的超越。② 王鹏等人的研究表明，绿色"一带一路"建设有力推广了中国绿色发展理念与规则规范，为推动构建人类命运共同体奠定了物质、思想与制度基础。③

马希、林春逸认为，全人类共同价值是人类命运共同体的强大思想基础，共同价值追求与新时代中国特色社会主义精神文明建设相结合，将有力推动构建人类命运共同体。"共同价值"是符合全人类共同利益和向往的公共价值，共同的价值追求既是巩固社会主义核心价值观的重要基石，也是构建人类命运共同体的重要聚力焦点；坚守"共同价值"是协调国家关系、构建人类命运共同体的价值方案。④ 杨林、郭焕焕从实践、生存、生活三个层面探讨了人类共同价值的生成逻辑：人类实践的广度、深度以及复杂性的加剧，使得实践在改造对象性活动中形成"全球性"客体和同一性，并催生了人的共同需要、共同利益和共同价值；人类生存的复杂交互性、无边界性以及面临的全球性生存危机要求构建共同秩序；人的生活方式多样化、虚拟化以及人的生活异化之域要求构建共同规则。⑤

（四）特定学科领域的思想政治教育

人类命运共同体思想极大丰富了青少年学生政治价值观的内涵，并赋予其世界性意识和全球合作意识。《人类命运共同体视域中大学生政治价值观认同研究》一文强调，大学生政治价值观认同要以全人类为认识论基础，以马克

---

① 何伟：《论习近平生态文明思想的正义意蕴》，载《学校党建与思想教育》，2021年第10期，第14—16页。

② 王鹏伟、贺兰英：《习近平生态文明思想对现代西方环境理论的超越》，载《人民日报》，2021年10月18日，第09版。

③ 王鹏、何宛谦、黄子芹：《习近平生态文明思想与绿色"一带一路"建设》，载《学习与实践》，2021年第9期，第22—30页。

④ 马希、林春逸：《凝聚新的共同价值追求：新时代社会主义精神文明建设的内在诉求》，载《湖湘论坛》，2021年第3期，第14—22页。

⑤ 杨林、郭焕焕：《实践、生存、生活：当代共同价值生成逻辑的探讨》，载《社会主义核心价值观研究》，2021年第7期，第86—93页。

思世界历史思想为方法论基础,以人类实践活动为实践基础,积极反映当代世界性生产方式和交往条件。① 许可松等人就大学生关注美国大选的实证研究显示,大学生呈现出政治认同不断增强等积极样态,并且坚信"构建人类命运共同体是世界各国发展的必然选择"。②

刘宝存、张炜等学者分别对教育学、历史、工程和医学等领域的人类命运共同体课程教学进行了研究。基于跨文化性、国际性和应用性的学科特点,比较教育学在推动人类命运共同体构建中具有独特的优势,比较教育承担着加强教育理论创新、发挥公共外交功能、培养国际化人才、推动中国教育国际传播等时代责任。③ 巩永丹指出,人类命运共同体这一创新理论应融入"社会形态理论""世界历史理论""经济全球化理论"教学中,强化学理阐释与现实观照,讲清楚当代中国改革发展的重大理论与现实问题。④ 张炜、王良认为,高等工程教育作为培养创造美好生活的工程师的教育活动,也需要在理念和实践中倡导人类命运共同体价值观,使之成为可持续发展工程教育的关键目标与核心指向。⑤ 林丽婷认为,人类命运共同体理念对人类社会何以共生、共存、共建、共享等重大伦理问题的探索,打开了构建医患命运共同体的伦理探索新维度。⑥ 崔苗则强调,白求恩精神根植中华大地,为新时代加强国际团结合作注入了活力,其主要内涵是追求人类解放的崇高国际主义精神,它高度契合人类命运共同体的思想价值。⑦ 《推动共建人类命运共同体专题式教学实效性研究》一文指出,专题式教学是推动人类命运共同体思想落地生根的有效手段,也是

---

① 宋伶俐:《人类命运共同体视域中大学生政治价值观认同研究》,载《学校党建与思想教育》,2021年第6期,第33—58页。

② 许可松、孙楚航、唐飞、谢沁怡、于涛、罗亮:《一场国际思政大课:青年大学生关注美国大选的现象透视与思考——基于全国58所高校11231名大学生的实证调查》,载《中国青年研究》,2021年第3期,第45—52页。

③ 刘宝存、王婷钰:《人类命运共同体理念下的比较教育:可为、应为与何为》,载《比较教育研究》,2021年第8期,第3—11页。

④ 巩永丹:《习近平新时代中国特色社会主义思想融入"原理"课教学的思路、内容与方法》,载《北京航空航天大学(社会科学版)》,2021年第4期,第22—27页。

⑤ 张炜、王良:《全球可持续发展工程教育的概念内涵、实践策略及其经验启示》,载《高等工程教育研究》,2021年第3期,第69—75页。

⑥ 林丽婷:《人类命运共同体理念的伦理意蕴在医学伦理教育中的应用》,载《中国医学伦理学》,2021年第9期,第1232—1237页。

⑦ 崔苗:《白求恩精神及其时代价值》,载《中学政治教学参考》,2021年第8期,第11—14页。

提升思想政治理论课教学实效、实现习近平新时代中国特色社会主义思想进教材、进课堂和进头脑的有益尝试。①

围绕思想政治教育话语、文化自信、爱国主义、生态文明和共同价值等议题，上述学者对人类命运共同体的思想政治教育做出了多视角的解析。其核心要义是基于中华民族共同体意识，将爱国主义与人类命运共同体相联系，从世界维度和人类共同价值层面引导青少年拓展全球视野，共同应对全球生态挑战，培养学生关注人类命运的情怀，为构建人类命运共同体贡献青春力量和中国智慧。

三、人类命运共同体的国际教育研究

人类命运共同体理念对国际教育合作具有规范和引领作用。2021年，围绕人类命运共同体的国际教育这一内容，国内学者的研究涉及高等教育国际化、教育对外开放、国际教育援助、国际化人才培养、全球教育治理等方面。

周作宇、张应强、申远、伍宸、张俊宗等学者围绕教育国际化问题展开了深入研究。《人类命运共同体：高等教育国际合作的价值坐标》一文指出，以人类命运共同体引领高等教育国际合作，需要超越以"民族国家利益"界定国际合作目标，保障平等地位和自主性，承认和尊重差异，消解国际合作中的"中心—边缘"结构。② 但是，迄今以来的高等教育国际化理念是一种基于地理疆域思维和国家竞争的国家主义理念，严重威胁国际化的可持续发展；全球化时代的高等教育国际化必须确立基于全球化时空思维和人类命运共同体意识的世界主义理念。③ 人类命运共同体的建设离不开高等教育国际化发展实践中"和实生物"带来的精神力量，这种高等教育国际化"共生"力量，将会成为

---

① 王殿文：《推动共建人类命运共同体专题式教学实效性研究》，载《思想政治课研究》，2021年第1期，第121—134页。
② 周作宇、马佳妮：《人类命运共同体：高等教育国际合作的价值坐标》，载《教育研究》，2017年第12期，第42—50页。
③ 张应强：《全球化背景下高等教育国际化理念的重新审视》，载《教育发展研究》，2021年第23期，第1—11页。

新的经济全球化发展所需的文化认同根基。① 基于人类命运共同体理念主动创新高等教育国际化基础理论，构建统领高等教育国际化工作的亚政治全球性制度及治理体系，是我国高等教育国际化应对挑战和寻求机遇的一个主要对策。② 总之，正如《教育国际化：构建人类命运共同体的重要力量》一文所言，人类命运共同体理念为更好地推进教育国际化提供了根本遵循，教育国际化在推动构建人类命运共同体进程中彰显出特殊价值。③

李北群、胡金光等学者认为，教育对外开放和留学生教育将有力推动人类命运共同体的历史进程和建构。新时期高等教育对外开放政策要秉持人类命运共同体理念，加强政策体系的顶层设计，统筹全球性与本土性的关系，协调好"引进来""走出去"的关系。④ 通过分析中国古典思想"文教—天下"的叙事及其所蕴含的普世关怀，孙志远指出，"天下"观念中的世界其实就是我们当代语境下的"人类命运共同体"，天下无争的理想根本上要求助于文教的共融与兴盛，而教育始终作为会通天下的重要方式存在，"会通"即积极地"走出去"，与其他文明融通互鉴，相互影响。⑤ 胡善贵和洪成文探讨了来华留学生教育助力世界各国民心相通、共同构建人类命运共同体的逻辑理路。⑥ 我们应当站在全球史和人类命运共同体的高度，以知识迁移的视角来理解来华留学生教育；"中国知识"将随着来华留学事业的发展为世界各国提供中国智慧和中国方案，50万来华留学生必将成为塑造整个人类命运共同体历史的力量。⑦ 沈庶英认为，来华留学课程思政应通过价值塑造、教师身教、真实展示、平等

---

① 申远、陈牡丹：《"双循环"新格局下高等教育国际化的枢纽作用探讨》，载《江苏高教》，2021年第12期，第76—79页。
② 伍宸、宋永华：《风险社会理论视角下我国高等教育国际化面临的挑战与对策》，载《教育研究》，2021年第3期，第126—134页。
③ 张俊宗：《教育国际化：构建人类命运共同体的重要力量》，载《高等教育管理》，2020年第2期，第21—28页。
④ 李北群、张露、祝成林：《我国高等教育对外开放政策的变迁与展望——基于历史制度主义分析》，载《江苏高教》，2021年第7期，第23—30页。
⑤ 孙志远：《构建"中国教育走出去"战略的四个基本问题》，载《复旦教育论坛》，2021年第1期，第24—30页。
⑥ 胡善贵、洪成文：《来华留学生教育的逻辑理路》，载《中国高等教育》，2021年第5期，第59—61页。
⑦ 胡金光、王天马：《知识迁移视角下的来华留学生教育》，载《华北电力大学学报（社会科学版）》，2021年第5期，第134—140页。

对待、分层递进、真情传递等手段来实现课程目标。①

孙成梦雪、曾娇、徐岚等学者认为，推动构建人类命运共同体迫切需要培养大量具备全球胜任力的新型国际化人才。应以人类命运共同体理念为旨归，建设和完善中国特色全球胜任力教育理论体系，打造适合中国本土的全球胜任力人才培养模式。②姚威、储昭卫强调，要坚持共建人类命运共同体而非"文明中心论"，遵循差异协同、合作共赢的原则，秉承包容性、多样性和可持续性的教育哲学，培养支撑实现新全球化构想的全球胜任力人才。③潇潇指出，高质量的文科国际化发展能够创造性地将人类命运共同体理念、"一带一路"倡议转化为创新国际教育理念、提升开放办学水平、深化人文交流的中国经验，为建立共商共建共享的"全球社区"提供文化与话语支撑。④作为新型区域性国际大学联盟，未来上海合作组织大学应当坚持以人类命运共同体为价值坐标，主动对接"一带一路"市场需求培养各级各类人才，构建平等共赢的国际教育合作平台。⑤徐岚、王柳认为，深化研究生教育合作是推动中国和东盟民心互通的"软联通"工具，也是实现人类命运共同体建设的内在动力和必要途径。⑥

张永富、徐辉等学者的研究显示，人类命运共同体理念为新时代国际教育援助、国际理解教育发展提供了新思路和新视角。人类命运共同体视域下的国际教育援助理论本质上是"全球思维、整体意识和人类观念"在该领域的贯彻和运用，平等互利、开放包容、国际合作是其基本特征。⑦守望相助、推动

---

① 沈庶英：《来华留学课程思政：基于学科交叉的统整建构》，载《教育研究》，2021年第6期，第92—99页。
② 孙成梦雪：《面向未来的全球胜任力教育：回顾与反思》，载《重庆高教研究》，2021年第4期，第118—127页。
③ 姚威、储昭卫：《新全球化背景下研究型大学本科生全球胜任力培养模式构建——基于内容分析法的多案例研究》，载《教育发展研究》，2021年第23期，第21—29页。
④ 潇潇：《国际化视野中的"新文科"建设与"一带一路"行动》，载《黑龙江高教研究》，2021年第6期，第42—46页。
⑤ 曾娇、冯钧国：《"一带一路"视域下上海合作组织大学发展：挑战、机遇与应对策略》，载《黑龙江高教研究》，2021年第11期，第28—33页。
⑥ 徐岚、王柳：《"走出去"建设人类命运共同体：中国与东盟的研究生教育合作》，载《苏州大学学报（教育科学版）》，2021年第4期，第16—28页。
⑦ 张永富、徐辉：《人类命运共同体视域下国际教育援助的核心内涵、理论特征与时代价值》，载《西南大学学报（社会科学版）》，2021年第5期，第102—109页。

构建人类命运共同体是我国教育援助的核心政治理念和实践策略，改革开放以来的教育援助充分体现了为推进构建人类命运共同体而努力的精神内核。① 汪天皎等人对我国国际理解教育研究热点的量化统计和分析显示，人类命运共同体视域下的国际理解教育实施策略是六大主体研究领域之一，未来国际理解教育将聚焦人类命运共同体理念，围绕学生国际理解素养，纵深推进课程体系建设和教学改革进行深入研究。② 朱旭东、刘丽莎认为，构建符合人类命运共同体需要的国际教育体系是高质量教育体系建设的一个重要组成部分，应以人类命运共同体为思想依据制定我国国际教育法，构建"引进来"和"走出去"相结合的双向国际学校教育体系。③

袁利平、滕珺、陈涛、莫玉婉等学者一致认为，人类命运共同体理念为全球教育治理体系重塑赋予了新的历史使命。构建人类命运共同体和共商共建共享的全球治理观为中国深度参与全球教育治理提供了指引。④ 中国不仅为全球教育治理提供了潜在的人力资源，也为世界各国助力指向人类命运共同体发展目标的全球教育治理提供了真实、丰富的案例。⑤《后疫情时代全球教育治理体系重塑——人类命运共同体的视角》一文强调，全球教育领域的"小共"是整个人类命运共同体中的重要组成部分，其行动框架和价值取向与人类命运共同体理念高度一致。⑥ 袁利平、杨文杰进一步指出，全球教育治理的价值基点是人类共同体的命运与利益，人类的整体性、共存性和利益的共同性是全球教育治理的伦理支撑和价值依托，并由此产生对全球性教育问题的应对和

---

① 徐辉：《改革开放以来我国教育援助的政治理念与实践策略》，载《比较教育研究》，2021年第8期，第21—29页。
② 汪天皎、杨伊、黄廷美：《我国国际理解教育研究热点及演进分析》，载《教育科学论坛》，2021年第9期，第38—42页。
③ 朱旭东、刘丽莎：《论构建社会主义现代化强国所需要的高质量教育体系》，载《清华大学教育研究》，2021年第1期，第33—39页。
④ 袁利平、王垚赟：《新时代中国参与全球教育治理：成就、挑战与应对》，载《学术界》，2021年第9期，第66—77页。
⑤ 滕珺、吴诗琪：《党领导下的中国对全球教育治理的三大贡献》，载《比较教育研究》，2021年第8期，第12—20页。
⑥ 袁利平、周丽敏：《后疫情时代全球教育治理体系重塑——人类命运共同体的视角》，载《社会科学战线》，2021年第7期，第228—239页。

关切。① 陈婧、邵思源认为，建设教育共同体是中国对全球教育"善治"的回答，是对人类命运共同体的引申，也是建设人类命运共同体的必要路径。② 总之，基于人类命运共同体的全球高等教育治理既是走出当前疫情困境的新型高等教育理念与经验，也是全球高等教育实现风险防范与动态应急的弹性机制与发展目标。③ 未来应以人类命运共同体理念为指导，从构建参与全球教育治理的推进机制等方面着手，提高我国参与全球教育治理的能力。④

上述学者围绕人类命运共同体的教育国际化、对外开放、人才培养和全球教育治理等问题开展了多视角的深入研究，其核心观点是，国际教育发展面临各种外显性和内生性风险，推动构建人类命运共同体要求教育发展超越狭隘的民族国家维度，扩大教育对外开放，加快培养具备全球胜任力的国际化人才，完善全球教育治理机制，以教育国际化发展追求人类共同体利益、形成合作共赢的全球秩序。

四、人类命运共同体与孔子学院研究

孔子学院建设理念与人类命运共同体思想一脉相承。作为非营利性教育机构，孔子学院的宗旨就是增进世界人民对中国语言和文化的了解，发展中国与外国的友好关系，促进世界多元文化发展，为构建和谐世界贡献力量。孔子学院"为构建人类命运共同体贡献力量"已成共识。2017 年，在西安举办了第 12 届全球孔子学院大会，其主题便是"合作与创新构建人类命运共同体"，儒学界也为人类命运共同体提供了理论支持。

2021 年，人类命运共同体与孔子学院建设的相关研究总体上还比较有限。

---

① 袁利平、杨文杰：《全球教育治理的范式转换与中国应对》，载《湖南师范大学教育科学学报》，2021 年第 6 期，第 81—93 页。
② 陈婧、邵思源：《参与全球教育治理的国家战略研究——基于教育治理现代化的视角》，载《江苏大学学报（社会科学版）》，2021 年第 6 期，第 113—123 页。
③ 陈涛、韩茜：《防疫下的全球高等教育治理：影响、经验及中国策略》，载《复旦教育论坛》，2021 年第 6 期，第 88—95 页。
④ 莫玉婉：《我国参与全球教育治理的十年回顾与展望》，载《河北师范大学学报（教育科学版）》，2021 年第 4 期，第 57—64 页。

以中国知网数据库为来源，以全文同时出现"人类命运共同体"与"孔子学院"两个关键词的方式搜索，共检索到 520 篇文章；同时以"人类命运共同体"和"孔子学院"进行主题搜索，共检索到 5 篇文章。学者们围绕语言文化交流与传播、孔子学院可持续发展等议题展开了深入研究。

语言交流与传播，是人类命运共同体理念实践的重要一环。孔子学院在培养本土汉语教师、提供本土汉语教师教学平台方面具有天然优势，已经成为语言文化交流的纽带。《汉语教学为构建人类命运共同体出力作贡献刍议》一文提出，因为语言具有情感性，所以语言不仅是人类最重要的交际工具和思维的物质外壳，还是人与人之间，特别是不同民族、不同国家之间"相互沟通理解的钥匙"和"文明交流互鉴的纽带"。人类命运共同体理念中包含的观念，离不开作为打开沟通理解之门的钥匙、作为促进文明交流互鉴的纽带的语言文字。[1] 刘永厚、蔡亚梅认为，普通话在中华民族伟大复兴和人类命运共同体的建构中发挥重要作用。中国的跨国语言规划和全球汉语推广，通过孔子学院、孔子课堂来实施并传递友善的国家形象，以期在全球范围内实现"真实的中国""被认知的中国"和"官方的中国"三者之间的一致认识。中国跨国语言规划包括面向海外华人社区的汉语推广，针对华侨的海外语言推广是实现中华民族伟大复兴的举措之一，也是人类命运共同体内涵的重要组成部分。[2]

张继焦、刘勇等学者的研究表明，文化并存与联结的重要性日益受到世界各国的重视，世界文明的对话已成不可阻挡的趋势，各国纷纷输出自己的特色优势文化。各国在世界范围内建立宣扬本国文化的机构似乎已成为一种国际惯例，西班牙办起堂吉诃德文化中心，德国也建了歌德学院，日本成立了日本文化研究所。融入，是许多国家都在做的事情，孔子学院和汉语热正是中国文化自信的表现；中国在敞开大门拥抱世界的这些年里，从文化自觉到文化自信的过程中，正与各国人民一道，在融入世界大家庭，构建人类命运共同体。[3]

---

[1] 陆俭明：《汉语教学为构建人类命运共同体出力作贡献刍议》，载《汉语教学学刊》，2021 年第 2 期，第 1—11 页。

[2] 刘永厚、蔡亚梅：《语言政策与规划研究的新发展：语言秩序视角——〈中国崛起中的语言意识形态和语言秩序〉评介》，载《汉字文化》，2021 年第 13 期，第 195—198 页。

[3] 张继焦、吴玥：《构建全球与中国"共赢"的人类命运共同体》，载《贵州社会科学》，2021 年第 11 期，第 37—44 页。

《人类命运共同体理念对中华优秀传统文化的赓续和弘扬》一文指出，作为回应人类发展方向的新理念，人类命运共同体在哲学思维、价值观念、民本思想以及根本目的等方面呈现出对中华优秀传统文化的创造性继承；同时，人类命运共同体理念也为中华优秀传统文化的创造性转化和创新性发展提供了机遇，从孔子学院、汉语热和中国文化周到中国影视文学作品不断走向世界，都促进了中华优秀传统文化的对外弘扬。①

文化自信是对中华优秀传统文化和革命文化的肯定，是实现中华民族伟大复兴中国梦的心理根基，也是引领构建人类命运共同体的力量之源。孔子学院践行人类命运共同体理念，得到许多国家的积极肯定和热烈欢迎。余涛、张宏明的研究表明，孔子学院已成为中非文化交流的重要平台，为加强和巩固中非"责任共同体""利益共同体""感情共同体"和"防护共同体"做出了贡献。进入21世纪后，中非之间已经互为重要的贸易伙伴国、全天候的"伙伴"或朋友，截至2020年10月，中国已与非洲46国合建了大约61所孔子学院和48个孔子课堂。中非命运共同体是对"命运共同体"思想的细化与"淬化"。在全球治理的背景下，中非命运共同体是中非过去和当前友好关系的一种真实写照，为中国与其他国家和地区之间关系的发展树立了榜样并指明了方向。② 祖洁、邱晓红以巴基斯坦旁遮普大学孔子学院为例，通过大量实例论述了孔子学院在促进文化交流、建设中巴命运共同体实践中的作用。旁遮普大学孔子学院以丰富多样的交流传播方式，弘扬了中华优秀传统文化、展现了中华艺术魅力、增强了中外交流互鉴互学，对于促进中巴两国全天候战略合作伙伴关系、充实中巴命运共同体内涵做出了重大贡献。③ 王若曈的案例研究显示，巴西的中医孔子学院建设极大促进了传统中医药在巴西的推广和中巴文化交流，促进

---

① 刘勇、章钊铭：《人类命运共同体理念对中华优秀传统文化的赓续和弘扬》，载《学术交流》，2021年第10期，第5—14页。

② 余涛、张宏明：《全球治理背景下的中非命运共同体研究》，载《河南师范大学学报（哲学社会科学版）》，2021年第4期，第38—45页。

③ 祖洁、邱晓红：《以新时代文化自信引领中华优秀传统文化对外交流传播——以巴基斯坦旁遮普大学孔子学院为例》，载《安阳工学院学报》，2021年第5期，第51—53页。

了"卫生健康共同体"的建立。①

当今世界格局和环境发生重大变化，孔子学院建设也在一些国家遭遇了前所未有的阻碍，西方各国的"安全化"做法成为中国对外人文交流和孔子学院发展的主要挑战，人类命运共同体理念也面临被误解或误读的风险。毛维准、王钦林指出，人文交流是新时代中国对外交往的重要主题，是除政治安全合作、经济贸易合作之外的第三大支柱，但是，信号误读使人文交流的功能溢出和黏性机制功能的发挥更加困难，削弱了其促进认同的作用。2021年，澳大利亚不断加大对孔子学院的审查力度，加拿大连续关闭了数所孔子学院。截至2020年4月，瑞典以"安全"和"人权"为由关闭了5所孔子学院，成为第一个彻底关闭孔子学院的欧洲国家。2020年8月，印度宣称出于"安全考量"决定审查中方与印度7所高校合作设立的孔子学院和孔子课堂，并决定在新修订的"国家教育政策"选修外语列表中将汉语剔除。截至2021年5月，美国孔子学院数量已经从2017年的100多所下降至47所。②

面对新的国际形势，孔子学院亟须实现转型发展，李佳琪等学者重点关注孔子学院的可持续发展问题。《构建"人类命运共同体"视阈下孔子学院的困境与出路》一文指出，作为中国文化崛起、文化自信与文化走出去的重要标志性成果，孔子学院已然成为中国引领构建人类命运共同体的重要力量和平台；作为文化交流互鉴的平台和载体，保持平等开放的心态、讲好中国故事、讲好世界各国的故事、提升办学水平并注重内涵发展等方面都是孔子学院实现转型发展的重要路径。③

综观2021年人类命运共同体与孔子学院建设的相关研究，鲜有直接将二者联系起来阐释的，但仍然可以从一些论述中梳理出二者的内在关系。人类命运共同体理念并非凭空而出，它的诞生与中国传统文化精神、与世界人民对于和平发展的渴望与追求都密切相关。而孔子学院自诞生之日，就秉持着与之一

---

① 王若瞳：《中国—巴西医疗卫生合作历史、现状及前景》，载《文化创新比较研究》，2021年第29期，第142—145页。
② 毛维准、王钦林：《大变局下的中美人文交流安全化逻辑》，载《国际展望》，2021年第12期，第34—55页。
③ 李佳琪：《构建"人类命运共同体"视阈下孔子学院的困境与出路》，载《公关世界》，2021年第2期，第186—187页。

致的互通、共享观念,让人类命运共同体理念在实践领域中得到发展。在百年未有之大变局的当下,困境、挑战接踵而至,引发我们更深层次的思考。实现孔子学院转型发展、内涵发展和可持续发展与中国引领构建人类命运共同体的伟大实践不谋而合。困境必然不是终点,只是更需要智慧和信心去探索出路。一些国家和地区的孔子学院对人类命运共同体的成功实践,也让我们看到了成功的实践范本和未来发展的希望。

五、人类命运共同体与抗疫教育研究

2021年,围绕抗击新冠疫情和人类命运共同体研究,学者们从多个角度对"抗疫精神"和抗疫教育进行了深入解读与分析。

马俊峰、邹德文、王前等学者分别从不同视角阐释了抗疫精神的时代内涵和教育意义。在全球抗击疫情的斗争中,中国秉持人类命运共同体理念,表现出中国"全球共同抗疫精神"的时代价值,彰显了中国特色社会主义国际交往制度的优势。[1] 中国的抗疫行动体现了人类命运共同体的理念和主张,也展现了大国国际主义情怀和人道主义担当。[2] 于芳、石云霞对疫情背景下两种价值观进行比较研究后发现,美国疫情肆虐暴露了西方个人主义价值观的虚伪本质;中国抗疫斗争彰显了社会主义核心价值观的巨大优越性,体现出中国构建人类命运共同体和人类卫生健康共同体的价值担当。[3] 孟建、王瑞娟则强调,抗疫精神和中华文化价值观的弘扬与传播,要从加强文化对话、聚焦人类卫生健康共同体议题等方面入手。[4] 中国抗疫精神不仅源于抗疫斗争,更源于国家治理现代化实践,国家治理现代化与构建人类命运共同体二者具有高度耦合性

---

[1] 马俊峰、尹文华:《中国抗疫精神的时代价值阐释》,载《学习论坛》,2021年第2期,第104—111页。

[2] 邹德文、李静:《伟大抗疫精神的生成逻辑》,载《湖北社会科学》,2021年第1期,第21—26页。

[3] 于芳、石云霞:《疫情背景下两种价值观的比较》,载《学校党建与思想教育》,2021年第20期,第22—25页。

[4] 孟建、王瑞娟:《中国抗疫精神的文化解读与传播阐释》,载《现代传播(中国传媒大学学报)》,2021年第5期,第14—19页。

并相互促进。①

李海容、张媛媛、马福运等学者认为,中国疫情防控举世瞩目的成果为思政课教学提供了生动素材和有力支撑。刘礼、朱凌云指出,将"战"疫元素融入高校思想政治理论课教学,应坚持建设性和批判性相统一,在逆全球化现象层出不穷之际推动构建人类命运共同体。② 从理论维度上昭示构建人类命运共同体的大国担当,是抗疫精神融入思政课教学的核心要义。③ 讲好"中国抗疫故事",重在传播凝聚广泛共识的人类命运共同体理念。④ 总之,思政课教学应充分利用疫情防控中的"命运与共"和"大国担当"理念和故事,讲清楚相互尊重、公平正义、合作共赢的新型国际关系,共商共建共享的全球治理观,共同、综合、合作、可持续的新安全观,平等、互鉴、对话、包容的文明观等一系列构建人类命运共同体的中国主张和精准路径,引导大学生做世界和平的时代引领者。⑤

综上,抗疫精神是中国精神在新时代的升华,人类命运共同体理念和中国的"全球共同抗疫精神"倡议相辅相成,是中国特色社会主义制度优越性及其时代价值的具体体现,也是人类社会发展史上永不磨灭的时代精神。上述学者深入解读了伟大抗疫精神的时代内涵和价值,并将中国抗疫故事积极引入高校思政课堂,从历史维度、理论深度和思想高度上拓展了人类命运共同体的抗疫教育研究。

六、小结

回顾 2021 年,学者们围绕人类命运共同体开展了扎实细致的教育学研究,

---

① 王前:《伟大抗疫精神与国家治理现代化的互动逻辑》,载《理论建设》,2021 年第 1 期,第 28—33 页。

② 刘礼、朱凌云:《战"疫"元素融入高校思想政治理论课教学探析》,载《思想教育研究》,2021 年第 10 期,第 113—117 页。

③ 李海容:《伟大抗疫精神融入高校思政课教学的三重维度》,载《中国高等教育》,2021 年第 Z2 期,第 41—43 页。

④ 张媛媛:《高校思政课讲好"中国抗疫故事"的着力点》,载《教育理论与实践》,2021 年第 3 期,第 42—45 页。

⑤ 马福运、孙希芳:《常态化疫情防控中的高校思政课教学创新》,载《教学与研究》,2021 年第 5 期,第 96—104 页。

取得了较为丰硕的研究成果，凸显了人类命运共同体的教育学意义和价值。2021年世界面临的不稳定因素持续增加，中国积极团结国际社会构建人类命运共同体，维护和平发展环境，人类命运共同体共享发展的价值理念，已经成为我国教育发展和国际教育合作的重要指导思想和原则。当前人类命运共同体的教育学研究范围和领域广泛，涉及教育理论、教育治理、思想政治教育和国际教育等多个方面，丰富的研究成果反映出人类命运共同体思想对教育领域的重要引领作用，充分彰显了教育学视角下人类命运共同体建设的现实成就，并极大地拓展了教育学研究的学术空间、研究维度和视野。

人类命运共同体教育理论是中国特色教育学的重要组成部分，学者们的研究为持续完善中国特色教育学建设提供了丰富的范例和经验。其中，冯建军对人类命运共同体价值教育的理论阐释、林丹和柳海民对人类命运共同体人性基点的分析、张应强对高等教育国际化理念的修订、金惠敏对新时代文化自信的全新解读等成果为教育理论创新提供了借鉴。理论的建构是为了解决实践问题，理论与实践是双向的相互转化和滋养的关系。人类命运共同体的教育理论需要实践的检验，更要在实践中日臻完善。综观本文五个类别研究内容和观点，多数成果尚停留在理论阐释和分析层面，涉及具体教育教学及治理实践和操作层面的实证研究成果较少。以教育实践问题为导向，推动人类命运共同体教育理论的实践转化，体现理论创新的实践价值，将是人类命运共同体教育学研究需要努力和改进的地方。

人类命运共同体社会学研究述评

葛艳玲*

社会学被认为是"科学的皇后",作为一门社会科学,社会学的科学性最根本的是能够在把握社会发展一般性规律的前提下,结合不同地域和民族在历史和文化上的连续性和特殊性用科学的方法揭示出自己所研究对象的特殊规律性。在世界面临百年未有之大变局,政治多极化、经济全球化、文化多样化和社会信息化潮流不可逆,各国间联系和依存关系不断加深的当下,粮食安全、资源短缺、气候变化、网络攻击、人口变化、环境污染、疾病流行、跨国犯罪等全球非传统安全问题层出不穷,对当今社会的秩序和人类生存都构成了严重挑战,国内学者们采用社会学研究方法对世界宏观结构和微观个体行为加以研究,探讨社会发展脉络,从多方位、多角度地展开对人类命运共同体相关问题的全方位理解就显得意义重大。

国内社会学学科为人类命运共同体的深入研究提供了丰富的学术资源和广阔的思想空间。① 本文以中国知网数据库为数据来源,通过对历年来已发表文章数量变化的观察,我们可以对人类命运共同体的社会学研究热度和发展趋势进行分析。笔者对2015年—2021年中国学者在知网上发表的人类命运共同体相关的社会学研究期刊论文进行了统计(见图1),以"人类命运共同体"为主题词,以社会学与统计学科为限制条件,共检索到文章814篇,从2012年

---

* 葛艳玲,中国传媒大学人类命运共同体研究院助理研究员,博士,研究方向为民族文化传播、文化人类学。

① 张振鹏、侯萱:《构建人类命运共同体的文化认同》,载《中国海洋大学学报》,2021年第3期,第104—109页。

11月党的十八大明确提出要"倡导人类命运共同体意识",到2015年习近平强调"和平、发展、公平、正义、民主、自由"是全人类的共同价值,人类命运共同体社会学的相关研究呈现高度的时间正相关性,文章发表数量呈快速上升态势,2019年达到峰值,发表221篇。

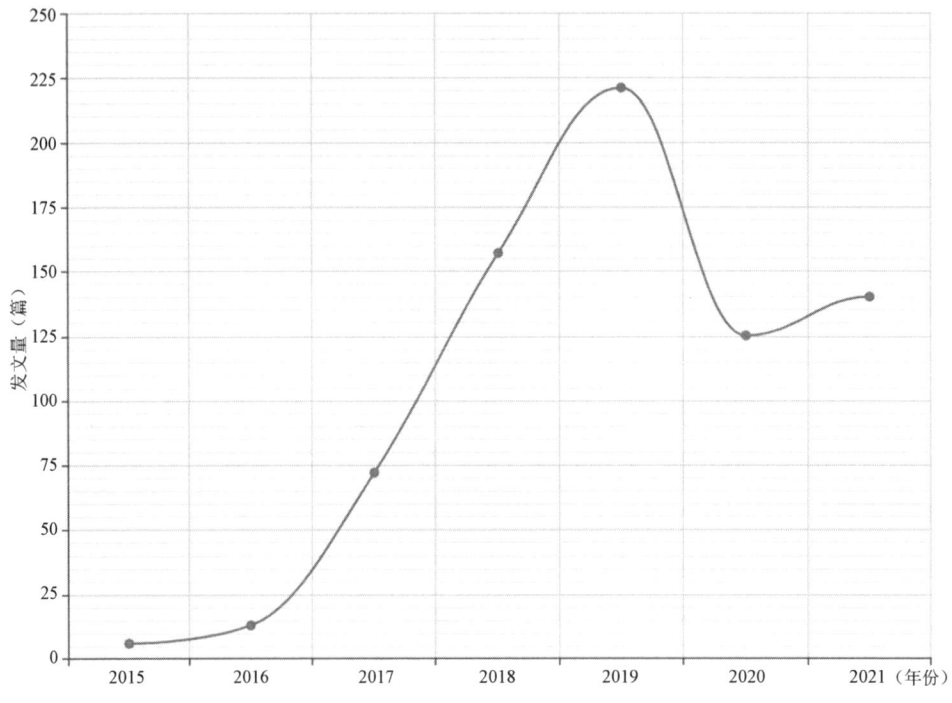

图1　2015年—2021年社会学学科关于命运共同体研究发文数量及变化趋势

2021年,社会学学者们围绕人类命运共同体的研究主要集中在以下五个领域:一是基于社会学对人类命运共同体思想阐释的研究;二是阐释费孝通文化思想与新时代的回声互动研究;三是分析疫情下人类文化共同体的建构研究;四是结合人类学田野调查的跨文化传播与人类命运共同体研究;五是从生态文明思想教育中论证人类命运共同体理论与实践前景。学者们从文化的产生、演进及社会的发展脉络来看"共同体",认为"共同体"作为人们交互活动的产物,是人类生存的实践形式。然而,我们也注意到,部分研究所采用的社会学研究的基本方法相对匮乏,研究视野受到局限,研究主题内容的趣味性和深入性还有待挖掘。

一、人类命运共同体思想阐释的研究

基于社会学的人类命运共同体思想的阐释，学者们从共通情感和共同利益出发，以史为鉴，探讨了中国传统文化中所蕴含的人类命运共同体思想；国内学者对这一思想的阐释大体围绕三个基本问题展开：一是人类命运共同体思想为何诞生于中国而不是全球化进程领先中国上百年的西方发达国家？二是中国传统文化以怎样的独特品质为构建人类命运共同体提供文化滋养？三是人类命运共同体思想对中国传统文化的传承与超越具体体现在哪？

首先，人类命运共同体理念作为回应人类发展方向的新理念，在哲学思维、价值观念、民本思想以及根本目的等方面呈现出对中华优秀传统文化的创造性继承。陈继雯、王仕民在《论人类命运共同体思想的中国智慧》一文中指出，人类命运共同体思想以共同利益为意蕴，具有"我中有你、你中有我"的共生关系，兼有"损益共担、风雨同舟的共在意识，弘扬了义利兼顾、权责平衡的道义精神"。① 孙向和张枊淇在《〈共同体与社会〉的共同体思想及其意义》一文中指出，"共同体社会"的价值，不仅是对欧洲工业化以来社会处境的价值拷问，也反映了现代社会人们对于"默认一致"、相互帮助的共同体生活的期待和向往。② 周少青认为，中华民族共同体是对公民民族主义的超越，是对世界公民主义和国家联盟的超越。③ 毛俊超、陈文殿在《关于构建人类命运共同体的三个基本问题——基于中国传统文化视域》一文中认为，中国传统文化以其海纳百川的包容性、持之以恒的创新性和敢为人先的担当性等独特品质为推动构建人类命运共同体提供了文化滋养。这种传承与超越具体体现在天下为公的国际观、和而不同的交往观、义利相兼的义利观、天人合一的

---

① 陈继雯、王仕民：《论人类命运共同体思想的中国智慧》，载《新疆大学学报》，2021年第4期，第49—54页。

② 孙向、张枊淇：《〈共同体与社会〉的共同体思想及其意义》，载《西部学刊》，2021年第10期，第22—24页。

③ 周少青：《两个命运共同体的内外融通》，载《中国民族报》，2021年第1期，第5版。

自然观等思想中。①

此外，学者们还分析了人类命运共同体理念的历史渊源及时代内涵。唐坚在《天下为公，世界大同——以中国优秀传统文化视角辨析人类命运共同体的时代内涵》一文中指出，人类命运共同体的构建，是在传承与发展中华优秀传统文化和独特智慧的前提下，向全世界推广中华优秀传统文化的"精髓"，深化全球各国对中国文化的了解，坚定文化自信，推动各国与中国的沟通及合作，从而建立起"大同世界"。②陈仁山在《"人类命运共同体"思想中的中华优秀传统文化内蕴》一文中通过对中华优秀传统文化中"天人合一"的自然观、"协和万邦"的交往观、"和而不同"的国际观、"人心和善"的道德观等价值理念的分析，强调了中华优秀传统文化的时代价值，即为人类社会的进步发展贡献中国力量。③张占仓认为，黄河文化的主要特征是源远流长、博大精深，黄河文化的时代价值就体现在其具有根源性、灵魂性、包容性、忠诚性、原创性、可持续性，这些对当下的人类命运共同体思想的产生渊源提供了线索。④综上可见，在处理国际关系时，大多数学者们秉持的态度与原则的落脚点在"大同世界"，即安居乐业、天下太平、协和万邦、和而不同；而在谈及国内治理时，大多数学者们秉持的态度和原则是"和合共生"，即天人合一。

在中国特色社会主义面临"两个大局"的历史境遇和现实挑战下，学者们多倾向于将中国传统"和"文化与时代发展大势相结合来阐释人类命运共同体思想。李姝桥、孔朝霞在《人类命运共同体：中国"和"文化的智慧延展》中提出，实现中国传统"和"文化新时代的创造性转化和创新性发展，在世界舞台彰显中国传统"和"文化的独特魅力和智慧，是人类命运共同体

---

① 毛俊超、陈文殿：《关于构建人类命运共同体的三个基本问题——基于中国传统文化视域》，载《山东农业大学学报》，2021年第3期，第162—167页。

② 唐坚：《天下为公，世界大同——以中国优秀传统文化视角辨析人类命运共同体的时代内涵》，载《南方论刊》，2021年第6期，第14—17页。

③ 陈仁山：《"人类命运共同体"思想中的中华优秀传统文化内蕴》，载《理论观察》，2021年第9期，第148—150页。

④ 张占仓：《黄河文化的主要特征与时代价值》，载《中原文化研究》，2021年第6期，第86—91页。

思想的题中应有之义和必然要求。① 李君如在《深化人类命运共同体研究的四个问题》一文中重点阐述了中国梦和世界人民的梦想的相同之处，指出中国应统筹国内国际两个大局，以战略眼光把握人类命运共同体思想，站在全人类价值共识制高点上，为世界提供具有中国特色和中国气派的世界文明体系构建方案。② 王宁在其文章《传统文化语境下人类命运共同体思想的再阐释》中提出，"共在共生"是人类命运共同体的中国传统哲学基础，"中道精神"是人类命运共同体的中国传统行为原则，"和合思想"是人类命运共同体的中国传统价值取向，"大同理念"是人类命运共同体的中国传统理论旨归。③

综上所述，学者们基于社会学相关理论对人类命运共同体理念的阐释，将传统与现代、西方与东方、国际和国内相统一，内容上丰富详实，相关成果涵盖了政治、安全、经济、文化和生态等范畴。然而，通过文献梳理我们也发现，一些观点重复讨论，创新性有待加强。

二、费孝通文化思想与新时代的回声互动研究

五千年来，中国各个分散孤立存在的民族单位，经过接触、混杂、联结与融合以及同时存在的分裂和消亡，动态形成了一个"你来我去、我来你去，我中有你、你中有我"而又各具个性的多元统一体。直面新时代，学者们从历史和文化维度，重新审视和理解费孝通提出的"中华民族的多元一体格局"理论，这给人类命运共同体研究带来了许多新的启发性思考。

首先，中华民族内部的各民族单位是如何分布和布局的？学者们在费孝通研究的基础上做了解答。赵旭东和朱鸿辉在《"格""局"之间的文化互觉——费孝通多元一体文化观与人类命运共同体》一文中阐释道：可以由

---

① 李姝桥、孔朝霞：《人类命运共同体：中国"和"文化的智慧延展》，载《太平洋学报》，2021年第8期，第49—59页。
② 李君如：《深化人类命运共同体研究的四个问题》，载《人民政协报》，2021年11月26日，第003版。
③ 王宁：《传统文化语境下人类命运共同体思想的再阐释》，载《南京航天航空大学学报》，2021年第4期，第28—33页。

"格"出发去理解"一体"的中华民族意识,而"局"可以理解为"布局"和"分布",也就是在同一的"格"的空间范围和形式中,中华民族内部的各民族单位是如何分布和布局的。① 费孝通的文化思想不仅在国内话语体系框架内产生回声互动,在面对西方社会的话语体系时也具有冲击力,齐勇认为"和逻辑"远比"霸逻辑"更加具有亲和力,也远比"守逻辑"更加具有感召力。任何一种文化在对待其他文化时更适宜采用平等尊重、主动发言、交流交融的态度,否则只能被边缘化。②

其次,学者们研究了费孝通"文化自觉"及"美美与共,天下大同"的主张。"文化自觉"是费孝通晚年提出的一个重要思想。李默海在《费孝通"文化自觉"思想及其在新时代的意义》一文中提出,"文化自觉"思想缘起于中西文化交流历史,既有冷战结束后世界范围内的文明冲突原因,也有自近代以来中国人对待中西文化心态嬗变的缘故。一方面,要有一个正确的"心态";另一方面,要正确认识中国文化、西方文化,以及了解二者正确的相处之道。③ 黄湄、徐平在《从"天下大同"到"人类命运共同体"——费孝通"文化自觉"的新时代回声》一文中提出:"天下大同"与"人类命运共同体"都是文化自觉的历史实践的产物,这在把握社会变迁阶段、熔铸传统与现代、保持包容的文化心态等三个维度上都有鲜明呈现。④

可见,学者们认为"文化自觉"与构建人类命运共同体有异曲同工之处,二者都重视文明、文化在构建一个和平、稳定世界秩序过程中所起的作用。学者们将费孝通的文化思想与新时代发展对应起来,认为构建人类命运共同体要厚植共同体的人文格局,加强不同国家和民族文化之间的交流与互动。"文明没有高下、优劣之分,只有特色、地域之别。文明差异不应该成为世界冲突的

---

① 赵旭东、朱鸿辉:《"格""局"之间的文化互觉——费孝通多元一体文化观与人类命运共同体》,载《西北师大学报》,2021年第2期,第112—119页。
② 齐勇:《文化进步主义:人类命运共同体的"和逻辑"——兼论马克思主义对文化进化论与文化相对论的超越》,载《学术交流》,2020年第9期,第26—35页。
③ 李默海:《费孝通"文化自觉"思想及其在新时代的意义》,载《重庆理工大学学报》,2021年第10期,第161—170页。
④ 黄湄、徐平:《从"天下大同"到"人类命运共同体"——费孝通"文化自觉"的新时代回声》,载《中南民族大学学报(人文社会科学版)》,2021年第5期,第82—86页。

根源。"① 人类命运共同体这一思想，关注的正是全人类整体福祉，是超越了不同文明文化界限、超越了民族国家与意识形态差别的国际观。

三、疫情下人类文化共同体的建构研究

新冠疫情大流行给全球发展带来了严峻的挑战。在原有的资源短缺、气候变化、恐怖主义等诸多问题上，新冷战主义、单边主义、保护主义以及民粹主义和极端民族主义、极端宗教思想等思潮盛行。面对世界政治格局的分裂和经济下行的复杂形势，2021年国内学者洞察人类命运前途和时代发展趋势、把握中国与世界关系的历史性变化，提出疫情下人类命运共同体的建构学说。学者们从文化自信，到消除"自我与他者"的隔阂，从文明隔阂、冲突和优越论到文明交流、互鉴、共存的文化选择，最后，强调基于价值认同的人类命运共同体才是共同体建构的出路所在。

首先，学者们讨论了文化自信问题。金惠敏提出，一旦有谁完整把握了文化自信的含义，谁便走进了"人类文化共同体"的新时代，至少于观念上如此。② 其他学者认为，只有消解"自我"与"他者"的隔阂，在全人类的共同责任基础上形成的基于价值认同的人类命运共同体才是共同体建构的出路所在。③ 鉴于历史传统、文化观念与国情现状，学者宇文利提出要培养当代中国人的全球意识。④ 于波、李波在《人类命运共同体文化构建的基本遵循析论》一文中指出，要以多样、平等、包容、合作为基本遵循，维护世界文化多样性，传承本土文化，坚持各种文化一律平等，理性对待文化竞争，增进不同文化的包容互鉴，加强文化合作，坚持以人为本应势出新，实现人类对"美"

---

① 习近平：《共同构建人类命运共同体——在联合国日内瓦总部的演讲》，http://www.xinhuanet.com/world/2017-01/19/c_1120340081.htm.（访问时间：2017年01月19日）。
② 金惠敏：《论文化自信与新的全球化时代》，载《人民论坛·学术前沿》，2021年第8期，第82—102页。
③ 孙向、张枷淇：《〈共同体与社会〉的共同体思想及其意义》，载《西部学刊》，2021年第10期，第22—24页。
④ 宇文利、冯钰婕：《中共百年党性修养的历史进程、经验及启示》，载《党政研究》，2021年第1期，第30—38页。

的追求。① 林玮在《论"人类命运共同体"的文化传播学意义》一文中提出，要把握住"共同"这一生活的本质，以"共同生活"为新科技集群的入口（场景），通过转变人的情感结构，实现文化传播目的从"说服/征服"转向"共享/分享"。②

然后，不少学者反驳了文明冲突论，认为文明应走向和平。白雪、左天全在《人类命运共同体思想对文明冲突论思维的超越》一文中指出，人类命运共同体思想不同于文明冲突论思维，超越了以绝对对抗为价值前提、以西方文明国家为目标主体、以西方集团为理论视野、以还原主义为论证方法的文明冲突论思维。学者们还认为，人类命运共同体思想起源于古老而深厚的中华文明，是一种融共生性、融合性、整体性和系统性特征为一体的新型全球治理理念，对新全球化时代中国全球治理角色的构建及全球治理实践的深化具有重要指导和启示意义。③ 高福进、孙冲亚探讨了文明交流的内驱动力，提出促进文明交流与互鉴的多重路径，要求尊重他者文明、遵循和合共生理念。④

学者们还从不同角度探讨了人类命运共同体的构建策略与路径问题，特别是围绕"宗教文化""伙伴关系""一带一路""文明互鉴"展开研究，从社会学学科的不同主体出发提出人类命运共同体的构建策略。其中，邱永辉在《人类命运共同体的话语建构与宗教文化》一文中提出，中国应当从全球文化战略的高度，确立宗教的"文化战略定位"，为人类命运共同体奠定话语建构的基础。⑤ 周少青在《文明互鉴是推动构建人类命运共同体的基石》一文中提出，文明交流互鉴是推动构建人类命运共同体的灵魂和基石。⑥ 王义桅的《中

---

① 于波、李波：《人类命运共同体文化构建的基本遵循析论》，载《理论学刊》，2021年第2期，第123—128页。
② 林玮：《论"人类命运共同体"的文化传播学意义》，载《学习与探索》，2021年第10期，第154—160页。
③ 白雪、左天全：《人类命运共同体思想对文明冲突论思维的超越》，载《华东理工大学学报》，2021年第5期，第1—12页。
④ 高福进、孙冲亚：《新时代"文明交流互鉴论"的主要意涵及其构建路径》，载《上海交通大学学报（哲学社会科学版）》，2021年第6期，第82—92页。
⑤ 邱永辉：《人类命运共同体的话语建构与宗教文化》，载《中央社会主义学院学报》，2018第3期，第89—94页。
⑥ 周少青：《文明互鉴是推动构建人类命运共同体的基石》，载《中南民族大学学报（人文社会科学版）》，2021年第4期，第90—100页。

外人文交流如何服务构建人类命运共同体?》提出人文交流的三大定位,既民间友好、文明互鉴、民心相通。① 薛力在《中国传统文化、人类命运共同体与高质量建设"一带一路"》中提出,中华文明是一种世俗文明,核心成分是道儒禅,而"人类命运共同体"包含"伙伴关系"与"一带一路","人类命运共同体""伙伴关系"与"一带一路"都实现了与中国传统文化的有效对接,是中国人传统天下治理理念在当代的升级与实践。② 张三元提出,制约民心相通的主要因素是文化差异,文化差异带来了文化认知障碍。民心相通以文化交流为基本的实现方式,文化交流的根本价值指向是超越文化差异、"凿空"文化隔阂、实现情感相通以及价值观融通。③

面对新冠疫情2020年突如其来的暴发、2021年依然肆意蔓延的现实,学者们根据社会工作的专业理念、宗旨、目标与方法策略,提出社会工作与构建人类命运共同体战略具有契合性。相关研究从服务层次、服务理念、服务领域、服务目标、服务制度等多角度探索了与构建人类命运共同体相适应的社会工作制度框架。李迎生在《社会工作参与构建人类命运共同体:可行性、因应性变革与切入点》中提出,社会工作参与构建人类命运共同体需要从理念、政策、实务诸多层面做出因应性变革。④ 林红基于文献梳理和行业观察,运用福柯的话语理论分析了海外志愿服务发展的话语形成和反思,认为海外志愿服务在当前全球语境下需要超越援助,重建一种基于全新道德共情的全球责任感的广义发展观,所有国家和地区都需要成为负责任的行动主体,走出主客二元叙事框架,超越"援助"的话语陈述方式,重新建构"发展"的话语群或确立新的话语策略。⑤

---

① 王义桅:《中外人文交流如何服务构建人类命运共同体?》,载《世界教育信息》,2021年第2期,第25—26页。
② 薛力:《中国传统文化、人类命运共同体与高质量建设"一带一路"》,载《中国发展观察》,2021年第23期,第33—35页。
③ 张三元:《民心相通:共建"一带一路"的人文基础》,载《贵州省党校学报》,2021年第6期,第5—13页。
④ 李迎生:《社会工作参与构建人类命运共同体:可行性、因应性变革与切入点》,载《江海学刊》,2020年第5期,第105—114页。
⑤ 林红:《海外志愿服务发展的话语形成和反思》,载《社会发展研究》,2021年第2期,第106—123页。

在文化多元的当下，人类命运共同体虽然有坚实的文化支撑，但其构建过程仍然面临着文明隔阂、文明冲突、文明优越的现实困境。学者们提出，需要在中外文化交汇中做出"以文明交流超越文明隔阂、以文明互鉴超越文明冲突、以文明共存超越文明优越"的文化选择。未来世界将面临更多不确定因素和亟须共同面对的危机，各国应秉承文明共存、交流、互鉴的理念加以应对。通过疫情下人类文化共同体的构建，越来越多的学者认识到文明互鉴的作用，它不仅能够消除不同文明圈国家和人民之间的隔阂、误解、偏见，更能促进人心相通，睦邻友好，从而为最低限度和终极意义上实现人类命运共同体的愿景提供思想和价值观上的支撑。

四、人类学视野下跨文化传播与人类命运共同体研究

文化的多样性是全球化世界的显著特点，跨文化语境已成为国家对外传播的基础语境，如何跨越地域差异下的"文化折扣"，实现在他语境下构建获取他者的认知和评价，成为国内学者讨论对外传播的重要课题。从2021年国内学者们发表的文章可以看出，就人类命运共同体的跨文化传播研究产生了一系列成果，不仅涉及国家叙事、跨界民族问题、移民社会、海洋等现实世界，也涉及互联网络、社交媒体、电子竞技等虚拟场域。

国家叙事作为一种可行的策略选择，学者们认为它一方面帮助国内民众认同民族文化，凝聚共识和引导认知；另一方面，对外展现国家形象，以获得国际认同。加之社会学的田野调查方法在科学研究领域的运用，丰富了"人类命运共同体"这一话题的视角。唐华林认为只有从多维度建构故事文本，选择可行的叙事策略和叙事路径，才能更好地讲好中国故事。① 林玮为打破阶层固化的文化传播僵局，认为以"说服/征服"为目的的文化传播，一直是人类社会的常态。其相关研究是对"回到生活世界"这一哲学常识的深入推进。

---

① 唐华林：《跨文化语境下的国家叙事研究》，载《中华文化与传播研究》，2021年第1期，第104—114页。

文化传播必须把握住"共同"这一生活的本质，以"共同生活"为新科技集群的入口（场景），通过转变人的情感结构，实现文化传播目的从"说服/征服"转向"共享/分享"。① 贾文山、冯凡的《跨文化认同的流变与升华："人类命运共同体"的内涵再释》一文首先以研究者对跨文化群体的身份定义为着眼点，梳理了跨文化认同理论的发展演变，并针对西方理论存在的局限提出批判；随后，在理论批判的基础上，作者引入"人类命运共同体"概念，并从此理论视角出发重新思考了跨文化认同这一问题，提出价值、身份、文化三个层次互融互通的新型跨文化认同模式，尝试为全球风险社会下的跨文化交往与认同建构提供有益参照。②

跨界民族问题是现有跨界民族研究中的核心，而边境空间的变化催生了跨界民族研究的新变化。刘际昕、刘雪莲从发展的边境地区视角对跨界民族进行了研究，提出该研究需要有三方面的研究转向，即由问题型研究向发展型研究转变，由应对型研究向治理型研究转变，由防范型研究向软实力研究转变。③ 基于对土库曼民族历史与文化的长期研究，王四海、魏锦认为土库曼斯坦正在同中国共同实施复兴古丝绸之路与构建人类命运共同体的伟大事业，中国社会需要对土库曼民族与国家构建全新的认知。④ 拉姆群岛作为世界遗产所在地，是肯尼亚濒临印度洋跨族群多元文化交流的典范。马和斌通过对拉姆群岛诸文化遗址的深入挖掘，认为拉姆群岛是跨族群多元文化交流交融的活化石，蕴含着700余年班图、阿拉伯、波斯、印度、中国文化融合的珍贵历史元素，见证了东非、阿拉伯、欧洲等区域文化和中国文化的不同风采与各异特征。遗址兼容并蓄、和美与共的跨文化交流与传承精神，为新时代人类文明交流的途径和

---

① 林玮：《论"人类命运共同体"的文化传播学意义》，载《学习与探索》，2021年第10期，第154—160页。
② 贾文山、冯凡：《跨文化认同的流变与升华："人类命运共同体"的内涵再释》，载《文化研究》，2021年第2期，第34—45页。
③ 刘际昕、刘雪莲：《中心—边缘关系视角下的边境地区跨界民族研究》，载《青海社会科学》，2021年第1期，第134—141页。
④ 王四海、魏锦：《对土库曼人及其民族国家构建的若干认知——基于历史与现实观察视角》，载《青海民族研究》，2021年第3期，第168—173页。

模式提供了弥足珍贵的参考。①

此外，学者们从历史视角对中外历史上的重大疫情防控与移民社会互动关系的经验教训展开了分析，认为重大疫情防控与移民社会具有密不可分的互动关系。从重大疫情防控对移民社会影响的维度看，疫情防控具有瓦解或催生移民社会、冲击或护佑移民社会、颠覆或重塑移民社会的功能；从移民社会对重大疫情防控影响的维度看，移民社会的栗栗危惧不利于重大疫情防控、默默奉献支撑着重大疫情防控。通过对移民社会多角度的实证研究，有学者提出，构建身心健康的移民理性共同体、构建平等友善的人类命运共同体、构建天人和谐的自然生命共同体是重大疫情防控中推进移民社会建设的基本路径。② 张春旺③、张国雄④、李明欢⑤以及陈斌、周龙⑥等学者发表专论，分别从国际移民、华侨华人在住在国的发展、华侨华人拥有的优势、华侨华人与中国的关系、中国的侨务政策等方面，强调华侨华人是人类命运共同体的践行者，在推动人类命运共同体建设中将发挥重要的作用。对于中华传统艺术跨文化传播的民间路径考察，学者们提出可以为建构以文化交流和经济互助为核心的人类命运共同体提供新的理论思考和实践经验。⑦ 人类命运共同体理念为华侨华人研究的理论创新提供了新的视角。曾少聪、李善龙在《华侨华人与构建人类命运共同体：作用和制约因素》一文中指出，分布于世界各地的华侨华人也是构建人类命运共同体的重要力量。中外国家关系、海外华侨住在国的国家政策和民族政策、中国对外政策和侨务政策的变化等是华侨华人在构建人类命运共

---

① 马和斌：《拉姆群岛：跨族群多元文化交流交融的活化石》，载《西北民族大学学报》，2021年第2期，第61—69页。

② 黎明泽、刘小敏：《重大疫情防控与移民社会：一个历史性分析的框架》，载《广东行政学院学报》，2021年第2期，第79—84页。

③ 张春旺：《关于人类命运共同体与国际移民、华侨华人的几点思考》，载《华侨华人历史研究》，2018年第1期，第5—7页。

④ 张国雄：《人类命运共同体视野下的"侨"研究》，载《华侨华人历史研究》，2018年第1期，第8—11页。

⑤ 李明欢：《国际移民与人类命运共同体建构：以华侨华人为视角的思考》，载《华侨华人历史研究》，2018年第1期，第1—4页。

⑥ 陈斌、周龙：《"人类命运共同体"视角下全球移民治理与中国角色》，载《中国人民大学学报（社会科学版）》，2019年第1期，第83—93页。

⑦ 李牧：《日常经济生活网络与传统艺术的跨文化传播——以加拿大纽芬兰华人为例》，载《广西民族大学学报》，2021年第3期，第67—82页。

同体中发挥作用的制约因素。①

海洋文明是一个包含诸多社会的超社会体系，王利兵认为不同社会及其所涵盖的文明现象之间既具有差异性也具有一致性，海洋命运共同体的构建应加强对区域民间历史文化资源的挖掘和利用，深化民间层面的文化交流与互动，在理解和尊重差异性的基础上实现海洋社会的可持续发展。② 通过研究，学者们注意到以海为媒可以广结善缘，以海为媒也必将促进世界文明间的交流与互鉴，从而促进人类的共同发展。

性别数字鸿沟是一个历史的、文化的、现实的问题，涉及多方面原因，对任何一个国家而言皆需认真对待。对此，学者们提出应充分运用数字技术、网络技术构建立体、充盈、动态、多维的表征体系，让多元主体参与到对外传播话语体系的构建中来，发挥个人讲好中国故事的潜力，充分发挥人的主体性。③ 例如，叶鸿宇选取津巴布韦农村地区女性面临的性别数字鸿沟为研究对象，提出通过当地女性发展实现"一带一路"和人类命运共同体的建设目标。④ 王舫通过中缅边境战"疫"叙事，即境内外中华儿女对祖国边境疫情防控网格治理现代化的认知，强调在后疫情时代各民族同胞要坚守为民、团结、奉献、奋斗等战"疫"精神，增强"五个认同"，确保战"疫"的伟大胜利，以铸牢中华民族共同体意识。⑤

利用现代多媒体技术，"以人为媒"解决人类命运共同体理念的跨文化传播问题。严兵等学者勾连现实情境，挖掘了《对空言说》对传播的他者性、传播的公正观以及传播的目标等问题的阐释，认为当今跨文化传播实践为人类

---

① 曾少聪、李善龙：《华侨华人与构建人类命运共同体：作用和制约因素》，载《云南民族大学学报》，2021年第5期，第5—14页。

② 王利兵：《文明互鉴与海洋命运共同体构建——文明人类学的视角》，载《南海学刊》，2021年第3期，第76—86页。

③ 周宇豪、杨家明：《电竞场域中虚拟资本符码转换逻辑及其对构建国际话语体系的启示》，载《郑州轻工业大学学报（社会科学版）》，2021年第2期，第65—76页。

④ 叶鸿宇、[津巴布韦]桑德拉·奇潘加：《在地性别"数字鸿沟"与中国对非国际传播的信息基础设施问题研究——基于津巴布韦农村女性媒介使用状况》，载《现代传播（中国传媒大学学报）》，2021年第10期，第65—71页。

⑤ 王舫：《中缅边境战"疫"叙事与中华民族共同体精神的凝聚——基于打洛口岸周边村寨的田野调查》，载《民族学刊》，2021年第5期，第24—35页。

命运共同体的理论研究提供新视界；跨文化传播应摆脱人心融合的同一化执念；跨文化传播不可脱离现实语境与历史维度；跨文化传播需审慎处理媒介、心灵与身体的关系。对于5G、AR（增强现实）、VR（虚拟现实）等新技术似乎并未消解身体的独特性与神圣性，反而将身体这个交流的中介置于前端。对于跨文化传播而言，"以人为媒"的在场传播始终没有因传播技术的创新而褪色，真正的难点在于，当媒介技术不断创造距离消失的神话，世界的同一感日益加剧时，我们应该怎么找回人与人之间那可贵的"距离感"？这是未来学者们在新的传播环境和媒介生态中值得深入探讨的问题。①

通过上述研究，我们发现，围绕人类命运共同体的跨文化传播内容越来越宽泛、生动且有趣。当今，高科技技术飞速发展，世界局势风云变幻，资本、技术、信息、人员跨国流动愈加频繁，人类社会是一个相互依存的共同体已经成为共识，由此而产生的跨文化传播问题将会引发人类命运共同体相关研究的不同思考。

五、文化消费共同体研究

在全球正常贸易往来、文化交流逐渐遭受"信息疫情"、民粹主义、贸易保护主义以及一系列逆全球化思潮和新冷战思维侵扰下，如何在重围中实现中国文化"走出去"？学者们认为，这不仅需要政府主体之外的多元主体积极介入，还需要加强中华文化的对外交流沟通，打造文化消费共同体。

如何在全球文化贸易竞争中实现自我更新，提升中国国家形象，进而为修正目前全球文化市场格局的局限性，龙耘和叶珲提出在人类命运共同体理念指导下，中国文化企业在国际参与中的社会责任履行应以"和合共生"为原则，以"多元共荣"为目标，从而帮助实现对内"文化走出去"参与主体多元化、

---

① 严兵、陈成：《必要的重返：彼得斯与跨文化传播的新视界》，载《浙江社会科学》，2021年第3期，第146—151页。

对外推动国际文化贸易格局优化的目的。① 黄寂然在核心议题、基本前提、历史动力、基本立场之维诠释了"跨文化交流"命题的中国之解，提出理念上的"间接性范导"、策略上的"文化走出去"和方法上的"主场性在场"是中国实践"跨文化交流"的显著特色。② "一带一路"沿线国家与民族，虽然有不同的宗教信仰、文化传统、文明形态，却仍可以在文化上寻求内在的一致性。关萍萍认为，以国际合作为先导、经济贸易为纽带，最终以文化产品建立的"文化消费共同体"会反哺其他领域的国际合作，共同为构建人类命运共同体奠定坚实的基础。③

此外，学者们提出只有符合"现代性诉求的民族性表达"的中国文化才能真正参与到跨文化传播交往之中。其中，李欣人和李承志对文化"走出去"的主体变革提出新的要求，认为人类命运共同体理念以尊重世界文化多样性为前提，将儒家传统文化智慧融入世界治理体系，是全球现代性反思的结果。中国文化"走出去"的实践需要加快由"传播"到"交往"的转向。④ 戴元初、康培培提出了构建基于人类命运共同体理念的全球舆论生态治理中国方案，认为在移动互联时代应摒弃冷战思维主导下的对抗模式和理想化的全球"公共领域"建构主张，以"融通"观念为核心，构建融通中外的话语体系，提升中国话语的国际传播力和舆论影响力。⑤

通过上述研究可见，学者们普遍认为，随着网络化、全球化和知识经济时代的到来，以及人类命运共同体理念的普及，文化交融正在成为现实。为推动文化交融要处理好主流文化与多元文化、高雅文化与通俗文化、传统文化与现代文化、本土文化与外来文化、专业研究与跨学科研究、富人文化与贫困文

---

① 龙耘、叶珲：《"走出去"视角下的中国文化企业社会责任》，载《国际传播》，2021年第1期，第13—23页。
② 黄寂然：《"跨文化交流"命题的新时代诠释与实践特色析论》，载《新疆社会科学》，2021年第2期，第108—115页。
③ 关萍萍：《"一带一路"与构建文化消费共同体》，载《华夏传播研究》，2021年第1期，第82—91页。
④ 李欣人、李承志：《儒家文化视域下跨文化传播观念的重构》，载《现代传播（中国传媒大学学报）》，2021年第7期，第34—39页。
⑤ 戴元初、康培培：《全球治理视域下的国际舆论生态治理范式转换》，载《人民论坛·学术前沿》，2021年第2期，第98—103页。

化、先进民俗与落后民俗、不同宗教之间以及语言文字等九个方面的关系。在文化交流、交融中，要坚持包容多样、友谊第一，以促进社会文明为目的的原则，掌握"差异→交流→融合→新差异→再交流→再融合"的文化发展规律，波浪式前进，螺旋式上升。① 未来，掌握住这一发展规律，也就掌握了文化消费共同体的发展脉络。

六、小结

纵览社会学研究的相关成果可见，学者们就如何树立有利于世界和平发展的人类文明交往观，创造性地利用"文明共生论"回应西方"文明冲突论"，着力构建人类命运共同体等议题进行了深入的思考。国内学者的论文清晰地呈现了人类命运共同体理念的渊源、内涵与意义，这有助于增进海内外学界对这一重要理念的了解。相关研究视角、议题偏好、理论基础、研究路数各有千秋，秉持的立场和态度也颇为多元。值得注意的是，人类命运共同体虽已成为国际性学术议题，但外国学者的关注程度相对不高，国内学者论文的国际影响力相对较弱。2021 年，从社会学学科视角对人类命运共同体的研究，较之前整体呈下降态势，这源于动荡的国际关系，也暴露出该学科深入研究动力不足、深度不够等问题，如缺少定量研究，社会调查研究成果少，内容说服力欠缺等。

为提升人类命运共同体理念在国际学术界的传播，未来我们应该运用多种社会科学研究方法考察构建人类命运共同体理念的在地实践，一方面要反驳歪曲人类命运共同体理念的言论，另一方面要同海外学者展开平等的学术对话。

"人类""命运"和"共同体"三个关键词所反映的是对人类永续发展的希冀和期盼。如马克思一样，站在全人类的视角，致力于促进人类共同的普遍价值形成，基于人类的共同利益和终极关怀，推动"世界文化"的构建，在此基础上大力促成人类命运休戚相关、发展共荣、各美其美、美美与共的人类

---

① 邓伟志：《论文化交融》，载《学术界》，2021 年第 1 期，第 109—115 页。

命运共同体，在 21 世纪加强文明的交流与互鉴、紧扣社会的需求与人类的发展，探索并书写社会学学科人类命运共同体的新范式，无疑是新时代社会学学科的使命。

人类命运共同体法学研究述评

王四新 彭 聪*

2021年，专业学者、研究者们讨论了法学领域的相关问题，从多个角度切入人类命运共同体这一主题。笔者在中国知网数据库中，以"人类命运共同体"为关键词检索2021年各种期刊上的法学论文，经过筛选共得到69篇文献。其中，国际法领域37篇，法理/法史20篇，行政法及地方法制6篇，民法3篇，宪法3篇。此外，没有确切检索到其他主流法学分支学科，比如刑法、刑事诉讼法、民事诉讼法、行政诉讼法、商法等学科领域涉及人类命运共同体这一主题的相关研究。

总体来看，法学领域对于人类命运共同体的研究视角比较多元，涵盖了全球治理、国内外法治、新型国际关系以及中国共产党的法治思想和中国方案等，且研究作者和机构也呈现合作化与团队化趋势。不过，以目前研究方向来看，法学领域对于人类命运共同体研究的主题虽广泛，但部分部门法比如刑法和程序法领域，缺少研究成果，未来的人类命运共同体法学研究可从这些方面入手，多出些研究成果。

在文本研究基础上，笔者对2021年法学领域涉及人类命运共同体的研究进行总结、归纳和分析，一方面向读者尽量全面地介绍2021年法学领域与此相关的研究成果，分析这些研究通过何种方式将人类命运共同体理念作为价值指引和理论武器；另一方面，结合相关研究成果，就人类命运共同体理念如何指导法学研究分享看法。

---

* 王四新，中国传媒大学人类命运共同体研究院副院长、教授，研究方向为网络传播、网络治理等。彭聪，中国传媒大学传播学专业2020级硕士研究生。

一、人类命运共同体理念为法学研究奠定价值观基础

法学是以法律、法律现象及其规律为研究内容的社会科学。在中国提出人类命运共同体理念并通过不同的场合逐步阐明其现实及理论意义的情况下，人类命运共同体理念也正成为法学研究的价值指引和价值基础。在2021年法学领域涉及人类命运共同体理念应用的文献中，此理念的价值观引领作用越来越明显。综观2021年笔者搜集到的相关文献，人类命运共同体理念及其在实践中的延伸，被广泛地运用到解决人类最基本的问题关切当中。在《全球治理的价值基础及其法治化——人类命运共同体的维度》一文中，韩功华、李德进提出，在推进全球治理法治化的过程中，人类命运共同体理念就为不同国家和地区的治理实践，提供了共同的价值理念。① 这一共同价值理念不仅有利于形成共同的行动方案，而且有助于实现国际社会各类主体的道德自觉。在全球法治化过程中，人类命运共同体理念及其实践样本既可以作为重要的价值判断标准，也是国际社会交流与合作坚实的价值基础。

基于此，法学相关研究也多集中在人类命运共同体理念对国际法治的影响上。一方面，诸多学者聚焦中国参与全球治理的理论逻辑与基础，比如江河、胡梦达认为人类命运共同体理念的出发点是人类主体的终极性，它不仅契合了国际法"人本化"的发展方向和落脚点，也为国际法治的目标进行了全新的阐释。② 江河还特别强调了作为发展中国家的中国，更需要通过人类命运共同体理念，推动国际组织中大国政治和小国政治的互动，从而促进国际发展法的硬化。③ 另一方面，更多学者也从国际价值与话语准则角度讲述了中国参与国

---

① 韩功华、李德进：《全球治理的价值基础及其法治化——人类命运共同体的维度》，载《社会科学家》，2021年第11期，第123—128页。
② 江河、胡梦达：《大国政治与国际法治的互动——中国参与全球治理的理论逻辑与能力强化》，载《湖北大学学报（哲学社会科学版）》，2021年第5期，第132—140页。
③ 江河：《"发展中国家"的主体性及其软法化：以国际组织为视域》，载《社会科学辑刊》，2021年第6期，第99—108页。

际法建设的过程与互动,比如何田田①、韩功华和李德进②,他们从"和平共处五项原则"到"构建人类命运共同体"的历程出发,阐释了人类命运共同体理念是中国国际法治观以及中国新时代世界观、秩序观和法治观的体现。此外,中国的国际法理念也离不开中国共产党在领导中国人民进行百年革命和建设过程中的贡献,何志鹏③、孔庆江④、公丕祥⑤、黄进和鲁洋⑥等从不同角度总结并肯定了中国共产党在实践中凝练的许多提法,诸如和平共处五项原则、三个世界理论、和谐世界理念等,都对国际法治理论和实践的不断提升、完善做出了独特的贡献。而且,中国共产党领导新中国的一系列实践,如"上海合作组织命运共同体""亚洲命运共同体""中非命运共同体""海洋命运共同体""网络空间命运共同体"等实践,不仅为这一理念提供了鲜活的样板和典范,也将这一理念的内涵与精神融入了当代世界问题解决和当代世界秩序建构的过程。这表明人类命运共同体理念作为人类应当共同追求的价值,已经化为维系这个世界向更美好方向发展并能够在实践中发挥作用的具体实践,且已经产生了可见的成果。

也有学者如许军珂、温维刚等,探讨了人类命运共同体理念之所以能够在国际规则、国际秩序建构过程中发挥作用的内在机理。在《论中国国际法治观的发展》一文中,这两位学者就提出,进入21世纪,西方不再是全球化中心,其主导的国际法和国际关系体系受到越来越多的现实冲击,包括新兴国家崛起、非国家行为体发展、危机处理失衡等。国际社会共同利益受损,改革呼声不断。在此大背景下,以人类命运共同体为核心的习近平国际法治观,从主体、客体、规则等回应了广大国家的需求,兼顾不同国家利益,回答了新时代

---

① 何田田:《国际法秩序价值的中国话语——从"和平共处五项原则"到"构建人类命运共同体"》,载《法商研究》,2021年第5期,第61—73页。
② 韩功华、李德进:《全球治理的价值基础及其法治化——人类命运共同体的维度》,载《社会科学家》,2021年第11期,第123—128页。
③ 何志鹏:《中国共产党的国际法贡献》,载《法商研究》,2021年第3期,第12—25页。
④ 孔庆江:《习近平法治思想中的全球治理观》,载《政法论坛》,2021年第1期,第3—9页。
⑤ 公丕祥:《习近平法治思想:"世界之问"的中国方案》,载《北京师范大学学报(社会科学版)》,2021年第4期,第39—47页。
⑥ 黄进、鲁洋:《习近平法治思想的国际法治意涵》,载《政法论坛》,2021年第3期,第3—13页。

国际法治到底应该是什么这一重大基本问题，并就如何构建国际法治，为人类社会何去何从提出了中国理念、中国方案。①

二、人类命运共同体理念为法学研究指明方向

人类将向何处去？人类生活在一个地球村的事实对不同国家和地区的规则体系提出了哪些挑战以及我们该如何应对这些挑战？人类在漫长历史发展过程中形成的基础性法治理念还能否继续作为指导人类法治实践的精神食粮，或是我们需要能够支撑当前和今后很长一段时间人类法治实践的新理念新方法？此类问题和相关问题还不少，都对法学研究的走向、人类社会法治实践的走向提出了追问。

毫无疑问，相较于人类社会之前所遇到的无数重大节点，比如由奴隶社会向封建社会以及再后来发展起来的资本主义、社会主义社会的历史更替，人类社会所创造的千千万万的文明形态的兴衰变迁，以及人类社会、民族国家发展过程中遇到的每个沟沟坎坎，都会出现类似的问题。在人类生产、生活方式因为信息技术的发展而越来越互联互通的情况下，在人类社会快速发展引发了越来越频繁的自然及人类社会灾难的情况下，在世界自第二次世界大战以来以联合国宪章为基础建构起来的世界秩序越来越多地受到以美国为首的西方国家破坏的情况下，如何构建更加持续、和平、开放和安全的国际新秩序，以怎样的理念、怎样的行动方案构建地区性、民族国家和全球层面上的秩序，2021年法学领域的相关研究成果，尤其是大量国际法方面的研究成果，向我们提供了多样化的答案。

这些答案从不同领域的问题出发，分别为当下及今后一段时间内人类命运共同体如何作为理论基础和发展方向，提出了自己的看法，同时也展示了人类命运共同体理念在引领法学研究和全球及地区实践方面所具有的巨大潜力。在

---

① 许军珂、温维刚：《论中国国际法治观的发展》，载《地方立法研究》，2021年第5期，第66—76页。

《"人类命运共同体"对海洋法既有核心原则的继承与革新》一文中，黄钰指出，海洋自由原则与人类共同继承财产原则作为国际社会解决海洋问题的古老规则，虽然在解决国际海洋争端的过程中发挥过并且还在发挥积极的作用，但其局限性也日渐凸现，这两个原则过分偏向"自由"与"公平"的单一价值观已经越来越不能够适应海洋的实际情况与复杂局面。[1] 在这种情况下，"人类命运共同体"及其子命题"海洋命运共同体"就为当今国际社会解决海洋问题提供了新的理论支点，为解决海洋问题提供了新的世界观和方法论。中国在国际社会广泛倡导的人类命运共同体原则，不仅是中国解决与相邻国家海洋问题的原则和出发点，还具有成为解决国际海洋问题基础性原则的能力。为什么会如此？文章中作者也提出了自己的看法。黄钰认为：人类命运共同体理念及其延伸出来的海洋共同体理念，号召国际社会担当责任、积极作为，在继承两大原则的基本内涵和既有国际法基本原则的基础上，对海洋治理实现了从分而治之到整体海洋观、从非主权的"共有物"到平等的共商共建共享、从单一价值观到共同命运观的系统革新，是为新时期海洋治理贡献的中国方案。

2020年以来席卷全球并且仍在肆虐的新冠疫情以及美国等西方国家在国际贸易领域的种种霸权行为，比如针对中国发动的贸易战等，不仅使人类面临着极为严重的公共卫生问题，还导致世界经济增长乏力和逆全球化盛行，这些情况使国际卫生领域的全球治理和国际贸易的全球规则体系完善面临着前所未有的挑战。作为应对这两大问题的世界卫生组织（WHO）、世界贸易组织（WTO）等国际机构所依托的《国际卫生条例》和《关税及贸易总协定》等规则体系发挥的作用也受到了越来越多的限制，像WHO和WTO这类国际组织的治理机制出现了失效的迹象。造成这种现象的主要原因在于全球化的世界经济与以民族国家为基础的治理体系之间出现了许多难以调和的矛盾，在国际社会无正义的现实背景下，破解全球卫生、贸易等治理困境的过程中，人类命运共同体理念应运而生。在《后疫情时代全球贸易治理的困境与路径——基于WHO和WTO的考察》一文中，作者宁红玲认为：人类命运共同体理念是

---

[1] 黄钰：《"人类命运共同体"对海洋法既有核心原则的继承与革新》，载《实事求是》，2021年第6期，第14—21页。

沟通权力政治与国际法治的桥梁,是后疫情时代重塑全球贸易治理体系的理念引领,具体路径应在功能融合的基础上实施"软法"与"硬法"的混合之治。① 同时,在全球因为气候、战争、供应链、能源、疫情而紧密关联在一起的"百年未有之大变局"中,世界更需要的是整合的力量,是克服分裂和对抗的力量,而人类命运共同体理念的提出,正好可以对冲个体主义和新自由主义所助长和滋生的分裂主义、对抗主义。也可以说,西方主要发达国家在近现代过程中建构的自由主义、个体主义至上理念基础上的秩序观,已经且还将在实践中暴露出更多的问题,这些问题不仅是主权国家层面上的,也表现在众多国际问题的层面上,尤其是人类所面临的灾害性事件上。可以说,在人类面临越来越超出单一民族国家可以应对的类似于新冠疫情的自然灾害和俄罗斯、乌克兰之间的地缘军事冲突的情况下,自由主义和个体主义无助于培养民族国家集体合作的善意,也无力为解决这些问题提供方向性和价值观层面上的指引。

与其他人类所面临的困境及治理难题通常具有极大地域性和其他方面限定性不同,互联网快速发展及其给人类社会的共同发展所带来的挑战及治理难题从一开始就具有国际性,就需要从全球的角度来设计相关方案。但互联网基础设施、互联网信息等全球分布和互联网硬件及主体又都在主权范围内并受主权制度的限制,使得我们在解决网络空间的问题时,必须理顺国家主权与网络主权之间的关系。这方面的讨论,就我们所查到的文献来讲,虽然极为有限,但也涉及了问题的本源和实质。在《人类命运共同体视域下我国网络主权问题研究》一文中,温纪宏从人类命运共同体角度出发,探讨了网络空间的主权问题。作者提出,世界各国只有进一步意识到加强国际协作的重要性,才能构建起更加完善的规则体系,才能更好地解决网络空间中世界各国共同面临的问题。② 在这方面,中国国家主席习近平提出的构建网络空间命运共同体的主张和中国政府围绕这一主张而提出的一系列配套措施,为人类解决共同面临的网络安全问题提供了理论武器。

---

① 宁红玲:《后疫情时代全球贸易治理的困境与路径——基于 WHO 和 WTO 的考察》,载《河南财经政法大学学报》,2021 年第 1 期,第 60—67 页。
② 温纪宏:《人类命运共同体视域下我国网络主权问题研究》,载《法制博览》,2021 年第 21 期,第 58—59 页。

三、人类命运共同体理念为
法学研究提供理论武器

在历史发展的长河中，法律体系和法学理论的构建，都与特殊时期、特殊国家和地区的人民实践密切相关，这既是法国学者孟德斯鸠在《论法的精神》中论证的观点，也是德国学者萨维尼所创立的历史法学派所持有的主张。这些流传时间久、影响范围大的理论都告诉我们，能够促进、推动规范体系不断趋向完善的理论学说，都有特殊的历史限定性，都是特殊历史阶段的产物。虽然这些理论能够满足当时的需要，对当下的社会实践产生正向影响，但当时代变化的时候，或者说这些理论所赖以依托的社会现实发生变化的时候，一方面就需要对既有理论进行拓展和完善，另一方面也需要新的理论武器来对新的社会实践提供服务，需要新的理论来支撑时代新挑战提出的新问题。而人类命运共同体理念，就是适应当下的时代要求，为解决当下人类所面临的共同、共通的问题而提出来的。

笔者在2021年法学期刊上检索到的论文，讨论的都是法律各领域、法学各学科的基础性和专业性问题。在讨论这些问题的过程中，人类命运共同体理念在各方面都展示了其作为理论武器的能力，也都显示了在当下解决人类所面临的问题，比如国际环境问题、国际公共卫生问题、国际法治建设等方面所具有的理论能力。江河[①]认为，虽然世贸组织和联合国的普惠制度为发展中国家创设了特殊与差别待遇，联合国通过政治正当性建构了国际发展法的实质渊源，世贸组织的专业性增强了国际发展法的可行性和有效性，但无论是世贸组织的机制，还是联合国的机制，都由于各种原因而出现了实施过程中的软化现象，即无法真正落实的情况，世贸组织的纠纷解决机制近年来还受到了美国的抵制，根本无法对抗经济领域的逆全球化以及解决主权国家在当下遇到的实际贸易纠纷问题。这种情况下，人类命运共同体理念的提出国，即中国，可依据

---

① 江河：《"发展中国家"的主体性及其软法化：以国际组织为视域》，载《社会科学辑刊》，2021年第6期，第99—108页。

其负责任大国的能力，用人类命运共同体理念推动国际组织中大国政治和小国政治的互动，促进国际发展法的落地，提升其实施的可能性与效果。

当今人类面临的众多问题中，国际恐怖主义是令联合国和各国政府头疼的一个全球性问题。这一问题不只是规模范围越来越大和对人类安全危害越来越严重的问题，也包括了人类社会无法有效应对的问题。在全球范围内，尤其是联合国和大量地区性合作机制无法解决问题的原因之一，就是各国、各地区间缺乏构建协调互动的协作机制，同时也存在相互拆台甚至为其他国家挖坑的问题。美国在苏联入侵阿富汗期间，就成功为苏联培养了后来对美国实施恐怖袭击的基地组织，同时为了有效控制阿拉伯地区，美国扶持了"伊斯兰国"极端组织。在这种情况下，全球和地区性反恐的协作机制要想在实践中真正发挥作用，还有很长的路要走。因此，国际反恐想有实质性进步，就需要新的理论来支撑全球反恐的信心并在此基础上构建全球反恐机制。陈娇、赵长明在《"人类命运共同体"倡议背景下恐怖主义融资犯罪的运行特征、治理困境及中国方案》一文中，论证了人类命运共同体理念在解决全球性反恐问题方面可能发挥的巨大作用，并认为：命运共同体理念中的"共商、共建、共享"理念，就为国际反恐新秩序的构建提供了全球的理论支撑，为和平、共赢的国际新局面的建立提供了新的理论指导。①

在《国际投资仲裁反腐法治：概念、困难与因应》一文中，作者银红武对人类命运共同体理念在国际反腐方面的作用进行了论证，认为国际投资法需要为全球公共利益，尤其是通过投资促进的全球公共利益提供有力的制度保障。② 人类命运共同体理念的内在要求是国际投资领域各参与方要有清洁美丽的内在动机，要主动反腐、积极反腐。同时，人类命运共同体理念还为各国在金融领域构建更为合理、健全的合作机制提供了理论基础。后疫情时代，人类在共同应对公共卫生安全过程中会遇到更多需要合作才能解决问题的领域。但这种需求在人类活动与海洋环境保护间的冲突、主权与人权冲突加剧的情况

---

① 陈娇、赵长明：《"人类命运共同体"倡议背景下恐怖主义融资犯罪的运行特征、治理困境及中国方案》，载《北京警察学院学报》，2021年第6期，第78—83页。

② 银红武：《国际投资仲裁反腐法治：概念、困难与因应》，载《湖南财政经济学院学报》，2021年第6期，第16—28页。

下,在国际法规则的实施机制因为少数国的破坏而无法有效约束大国行为甚至是小国行为的情况下,迫切需要在人类命运共同体理念的价值观引导下,加快构建后疫情时代海洋共同体的步伐。在这一过程中,按照白佳玉等在《后疫情时代海上公共卫生安全法治的挑战与中国方案》一文中的看法,人类命运共同体理念的弘扬有利于促进、提升各国之间在解决相关问题上进行合作的意愿,尤其是积极履行海洋公约和双边及多边条约的主动性,同时也有利于克服国际法规则碎片化而导致的执行不力等问题。[1]

四、小结

回顾 2021 年度法学各学科与人类命运共同体相关的论文,总体上有这么几个特点,一是尽管覆盖范围较大,但仅限于某个法学学科,比如国际法。程序法、部门法相关研究成果较少或几乎没有。人类命运共同体理念虽然是新时代中国国家领导人提出并在全球倡导的一种新价值观,但这一理念并非与历史没有关联。事实上,人类命运共同体理念有着深刻的历史和现实根源,与中国传统文化和中国人民几千年的农业文明有着密切的联系。这个方面应当是法律哲学、法学史研究的富矿。比较遗憾的是,法律史方面的文章,对这个话题关注不够,成果较少。二是从各学科年度期刊文章的分布来看,人类命运共同体理念在国际法领域的数量较多。无论是国际秩序建构,还是专业的问题领域,比如海洋、国际卫生防疫体制机制建设、联合国机制建设等方面,都有较多的论文。人类面临的一些新的全球和地区性问题,也都有国际法方面的文章,显示了国际法学者对人类命运共同体理念的重视,也显示了人类命运共同体理念在解决这些领域问题方面所具有的理论潜力。三是人类命运共同体理念在理论指导方面的价值受到较多关注,在国际法理论、法理学、宪法学等领域学者们用这一理论讨论相关问题已经有较为广泛的共识,但在应用法领域几乎没有找到与人类命运共同体相关的研究成果,比如程序法,刑事诉讼法、民事诉讼

---

[1] 白佳玉、李玉达、王安娜:《后疫情时代海上公共卫生安全法治的挑战与中国方案》,载《新疆师范大学学报(哲学社会科学版)》,2021 年第 5 期,第 54—64 页。

法、行政诉讼法等领域。这并不是说这些领域是人类命运共同体理念的空白地带，相反，在国际刑事法领域，许多国际型和跨国刑事犯罪活动，更需要各国构建协调处理的机制，共同应对国际犯罪活动。

总之，人类命运共同体理念古已有源，从"天下大同"到"人类命运共同体"的文化生成图式，离不开当代领导人、学者以及所有推动者、建设者与向往者们的共同努力。作为现代社会科学的重要分支，法学在人类命运共同体价值指引下不断完善自身体系，反过来也在推动着此理念的应用与实践，为国内外关系准则提供坚实后盾。随着人类命运共同体理念的大力倡导与认可程度的不断提高，法学相关的研究也在逐步推进。我们期待更多的法学学科产生更丰硕的研究成果，为新时代的法学研究不断开辟新的学术高地。

人类命运共同体卫生治理研究述评

陈静茜　胡珍瑜*

自"人类命运共同体"这一概念提出以来，中国国内学界围绕人类命运共同体卫生治理这一议题进行了多形式、多角度、多方位的探讨，相关研究涉及卫生健康、公共卫生治理、新冠疫情、经济与法律等多个维度。其中，2021年内与人类命运共同体卫生治理相关研究的文献接近30篇，成果丰富，主要包括全球公共卫生治理中的中国方案、世卫组织发挥的作用、与卫生治理相牵连的国际贸易和法治体系、制度完善与治理体系研究、与公共卫生治理相关的信息管理和舆论传播以及当下全球公共卫生治理面临的困境及对策研究等多个重大主题。

一、人类命运共同体与全球公共卫生治理的中国方案研究

人类卫生健康共同体理念是中国参与全球治理过程中针对公共卫生问题提出的富有创见性的倡议，在全球公共卫生治理过程中，中国是良好的履约者和积极的行动者，中国方案一直以来备受全世界关注。

中国的公共卫生治理机制一直在摸索中不断改进完善。近代以来疫病频繁暴发给社会发展和民众生活带来了深重灾难，引起了学界和社会在公共卫生治

---

* 陈静茜，同济大学艺术与传媒学院副教授、硕士生导师，研究方向为健康传播、新媒体。胡珍瑜，北京交通大学语言与传播学院传播学系2022级新闻与传播专业硕士研究生，研究方向为健康传播。

理领域的回应。在《近代以来疫病冲击下中国公共卫生治理机制的历史演进与现实启示》一文中,马金华、张皓宇、林源三位学者通过回顾近代以来具有代表性的六次重大疫病冲击,总结梳理中国公共卫生治理机制对于历次重大疫病冲击的反应与调整。即使是面对突如其来的新冠疫情,我们也可以从历史的相似性中寻找对当下的启发意义。论文认为,以过往对抗重大疫病的历史为鉴,基于历史经验,我国政府在应对新冠疫情时应强化防疫政策宣传,完善公共卫生领域制度建设,坚持以民为本的防疫理念,补齐公共卫生应急管理短板,扎实推进公共卫生机构改革,加强国际交流合作,全面推进国家公共卫生治理体系和治理能力现代化。[①]

随着新冠疫情在全球的肆虐,应对以传染病为代表的非传统安全威胁,开展有效的防疫国际合作,日益成为各国对外政策研究的焦点。《新冠疫情下中国参与全球公共卫生治理的政策研究》一文中,吴太行和汲立立结合新冠疫情的背景,论述了中国参与全球卫生治理的理论内涵,探讨了中国在全球卫生治理中的政策实践。论文指出,中国在持续至今的全球公共卫生危机中,最早实现国内疫情控制和经济正增长,说明中国的抗疫政策具有重要的理论意义和现实意义。另外,大国关系重构是实现全球公共卫生治理成效的重要推动因素,与周边国家关系的协调发展有利于区域内公共卫生危机的解决。再者,公共卫生治理机制是疫情防控政策协调的重要平台,常态化疫情防控政策亟须全球公共卫生治理机制继续发挥协调作用,其中就需要世卫组织发挥好政策协调作用,避免霸权国家干扰防疫合作和避免出现公共卫生安全困境。论文认为,秉承人类命运共同体理念,加强疫情防控国际合作,才能推动全球公共卫生治理的有效实现。[②]

中国参与全球公共卫生治理中的实践与贡献一直以来是学者们关注的重点。刘姝从价值认同、现实困境和中国智慧三个维度对构建人类卫生健康共同体进行了研究分析,认为需要各国认同人类卫生健康共同体理念,积极参与,

---

[①] 马金华、张皓宇、林源:《近代以来疫病冲击下中国公共卫生治理机制的历史演进与现实启示》,载《山东财经大学学报》,2021年第2期,第23—34页。
[②] 吴太行、汲立立:《新冠疫情下中国参与全球公共卫生治理的政策研究》,载《南方论刊》,2021年第6期,第45—47页。

协同共进，不断推动国际卫生体制改革，才能实现"健康安全的未来"。① 陈宇琦和金新则围绕人类卫生健康共同体提出的现实背景、科学内涵和重要意义展开了研究，并指出构建人类卫生健康共同体有利于完善全球公共卫生治理理念，有利于修补现有的国际公共卫生治理体系，有利于改善发展中国家在公共卫生议题中的处境，有利于提高中国在全球公共卫生治理中的参与度，有利于推动人类命运共同体建设等重要意义。② 在《全球卫生治理的困境与中国推动构建人类卫生健康共同体的路径选择》一文中，郝宇彪从公共产品理论视角，对全球卫生治理体系的困境、改进思路以及中国推动构建卫生健康共同体的路径进行分析。经研究分析发现，由于多边化全球卫生治理体系的成本—收益机制存在缺陷，全球卫生治理体系存在合法性、有效性、集体合作等方面的困境。相比较而言，区域公共产品的成本—收益机制具有优势，能够弥补公共产品供给不足以及提升国际卫生治理的有效性。论文由此指出，中国推动构建人类卫生共同体的路径应包含三大支柱：一是支持以世界卫生组织为核心协调平台的多边卫生治理体系；二是重点提升区域（10＋3）卫生合作治理机制；三是深化与战略合作伙伴国家的双边卫生合作。③

此外，越来越多的研究聚焦中国在国际公共卫生治理中的话语权建设方面。董甜甜和刘海潮在《国际公共卫生治理中的中国话语权建设研究》一文中对此进行了分析研究。论文阐释了国际话语权在国际合作抗疫中的价值，分析了国际公共卫生治理中的中国话语权建设现状。在此基础上，论文提出中国建设国际公共卫生治理话语权的实现路径：通过参与机制建设提升制度性话语权，将综合实力转化成合作防疫的结构性话语权，以及在主动传播合作抗疫理念中提升道义性话语权。④ 宋效峰、付冬梅从全球卫生公共产品供给的角度出

---

① 刘姝：《人类卫生健康共同体：认同意蕴、治理限度和中国推进》，载《社会科学战线》，2021年第10期，第190—196页。
② 陈宇琦、金新：《人类卫生健康共同体：全球公共卫生治理的中国方案》，载《天水行政学院学报》，2021年第6期，第61—66页。
③ 郝宇彪：《全球卫生治理的困境与中国推动构建人类卫生健康共同体的路径选择》，载《国外社会科学》，2021年第4期，第93—105页。
④ 董甜甜、刘海潮：《国际公共卫生治理中的中国话语权建设研究》，载《辽宁行政学院学报》，2021年第1期，第39—44页。

发,分析探讨了中国在参与全球卫生治理中承担的角色和选择的道路,指出中国在全球公共卫生治理中承担起了全球卫生公共产品贡献者的角色并发挥着引领作用。① 在《全球公共卫生治理合作:以中非共建"健康丝路"为视角》一文中,曾爱平从中非合作共建"健康丝路"的视角出发,探讨和分析中非构建"健康丝路"的历史根基、合作现状、面临挑战和未来推进路径,论述了全球卫生治理中国际合作的重要意义。论文认为,中非共建"健康丝路"有利于促进和加深双方民心相通相知,通过打造"健康中国"和"健康非洲",推动中非共建"一带一路"的高质量发展,厚植中非民意基础。②

除了关于中国在国际卫生治理中贡献的智慧,也有学者把研究视线放在国内的公共卫生治理上。张星和翟绍果在《我国公共卫生治理的发展变迁、现实约束与优化路径》一文中梳理了我国公共卫生治理从一元总揽到多元参与的治理主体变迁,从疾病损害到健康风险的治理重心前移,从医疗对抗到整体治理的治理方式变革等一系列发展变迁。该论文指出,流动性与脆弱性是我国公共卫生治理所面对的现实情境,公共卫生治理体系在应急力、可及度与主动性这三方面尚未完善。该论文认为,构建更具韧性的治理生态是我国优化公共卫生治理的理想路径。③ 柳建文则着重研究分析了我国民族地区的公共卫生治理情况,结合具体数据分析了我国民族地区公共卫生防控的特殊性及其压力,并结合民族地区实际情况提出了这些地区提升公共卫生治理能力的路径。民族地区的防控能力在很大程度上决定着全国的健康安全水平,其防控效果完全符合经济学中的"木桶原理"。因此,构建公共卫生治理体系需要充分考虑民族地区的发展特点,做到宏观层面和微观层面相结合,硬件建设与软件建设两手抓。④

---

① 宋效峰、付冬梅:《全球卫生公共产品供给:中国角色与路径》,载《社会主义研究》,2021年第1期,第131—137页。

② 曾爱平:《全球公共卫生治理合作:以中非共建"健康丝路"为视角》,载《西亚非洲》,2021年第1期,第26—47页。

③ 张星、翟绍果:《我国公共卫生治理的发展变迁、现实约束与优化路径》,载《宁夏社会科学》,2021年第1期,第146—153页。

④ 柳建文:《防控能力建设、资源优化配置与国际协作:我国民族地区公共卫生治理研究》,载《云南民族大学学报》,2021年第1期,第102—109页。

以中国方案为主题的人类卫生共同体相关研究吸引了大部分学者的关注,相关的文献非常丰富,其中又以将"新冠疫情"作为研究背景的居多。2020年席卷全球的新冠疫情是对全球公共卫生治理体系的重大考验,中国模式在新冠疫情的防控中展现出了显著的成效,取得了良好的防控效果。中国的疫情防控经验和相关主张得到了绝大多数国家的认可和肯定,中国智慧和中国方案在全球公共卫生治理中发挥了积极向好的参考价值。

二、国际贸易与法治视角下全球公共卫生治理研究

全球公共卫生治理体系具有高度的无国界性,而关于全球公共卫生治理的议题探讨则绕不开法治和国际贸易规则这两个部分。从经济、法律的角度来审视当下的全球卫生治理体系,能为完善全球公共卫生治理体系、构建人类健康共同体提供更具拓展性、创新性的视角和建议。

从法治角度来探讨人类命运共同体的卫生治理能够促进治理过程的规范化。李志文、熊奕成在《全球卫生治理中临时建议制度的国际法治实现路径》中从国际法治的角度出发,探讨了全球公共卫生治理中的临时建议制度,提出了推动设立首席科学家部门,促成世卫组织形成新型融资体制,强化软法遵行基础,构建多重手段补救制度等观点。[1] 孙诚钰针对突发公共卫生事件技术治理的行政法治因应进行了细致的研究,指出应当从法律规训技术的角度,制定科学合理的技术治理规则,强化以计算法律学为主导的行政学理支撑,健全与技术治理相契合的突发公共卫生事件政府应对架构,构建以"算法技术"为核心的"精明行政"体系,以此发挥突发公共卫生事件中技术治理的最优支撑效能。[2] 邱昭继在《新冠肺炎对我国传染病防治法的挑战及应对》一文里指

---

[1] 李志文、熊奕成:《全球卫生治理中临时建议制度的国际法治实现路径》,载《太平洋学报》,2021年第29卷第10期,第77—87页。
[2] 孙诚钰:《论突发公共卫生事件技术治理的行政法治因应》,载《河南社会科学》,2021年第29卷第4期,第9—16页。

出,我国传染病防治法在新发生传染病面前暴露出许多问题和短板,存在概念含混、外延定义的封闭性、新发生传染病防治机制不完善的缺陷。在抗击疫情过程中,传染病防治法暴露出核心概念含混不清,一些重要条款过于原则缺乏可操作性,有些法律条文还存在相互冲突不一致的情况等具体问题。对此,论文也提出了应对之策:规范传染病防治法律体系中传染病概念的使用,赋予地方政府更多的决策权,完善新发生传染病的防控体制。[①] 法律是确立国家主导公共卫生治理的政治承诺,有学者从法学角度探讨分析了完善公共卫生法治体系的必要性,认为新冠疫情的冲击,使建立系统、科学的公共卫生治理体系的任务迫在眉睫。陈云良在《促进公共卫生法律体系向公共卫生法治体系转化》一文中,明确界定了公共卫生法的内涵,阐释了公共卫生法的权力基础和公共卫生法律体系的框架建构。论文认为,我国已经基本形成比较完备的公共卫生法律体系,目前公共卫生法治建设的主要问题是需要从公共卫生法律体系建设向公共卫生法治体系建设转化,同时加强公共卫生法治监督体系和公共卫生法治保障体系建设。[②] "法的生命在于实施",因此,不能止步于对静态的法律体系的探讨,而更应在动态的视角里将公共卫生法律体系落实于公共卫生治理的每一个环节,从而实现公共卫生领域的科学高效治理。新冠疫情防控的经验和教训都警醒我们全面实施公共卫生法是控制疫情的有效之道。

国际贸易规则的应用与全球卫生治理也存在着紧密的联系。在《新冠肺炎疫情下的国际投资保护与公共卫生治理——以例外条款的适用为视角》一文中,张倩雯分析了新冠疫情下国际投资保护与公共卫生治理的冲突、国际投资协定中的一般例外条款与公共卫生治理的关系处理、根本安全利益例外以及特定条款例外等国际投资协定。论文指出,国际投资协定中的例外条款是保护外国投资和维护东道国公共卫生治理规制权的重要链接,但例外条款的适用应当受到相应限制。在新冠疫情下构建例外条款适用的合理路径,既有利于保护外国投资者的合法权利,保障东道国公共卫生治理规制权及东道国人民的健康

---

① 邱昭继:《新冠肺炎对我国传染病防治法的挑战及应对》,载《理论探索》,2021年第1期,第121—128页。
② 陈云良:《促进公共卫生法律体系向公共卫生法治体系转化》,载《法学》,2021年第9期,第17—37页。

权,也能够有效防止例外条款被滥用。论文认为,在后疫情时代,各国将会比以往更加重视国际投资协定中例外条款的作用,各国更应坚定地推进全球化进程,加强国际间协作,共同抗击疫情并且恢复经济的发展。① 在《新冠肺炎疫情下国际贸易规则与公共卫生治理的链接》一文中,时业伟围绕国际贸易与公共卫生的关系分析探讨了现有的国际贸易规则对目前或计划中的公共卫生政策产生的影响。论文指出,在疫情全球大流行的背景下,对某些关键医疗用品,世界上几乎每个国家的需求都急剧增加。与此同时,这些国家又都依赖国际贸易和全球价值链来生产、采购、运输这些产品。因此,对于在疫情全球大流行背景下的出口限制措施进行讨论便十分有必要。论文认为,推动国际贸易的发展有利于全球公共卫生治理,国际贸易的兴盛推动公共卫生服务水平提高。②

贸易、法律这二者与卫生治理的关系是非常紧密的,公共卫生治理体系的完善是离不开相关贸易规则和法律条文的辅助的。从发展的角度看,贸易、法律两者与公共卫生治理之间的联系应得到更多的重视。

三、人类命运共同体视角下全球公共卫生治理制度研究

研究全球公共卫生治理绕不开制度和治理体系这两个板块,如何完善相关领域的制度、如何提高治理能力是学界一直讨论的热门话题。科学的制度、系统化的治理方案能够提升卫生治理的效率,使得公共卫生治理体系更加完善。

传染病的防治是卫生治理相关研究中的热门话题,如何更好地进行传染病防治是学者们关心的热点。在《我国传染病疫情预警制度之检讨》一文中,施立栋提出,基于吸取"非典"疫情的教训而建立的我国传染病疫情预警制度,在新冠疫情中并未如期运转。论文检讨了影响我国传染病疫情预警制度有

---

① 张倩雯:《新冠肺炎疫情下的国际投资保护与公共卫生治理——以例外条款的适用为视角》,载《人权》,2021年第4期,第145—161页。
② 时业伟:《新冠肺炎疫情下国际贸易规则与公共卫生治理的链接》,载《华东政法大学学报》,2021年第2期,第136—144页。

效运行的若干观念性和制度性因素,并提出了相应的完善建议。论文认为,疫情早期的预警公布之后,还需要加强预警信息的持续性发布、对预警信息的及时解释与更正、责任机制的合理构建这三个方面的配套制度建设。① 刘丽在《论我国传染病防控公共卫生事权配置的优化》一文中分析了我国顶层设计文件和立法对传染病防控公共卫生事权的配置,探讨了我国传染病防控公共卫生事权配置存在的主要问题,并提出了我国传染病防控公共卫生事权配置的优化路径:建立健全传染病防控公共卫生决策权,进一步规范传染病防控公共卫生执行权,以及实现临时机构和常态化机构监督的有机结合。②

新冠疫情的暴发,再次将医疗体系与公共卫生体系的融合问题摆在公众面前。在文章《基于重大疫情防控的医防融合策略研究》中,刘茜、蒲川分析了基于目前疫情防控新形势下的医防融合策略。论文指出,当下医防融合的障碍包括:相关法律法规有待完善、医疗机构与疾控机构缺乏有效协调衔接机制、公共卫生人才队伍建设仍需加强、医院偏重医疗,公共卫生职能未受到重视、基层传染病防控基础较薄弱。论文针对存在的问题从宏观、中观、微观三个层面提出了相应的策略与建议。③ 新冠疫情带来的沉痛教训和经验,使得学界思考如何实现医疗体系与公共卫生体系的高效协同、无缝衔接,并建立具有连续性的医防融合体制机制,使医疗与预防在医疗卫生服务体系中更好地分工与协作,特别是面对突发重大疫情时,能更好地维护公众生命健康。

大数据时代,算法、数据治理也是公共卫生治理的重要组成部分。王淼将研究视角重点放在了突发公共卫生事件的防控实践中运用到的"大数据+网格化"模式。在突发公共卫生事件的防控中,"大数据+网络化"模式作为一种新型的治理手段,将网格化治理全面、精细掌握情况的优势与大数据快速精准分析的能力结合起来,起到独特的作用。他在研究中指出,"大数据+网格

---

① 施立栋:《我国传染病疫情预警制度之检讨》,载《清华法学》,2021年第2期,第162—176页。
② 刘丽:《论我国传染病防控公共卫生事权配置的优化》,载《湘潭大学学报(哲学社会科学版)》,2021年第3期,第49—54页。
③ 刘茜、蒲川:《基于重大疫情防控的医防融合策略研究》,载《现代预防医学》,2021年第8期,第1426—1429页。

化"的模式在实际应用中各方权责尚未完全理顺,实践中也发生了基础数据与防控需求不匹配、政府数据共享不畅、个人信息保护不足等突出问题。因此,全面优化公共卫生事件防控中的"大数据+网格化"模式应从公共数据治理出发,区分数据生命周期的不同阶段,数据采集阶段、数据共享阶段、数据公开阶段,分阶段对症下药。① 在《公共卫生领域算法治理的实现途径及法律保障》一文中,唐林垚研究了公共卫生领域中算法治理的实现路径和相关法律保障,探讨了医院评审制度的法律沿革与算法治理的先行实践,并分析了公共卫生领域算法治理的规范性及实现路径。他认为,公共卫生领域应当建立从价值秩序到法律保障的多元共治体系。② 许可在文章《重大公共卫生事件的数据治理》中以新冠疫情的数字防控为例,研究分析了重大公共卫生事件中数据治理发挥的作用、存在的问题。论文认为,基于数据治理中"私人治理、政府管理和公共治理"的范式转变,数字抗疫技术的有效性和正当性使得政府、民众和企业等多主体参与治理的机制可以确立,从而在数据效率和数据正义的双重目标下建构应急状态下的数据规则,最终有裨于未来的治理创新与制度变革。③

新冠疫情已经成为世界各国的严峻挑战,也成为影响世界政治经济的重大公共卫生危机。中国将数字技术创造性运用到此次疫情防控之中,成效斐然。数字抗疫技术的使用有效促进了人员流动和复工复产,但同时也面临着判定错误、无法互认以及强化政府监控、模糊政企界限、侵犯公民隐私的质疑。但是,在未来的公共卫生治理体系的发展完善中,数字技术必然会占据举足轻重的地位,探索其背后的逻辑、释放其潜力,才能使数字技术在未来的卫生治理中更好地发挥有效性和正当性,为未来重大卫生事件应急制度变革和创新提供技术支持。

---

① 王淼:《"大数据+网格化"模式中的公共数据治理问题研究——以突发公共卫生事件防控为视角》,载《电子政务》,2021年第1期,第101—109页。
② 唐林垚:《公共卫生领域算法治理的实现途径及法律保障》,载《法学评论》,2021年第3期,第95—107页。
③ 许可:《重大公共卫生事件的数据治理》,载《暨南学报(哲学社会科学版)》,2021年第1期,第80—91页。

四、人类命运共同体视角下卫生信息管理与舆论传播研究

在网络信息技术快速发展的背景下，大规模突发公共卫生事件一旦爆发，极易引发各种版本的"即兴谣言"快速传播，因此，在公共卫生事件中如何做好信息的传播与管理也是学术界非常感兴趣的话题之一。

谣言传播以网络为介质呈现出传播速度快、扩散性强等特点，成为影响公共卫生治理的一大不稳定因素。在病毒传播的同时，网络上的各类谣言也如流行病一般快速扩散，引发"信息疫情"。匡文波、陈茜、张春颜等就突发公共卫生事件中的谣言问题展开了详尽的研究探讨。匡文波、武晓立在文章《重大公共卫生事件中网络谣言传播模型构建与信息治理——基于对新型冠状病毒肺炎的谣言分析》中以"新冠肺炎"相关网络谣言为研究样本，分析了影响谣言传播的关键因素，构建并通过实证验证了重大突发公共卫生事件中网络谣言的传播模型，并针对重大突发公共卫生事件中网络谣言提出了治理之策：应当降低事件模糊性、稳定公众情绪、增强公众媒介素养等。[1] 信息是把双刃剑，海量的信息在加速人们的认知的同时也促使谣言四起，大量的信息在反映疫情的同时也传播了恐慌。在《突发公共卫生事件中谣言的传播机制及治理》一文中，陈茜分析了互联网时代下谣言传播的变形机制和突发公共卫生事件下谣言的成因。论文从政府、媒体、平台、民众四个角度提出了突发公共卫生事件下谣言的治理策略。[2] 张春颜、宋雅静研究了突发卫生事件爆发后，"即兴谣言"的滋生条件、传播途径以及有效辟谣的机制和途径，分析了"即兴谣言"生成的驱动因素并模拟了生成路径，明确了"即兴谣言"的类型与传播特点，并提出了有效治理即兴谣言的相关建议：通过"即兴谣言"空间压缩

---

[1] 匡文波、武晓立：《重大公共卫生事件中网络谣言传播模型构建与信息治理——基于对新型冠状病毒肺炎的谣言分析》，载《现代传播》，2021年第10期，第126—134页。

[2] 陈茜：《突发公共卫生事件中谣言的传播机制及治理》，载《今传媒》，2021年第7期，第132—134页。

机制减少其生存空间、通过"即兴谣言"渠道阻断机制降低其发布可能、通过"即兴谣言"环境净化机制提升网络生态大环境。①

在《重大传染病疫情下患者强制信息披露制度探讨》这篇文章中，作者们关注患者隐私权，研究分析了重大疫情患者强制信息披露制度的现状，指出目前制度下存在的问题：患者信息披露义务尚未真正入法、重大疫情防控中强制患者信息披露存在执行障碍、患者强制信息披露义务与隐私权的冲突。论文也针对所存在的问题提出了相应的完善策略。论文认为，在明晰重大疫情范围的基础上，需要分别从完善入法策略、明确执法主体和执法程序、限制执法权过度使用和普法教育四个方面建立并完善我国的重大疫情患者强制信息披露制度。② 刘娜、丁艺璇研究分析了疫情舆情传播主体的多元互动，突发公共卫生事件后网络舆情传播的非常态化呈现。突如其来的新冠疫情关系着每个人的生命与财产安全，公众情绪被全面调动，公众参与度史无前例，在网络舆情传播过程中，不同传播主体都会对文本进行符号解码和再编码，网民多元性会造成符号多义性。文章从突发性应急策略和长期防控策略两个方面提出了突发性公共卫生事件的网络舆情治理路径。③

互联网时代，新兴媒体的兴盛加速了信息的传播、交流和串联，同时也为孤立的个人提供了联结的渠道。互联网具有天然的去中心化和无限扩张的特点，其话语赋权特性使网络成为窗口，其相对隐蔽性又为舆情表达和传播提供了情绪宣泄的出口。因此，研究突发公共卫生事件下网络舆情传播，我们能够对当前社会环境网络舆情传播的特点有更深入的理解；研究大数据、算法等新兴数字技术在卫生治理中的使用情况和存在问题能够帮助我们完善公共卫生治理的体制机制，扬长避短，推动公共卫生治理的现代化、高效化、精准化。

---

① 张春颜、宋雅静：《大规模突发公共卫生事件情境下"即兴谣言"的驱动、传播与治理研究》，载《中国应急管理科学》，2021年第4期，第38—47页。

② 王洪婧、王薇、胡友利、马勇、张建华：《重大传染病疫情下患者强制信息披露制度探讨》，载《中国公共卫生》，2021年第12期，第1717—1720页。

③ 刘娜、丁艺璇：《突发公共卫生事件的网络舆情传播及社会治理》，载《当代传播》，2021年第1期，第73—76页。

五、人类命运共同体视角下卫生治理困境与对策研究

新冠疫情的暴发是一场规模空前的全球公共卫生危机，暴露出全球卫生治理体系的困境，同时也反映出当前全球公共卫生问题传播速度快、影响范围广，以及具有全球性、安全化等特点。如何解困，从而实现新突破、新发展是学界研究的重点话题。

在《新型冠状病毒肺炎疫情下全球卫生治理的困境及对策》一文中，孙婵探讨分析了新冠疫情下全球卫生治理的困境及原因，并提出了对策。论文指出，在面对新冠疫情这场全球公共卫生危机时，全球卫生治理的困境主要表现为国际法规则效力不足、重大疫情国际合作机制不完善、各国应对疫情能力不足等。论文认为，为应对目前和未来可能频发的公共卫生危机，全球卫生治理体系应从强化国际法效力、加强国际卫生合作与援助、提升各国突发公共卫生事件应对能力等方面加以完善。中国也应积极发挥作用，从参与国际规则制定、介绍中国经验、国内立法对标国际法三个层面参与全球卫生治理。[①]

在《新冠肺炎疫情下的全球公共卫生治理变革》一文中，王义桅、张鹏飞分析了新冠疫情下全球公共卫生问题的新特点：即时传播性、强关联性、全球性、安全化。新冠疫情反映出的全球治理困境：资本治理模式与人类危机的矛盾、自由优先与秩序优先的矛盾、全球危机与国家利益的矛盾、信息需求与国家安全的矛盾、全球一体与局部短板的矛盾、去中心化传播链与霸权体系的矛盾。论文也指出了推进全球公共卫生合作应以人类命运共同体理念为价值引领，实现公共卫生领域分配正义、构建全球卫生伙伴关系网络、协调公共卫生国内治理、区域治理与全球治理、促进相关国际规范的演进、回归全球治理对

[①] 孙婵:《新型冠状病毒肺炎疫情下全球卫生治理的困境及对策》，载《医学与社会》，2021年第6期，第43—46页。

人的关切、构建新型国际关系。① 在《大数据驱动公共卫生应急治理的智慧表征与实践图景》一文中，陈潭、王鹏从技术视角出发，探讨了大数据在公共卫生治理中所能发挥的作用。论文以新冠疫情治理的案例样本为研究对象，通过构建"基础层—动力层—应用层—导向层"的大数据驱动逻辑框架来提炼公共卫生应急治理的循数性、协同性和智能性特征。论文认为，大数据技术通过其固有的文本价值、功能价值和算法价值驱动公共卫生应急治理尽显循数性、协同性和智能性的智慧表征，进而促使全空间、全时段、全过程的公共卫生应急治理得以实现。文章还针对大数据技术治理的边界提出了改进建议。②

公共卫生治理少不了公众的参与，龙婧婧、刘勇华、马丽萍曾指出，当前突发公共卫生事件治理中，公众参与取得了显著成效，逐渐形成了中国特色，但仍存在公众参与意愿不强、公众参与范围和方式不明确以及公众参与机制不畅等问题。针对这些问题，可以增强公众参与突发公共卫生事件治理的响应度、配合度和有效性，有效凝聚突发公共卫生事件治理的共识力量、弥补突发公共卫生事件治理中政府失灵和保障突发公共卫生事件中的公民权利。③

六、小结

回顾2021年，中国学者关于构建人类命运共同体中卫生治理相关课题的研究工作，取得了丰硕的研究成果。学者们从多种角度、多个学科出发，围绕全球公共卫生治理这一议题进行了多层次、全方面的研究与探讨。通过回顾这些文献文本发现，中国在全球公共卫生治理中贡献的智慧备受瞩目，世卫组织在摸索中改革以期待在全球公共卫生治理中更好地发挥引领和组织作用，全球公共卫生治理要发展进步也离不开经济、法律、科技、制度等多方面相关领域

---

① 王义栀、张鹏飞：《新冠肺炎疫情下的全球公共卫生治理变革》，载《审计观察》，2021年第11期，第60—65页。
② 陈潭、王鹏：《大数据驱动公共卫生应急治理的智慧表征与实践图景》，载《电子政务》，2021年第6期，第85—99页。
③ 龙婧婧、刘勇华、马丽萍：《论突发公共卫生事件治理中的公众参与》，载《湖南行政学院学报》，2021年第4期，第96—102页。

的支持。2021年公共卫生治理议题在新冠疫情的背景下受到了国内学界的高度关注,相关的研究成果大量增加,且国内不同领域的学者在相关的集刊、会议论文集、报刊以及人文社科类刊物上发表了大量的相关论文或评论。但是,综观本文关于人类命运共同体卫生治理的研究内容和主题,相对集中在新冠疫情的背景之下,出现了同质化的特点,研究切入视角相似。未来的相关研究可以从更加丰富的维度对人类卫生治理进行更深入的挖掘和论证,为全球卫生治理提供更科学、更多元的理论参考。

人类命运共同体艺术学研究述评

王莎莎*

2021年是艺术学升格为独立学科门类、艺术学理论成为一级学科的十周年。艺术学作为今日我国人文社会科学体系中的一个重要而独特的领域,为推动构建人类命运共同体发挥着重要的作用。党的十八大以来,以习近平同志为核心的党中央对文艺工作高度重视。习近平总书记在文艺工作座谈会和中国文联十一大、中国作协十大开幕式等重要场合多次发表讲话并做出重要指示,为繁荣发展我国社会主义文艺事业提供了根本遵循。习近平站在人类历史发展进程的高度,以大国领袖的责任担当,正确把握国际形势的深刻变化,顺应和平、发展、合作、共赢的时代潮流,深入思考"建设一个什么样的世界、如何建设这个世界"等关乎人类前途命运的重大课题,高瞻远瞩地提出构建人类命运共同体的重要思想。① 这一思想一经提出,便引起学界的广泛探讨,艺术学界的学者们也纷纷撰文,对这一深刻思想进行阐发。

近年来,人们对人类命运共同体艺术学研究的关注度逐年上升。本文以中国知网数据库为数据来源,对2012年—2021年发表的相关论文进行了统计。具体以"人类命运共同体"为主题词,以艺术学研究领域相关的关键词,如"音乐""舞蹈""美术""电影"等为检索条件,选取在中文社科索引、北大核心期刊索引和中国科学引文等核心期刊数据库发表的文章进行统计,共检索到相关文章112篇,2021年发表的相关文章超过40篇。近年来,学者们对人

---

* 王莎莎,中国传媒大学艺术研究院博士后,研究方向为艺术理论。
① 韩子勇主编:《人类命运共同体与文明交流互鉴研究》,北京:文化艺术出版社2021年版,第1页。

类命运共同体艺术学研究在电影、美术、舞蹈、音乐等领域较为凸显。在过去的一年中，对于新文科背景下艺术理论的发展路径、中华传统艺术的当代传承研究、艺术学的中国学派、探索有中国特色艺术学理论体系以及诸艺术门类对于推动构建人类命运共同体等问题的探讨成为学界关注的热点。

一、人类命运共同体理念与构建有中国特色的艺术学理论研究

在人类命运共同体理念下进行既面向国际又立足本土的艺术学研究无疑具有重要意义，体现出中国学者的原创性理念与卓越的创造。习近平总书记在文艺工作座谈会上的讲话中深刻地指出："文艺是时代前进的号角，最能代表一个时代的风貌，最能引领一个时代的风气。……实现'两个一百年'奋斗目标、实现中华民族伟大复兴的中国梦是长期而艰巨的伟大事业。伟大事业需要伟大精神。实现这个伟大事业，文艺的作用不可替代，文艺工作者大有可为。"[1]

在构建有中国特色的艺术学理论进程中，学者们的相关研究已融入人类命运共同体的理念。李心峰认为，艺术学理论学科在未来发展中，应坚持其作为"一般艺术学"之初心与实质，充分发挥该学科的独特作用，并在与其他几个"特殊艺术学"的互动中相互促进；应在"立足本土"的基础上放眼国际。[2]仲呈祥等指出，当前我国的艺术学理论学科发展，应在继承、借鉴中西方艺术学优秀成果的基础上构建起多层次、多角度、开放性的当代中国艺术学理论体系，并使扎根于民族传统的中国艺术精神得以高扬，推进中国艺术文化实践的多元探索，繁荣中国和人类的艺术生态文明，引领提升国民的艺术文化素质。[3]

---

[1] 中共中央宣传部编：《习近平总书记在文艺工作座谈会上的重要讲话学习读本》，北京：学习出版社2015年版，第7页。
[2] 李心峰：《未来会如何？——艺术学理论学科展望》，载《艺术学研究》，2020年第5期，第12—16页。
[3] 仲呈祥等编写：《艺术学理论一级学科博士、硕士学位基本要求》，载《艺术学界》，2014年第1期，第215—226页。

近年来，中华传统艺术的当代传承问题成为艺术学理论研究的热点之一。王廷信从生态理念与共生机制的视角思考中华传统艺术当代传承的理论与方法问题。他认为，近代以来，中华传统艺术在中国社会由传统向现代转型过程中经历了中西之争、古今之争、雅俗之争，在中国社会继续向现代化迈进的当下仍处于劣势地位。随着新时代中国经济社会的高速发展，国家对文化的高度重视为中华传统艺术当代传承的理论和实践提供了机遇，国家文化建设系列政策的出台为中华传统艺术当代传承的实践提供了保障。中华传统艺术当代传承的研究需要借鉴兄弟国家的经验，应在生态理念统领下，让传统艺术与当代政治、经济、文化、科技、教育等领域建立共生机制，且在其融入当代人社会生活的方向上进行探索。① 可以说，这对于传承中华文脉、提升人民群众的文化素养、增强文化软实力以及建设社会主义文化强国的重大战略任务具有重要意义。

在艺术学理论过去的十年回顾、展望和学科进路中，王一川指出，艺术学理论学科设立十年来，学位授权点数量稳步增加，确立了学科性质和学科方向，制定和实施人才培养方案、制定核心课程体系，着力推进学术研究，对全国文艺评论、文化传承创新、艺术管理、文化创意产业起到了促进作用。但还存在不足或待完善的方面：学科主体性不足，学科的核心领域的原创性或突破性成果不够，学科核心体系虽已编制但尚待实施，学科的国内国际承认度尚有欠缺。艺术学理论学科尤需增强学科主体性，争取在艺术理论、艺术史和艺术批评等核心领域取得更多原创性和突破性成果，让学科核心课程体系在实施中逐步调整和完善，保持学科的稳定性和开放性相结合，通向开放有度的艺术学理论学科未来。② 既坚守自身的艺术普遍性研究本体，同时又向其他学科、特别是艺术门类型学科开放。由前者确立学科根本，属于强基固本之策；由后者拓展开放领域，彰显学科特色。艺术学理论学科应同时开辟几条学科进路：一是以艺术门类研究为基础，二是以艺术跨门类研究为主干，三是以艺术普遍性

---

① 王廷信：《中华传统艺术当代传承研究的理论与方法——"生态理念"与"共生机制"视角》，载《民族艺术》，2021年第3期，第55—67页。
② 王一川：《十年树木初成林，尚待开放大气象——艺术学理论设立以来的回顾和展望》，载《艺术百家》，2020年第4期，第37—41页。

为导向,四是以艺术行业应用型研究为拓展。如此多路并进,有望在未来成就自身的学科气象。① 吴衍发对20世纪以来的中国艺术学研究和学科发展状况进行了系统梳理和评述,根据艺术学研究和发展状况,将其划分为创建期、沉寂期、确立和发展期三个时期,通过对每一个时期特征的探讨和反思,进而揭示了中国艺术学研究和学科发展的整体状况。② 以上学者对艺术学的发展历程进行了回顾、总结与展望以及提出了切实的学科进路。

在全球化的进程中,尤其是今天国家大力提倡新文科的背景下,艺术学理论学科的建设需要不断打破学科壁垒,在与其他学科的相互交叉、碰撞与融合中绽放出新样态。周计武认为,新文科建设是顺应新时代、新形势、新科技而提出的一项教育战略,旨在克服现代文科由于专业细分产生的负面影响,推动文科之间、文理之间、人文与新科技之间的跨界融合与协同创新,以跨学科的整合研究提升文科服务社会发展的水平和培育复合型人才的能力。在新文科的视野中,我们有必要客观认知艺术学理论学科的"居间性",肯定其学科边界的开放性和包容性,以艺术的跨媒介研究为抓手,系统梳理并建构跨门类、跨学科的艺术学理论知识谱系。这种跨学科的知识生产范式,将以大艺术观为基础,推动各艺术门类艺术之间,艺术、人文与科技之间的"知识大融通",重塑真、善、美统一的人文主义精神。③ 方李莉认为,当今学界的首要任务在于提升全球文化政治共商机制,以节制技术发展来应对各种技术风险,制衡技术的全面统治,进而解决地球生态及人类社会的可持续发展问题。这不仅需要科学家的参与,也需要人类学家、哲学家、艺术家等参与其中,形成一个巨大的思想库,而新文科概念的出现正是这一思想库形成的前提。夏燕靖认为,探索具有中国特色艺术学理论体系的建构,要从传统艺术与古典文论的资源中探寻,真正从学术探究的视角给予阐释。同时,要融合多学科、多领域共同探究"中国特色"的问题,促进艺术学科对其理论建构问题的重视,将有中国特色

---

① 王一川:《艺术学理论的学科进路》,载《文艺研究》,2021年第8期,第5—16页。
② 吴衍发:《20世纪以来中国艺术学研究和学科发展述评》,载《艺术学界》,2011年第2期,第45—62页。
③ 周计武:《新文科的使命与艺术学理论的跨学科定位》,载《民族艺术研究》,2021年第1期,第126—133页。

的艺术学理论体系的建构置于学术史的关照之下,继承与发展并重,重视理论体系建构的当代性,实现现代学术意义上的理论转换。① 以上几位学者都认为我们应在更广阔的学术视野中,不断打破学科壁垒,进行跨界融合与创新,这已经成为一种势不可挡的发展趋势。

在艺术批评方面,2021年8月,中宣部等五部门印发《关于加强新时代文艺评论工作的指导意见》。文件指出,新时代文艺评论工作的总体要求:以习近平新时代中国特色社会主义思想为指导,全面贯彻"二为"方向和"双百"方针,坚持创造性转化、创新性发展,弘扬中华美学精神,进行科学的、全面的文艺评论,发挥价值引导、精神引领、审美启迪作用,推动社会主义文艺健康繁荣发展。建立线上线下文艺评论引导协同工作机制,建强文艺评论阵地,营造健康评论生态,推动创作与评论有效互动,增强文艺评论的战斗力、说服力和影响力,促进提高文艺作品的精神高度、人文内涵和艺术价值,为人民提供更好更多精神食粮。② 王一川指出,文艺批评的产生要满足两方面的相互融合需要:一方面,文艺作品在社会生活中的感性的和精神的作用不可忽视,是在潜移默化且深刻地形塑人们的感性机体和精神品格,从而被要求提升到文化高度去认识;另一方面,观众又不满足于仅鉴赏艺术门类作品以及相关现象,还有将活生生、灵动而不确定、兴味蕴藉的艺术形象加以理性化、形成相对明确的理性思考的需要,甚至想到要将优秀的艺术作品与古今中外艺术杰作相比拟、比较或媲美,以及进一步通过艺术史编撰和教育途径等传递给下一代。③ 夏潮在首届全国文艺评论领军人才培训班讲话中指出:文艺评论要在继承传统的基础上,借鉴西方优秀文艺理论成果,会通中西、兼容并蓄,立足新时代话语生态,转换和创新成中国特色理论评论话语体系。④ 艺术批评作为人

---

① 夏燕靖:《中国特色艺术学理论体系及学科的建设路径》,载《中国文艺评论》,2020年第6期,第61—73页。
② 中宣部、文化和旅游部、国家广播电视总局、中国文联、中国作协等五部门联合印发:《关于加强新时代文艺评论工作的指导意见》,http://www.xinhuanet.com/2021-08/02/c_1127722893.htm(访问时间:2023年9月6日)。
③ 王一川:《艺术学理论的学科进路》,载《文艺研究》,2021年第8期,第5—16页。
④ 夏潮、仲呈祥等:《"建党百年与文艺评论"专题笔谈》,载《中国文艺评论》,2021年第6期,第4—22页。

们更好地感知与理解艺术的一个桥梁,发挥着重要的作用,我们同样应该具有国际视野,融汇中西,在中西文明交流互鉴中,为人们提供更有益的精神食粮。

  世界文明是多元的,然而它又有其共性,"越是民族的,就越是世界的",只有那些传达了人类普遍的、共通情感的艺术才会为世界人民所激赏。同样,在理论研究领域,艺术学领域的"中国学派"的探究一度成为热门话题,几乎涵盖整个艺术门类,如中国电影学派、中国舞蹈学派、中国乐派、艺术学中国学派等。李心峰认为,我们今天所处的时代,整个经济、文化已经融为一体,得到充分的交流、交融。尤其是我们经过新时期改革开放40多年的洗礼,在文化、艺术、学术上,与外国、与西方实现了更加充分的交流与对话、学习与再创造……在这一历史语境下,我们提出并讨论"艺术学的中国学派"问题,不是画地为牢,不是在"筑墙",不是要拒绝向国外文化艺术上好的东西诚恳而认真的学习,而是要思考怎样更加深入地挖掘自己那种深厚而优秀的传统,总结、概括我们自身历史与土壤的艺术经验与艺术原理,把自身悠久而宝贵的传统充分激活。然后,用新的表达方式与世界交流对话,进一步凸显或者建构我们的主体性,呈现我们独有的面貌,从而对世界文化、世界艺术或世界艺术理论,做出我们更加充分、更加巨大的贡献。① 彭锋认为,今天的中国艺术学派的建设需要在全球视野和当代美学下进行,它们既有别于100年前的国际视野和现代美学,也有别于50年前的世界视野和后现代美学。今天艺术学中国学派建设的目标,是将中华美学精神和人类命运共同体意识结合起来,创造出属于这个时代的艺术作品和艺术理论。② 以上两位作者都对中国学派的建设提出了自己的真知灼见,将弘扬中华美学精神与加强人类命运共同体意识相结合,为世界文明的发展贡献中国力量与中国智慧。

  总体而言,以上诸位学者对构建有中国特色的艺术学理论体系、中华传统艺术的当代传承、新文科背景下艺术理论的发展以及艺术学的中国学派等问题进行了较为深入的研究与探讨。艺术学已成为推动人类命运共同体建构的重要

---

 ① 李心峰:《"艺术学中国学派"初论》,载《艺术学研究》,2019年第2期,第4—8页。
 ② 彭锋:《艺术学中国学派的反思和展望》,载《北京大学学报》,2021年第4期,第104—111页。

力量,同样,人类命运共同体这一理念也应成为一种世界共识被人们所接纳并践行。费孝通先生晚年曾提出十六字箴言:"各美其美、美人之美、美美与共、天下大同。"全球艺术学的发展应走向更加开放与融合之路,相信在人类命运共同体理念的引领下,构建有中国特色的艺术学理论必将在世界学术的舞台上绽放出别样光彩。

二、艺术门类学科与构建人类命运共同体的研究

在诸艺术门类领域,许多学者都围绕艺术对于推动构建人类命运共同体的重要作用发表了真知灼见。李牧认为,中国之外的艺术世界正在不断调整自身的评价与书写机制,出现了诸多关于如何面对"他者"的新变化和新主张,这在很大程度上为中国艺术与艺术家提供了实现个人目标和展现各色艺术作品的舞台。中国艺术作品进入西方世界的方式实际上开始了一种有关中国传统文化艺术与其他艺术传统交流,甚至相融的新模式,即通过艺术观念和艺术实践在跨境和跨文化层面的对外推介和有效传播,逐渐完成不同文化之间的相互理解和知识共享,使得在全球范围内,一种以全人类命运共同体为基础的新艺术和新文化得以被创造和重新定义,最终将建构新的艺术历史。① 不同文明之间的交流互鉴在今天尤为重要,世界日益成为一个"你中有我、我中有你"的地球村,随着多媒体技术、人工智能技术等应用于艺术领域,它为我们带来一个更加多元的艺术世界,也不断拓展着艺术的边界,更新着人们对艺术的认知。

(一) 音乐与推动构建人类命运共同体研究

在音乐领域,相关研究集中在探讨如何推动人类命运共同体理念在表演艺术领域落地生根,助力表演艺术在世界范围内传播发展。中国国家大剧院成功

---

① 李牧:《艺术认同的几个基本模式》,载《民族艺术》,2021年第4期,第117—131页。

发起成立世界剧院联盟的倡议,近年来,它分别与莫斯科大剧院、英国皇家爱乐乐团举办了联合音乐会,吸引了全球网友观看并参与互动。国家大剧院交流部的高瑞雪认为,音乐会的成功举办,有效加快了数字化技术在艺术领域的应用,推进了舞台艺术云端展现。在新冠疫情之下,"艺术+科技"的突破,使得世界剧院及艺术机构得以打破时空界限,开展多种形式的交流与合作,也让更多观众有机会体验更深入、全面、立体的舞台艺术内涵和背后的故事。① 秦序认为,中国的音乐学、艺术学等学科,在"把目光投向人"的同时,要自觉回归人文学科(即人学)范畴,立足历史悠久自成体系而又成就辉煌的中国音乐、艺术传统,依据文化价值相对论,理直气壮地构建中国真正的人文各学科,包括"中国音乐学科""中国艺术学科"以取代所谓"科学"的"音乐学在中国"等狭窄概念及学科定位。"人文学科有祖国",还有民族特色。"中国音乐学科"等人文学科,既应充分突出中国人特性,彰显中国民族文化和音乐艺术独特精神,又要充分吸纳和发展现代科学精神和方法,创建真正体现中国特色的学科话语体系,形成无可置疑的中国学术话语权,同时积极参与各民族文化艺术的交流对话,为实现"美美与共"的美好愿景做出积极贡献。② 钟卓文认为,伟大的时代呼唤伟大的作品,如何在批判地继承人类音乐文化一切优秀成果的基础上,创造出更多如《白毛女》这样兼具艺术性、历史性、人民性的红色经典音乐作品,力求用中国音乐讲好中国故事,培养民族自信与文化自信;在满足我国人民需求的基础上,借助当下多样的传播媒介与传播途径,充分发挥音乐在国际关系中的推动作用,以及在构建人类命运共同体中的重要意义,用音乐促进文明的互鉴交流,助力人类的发展进步,这是值得每一个中国音乐人深思的问题,也是当下发展与传播中国音乐的应有之义。③ 我国的音乐家谭盾、陈其钢和何训田等人的音乐创作逐渐被世界人民所认可,他们将多种文化融入其中,创造出具有独特美感的音乐作品。再比如我

① 郑娜:《世界剧院联盟 艺术架起友谊之桥》,载《人民日报》(海外版),2021年12月13日,第07版。
② 秦序:《从"音乐学在中国"到中国的人文音乐学科建构——兼论艺术科学向人文学科的认知飞跃》,载《音乐艺术》,2021年第3期,第89—103页。
③ 钟卓文:《日本松山芭蕾舞团与〈白毛女〉——以此为个案对红色经典音乐海外传播的思考》,载《中国音乐》,2021年第1期,第85—91页。

国新疆的"木卡姆"、甘肃的"花儿"等音乐类型曾经深刻地影响了丝绸之路上塔吉克斯坦、吉尔吉斯斯坦、伊朗等很多国家的音乐,并促进了不同文化间的相互交流与融合。

音乐作为人类文化的精华与文明的结晶,是构建人类命运共同体的重要桥梁,也是一个民族文化软实力的展现。虽然学者们开始关注音乐表演艺术对传播人类命运体理念的贡献,但相关研究成果较少,尤其缺乏如何将人类命运共同体理念融入音乐创作过程、如何深入挖掘这一理念背后的深刻含义与价值观在音乐领域的具体呈现与阐发等方面的研究。

(二)舞蹈与推动构建人类命运共同体研究

舞蹈作为一种身体语言,在推动构建人类命运共同体中同样发挥着举足轻重的作用。张延杰认为,舞蹈文化多样性是客观存在的事实,在人类命运共同体的当代文化语境中,多样化的舞蹈不断发生交流、交锋和交融。中国智慧的"天人合一"应是人类命运共同体的重要遵循,多样化的舞蹈文化建设也将在这一理念中发挥积极作用。[①] 邓佑玲也指出:中国舞剧创作的转向,最根本的在于从身体语言中寻找东方身体哲学、审美的属性,在创作上走出功利化、模式化的创作怪圈,创作者应该静下心来,耐得住寂寞,扎根中华大地,扎根群众生活,感知时代精神,关照人类情怀,以舞蹈人物彰显生活,以舞蹈身体形塑民族精神和丰富人性,如此方能以艺术的灵魂感召民众的精魂,以艺术精神激励民族精神,以人类情怀激发人类共鸣,以舞蹈艺术践行人类命运共同体理想,以舞蹈身体的方式创作出既属于民族、又属于世界的经典。[②] 备受观众欢迎的舞蹈诗剧《只此青绿》、河南卫视春晚推出的《唐宫夜宴》、舞剧《五星出东方》《到那时》《秀水泱泱》《大河之源》等聚焦民族传统与建党百年等题材的一系列作品都堪称经典。李泽璇认为,我国舞蹈艺术不仅汲取古代舞蹈成就之精华,还借鉴国外先进舞蹈训练体系,从古今中外四个方面完善自身体

---

① 张延杰:《疫情之下的舞蹈艺术与人类命运共同体——记北京舞蹈学院 BDA 舞蹈论坛(2020)》,载《中国艺术报》,2020 年 12 月 9 日,第 6 版。
② 邓佑玲:《2020 舞蹈:回归身体与生命的意义》,载《中国文艺评论》,2021 年第 1 期,第 26—37 页。

系，响应习近平构建人类命运共同体的号召，谋求我国独特的舞蹈艺术发展之路，具体表现为：借助科技力量通过线上线下方式学习舞蹈；借助产业力量，通过文化价值与商业价值的融合谋求利益最大化；借助政策力量，通过国家颁布的政策来建设舞蹈"地球村"。①

以上学者阐释了人类命运共同体所蕴含的中国智慧以及用舞蹈践行人类命运共同体理念的旨归，同时借助科技、产业、政策等力量，以更好地推动中国舞蹈事业走向世界。但相关领域的研究还有待进一步深入，如在人类共同体理念下，如何更好地在世界舞台上展现具有中国特色、中国风格、中国气派的舞蹈艺术；随着新媒体时代、5G时代的到来，舞蹈艺术如何更好地与时代接轨，与人类同呼吸、共命运，进而用舞蹈的力量彰显世界美好的未来图景等。

（三）电影与推动构建人类命运共同体研究

电影作为一门受众极为广泛的视听艺术，也潜移默化地影响着人们的精神世界，在构建人类命运共同体这一理念下，在中国电影如何更好地走向世界以及重新书写"世界电影史"、构建中国电影学派等问题上，诸多学者都进行了探讨。饶曙光认为，中国电影要想在国内市场进一步赢得更多的观众以及市场份额，并在海外市场进行更加有效的传播，就必须建立起与人类命运共同体相衔接、富有包容力和感召力的价值观，同时找到富有人文内涵、艺术张力的中国故事，并且以电影化的方式智慧地讲好故事，使之具备现代电影的叙事格局和视听品质，更好地满足人民对美好生活的新需求。② 陈旭光认为，随着全球化进程的加速，尤其是21世纪以来的世界电影格局发生了很大变化，中国电影产业近年来高速崛起，国际合拍也渐成趋势，更多的电影呈现出"你中有我""我中有你""国籍不明"的现实。随着中国电影地位的提升即中国电影不断走向世界，在中国学术体系、话语体系和学科建设的新时代学术要求和新文科建设的语境中，我们应重新思考"世界电影史"写作问题。如何构建中

---

① 李泽璇：《舞蹈与人类命运共同体舞蹈发展趋势研究》，载《尚舞》，2021年第16期，第86—87页。
② 饶曙光：《以精品奉献人民 以多元丰富市场——从2021国庆档电影看中国电影的高峰之路》，载《视听理论与实践》，2021年第4期，第3—7页。

国学派，讲好中国故事，传达中国精神和中国文化等时代课题都促使我们必须认真思考如何从中国人的立场撰写一部科学严谨的世界电影史。[①] 孔令顺认为，霍建起的《暖》、贾樟柯的《三峡好人》、罗启锐的《岁月神偷》、王小帅的《地久天长》等电影，虽然只是聚焦中国普通百姓的命运，但总令人不由联想到《乱世佳人》《偷自行车的人》《罗马》《小丑》等世界佳作，与《辛德勒名单》《金陵十三钗》《波斯语课》也大有异曲同工之妙。这些成功的案例在诠释电影艺术跨国界的同时，也在提醒我们：从全球到整个宇宙世界，从人类到世间万事万物，都已经形成了一个休戚相关的命运共同体，这是一种中国电影学派的美学伦理和价值判断。[②]

如何用电影讲好中国故事以及走向全球市场，并且创作出能够传达人类共通情感和普世性价值的经典作品，是诸多电影人以及电影学者所一直探索与思考的问题。电影作为一门综合艺术，已经成为传播人类命运共同体理念的重要载体。我们应更加深入挖掘中华传统文化中有关人类命运共同体的文化基因，根据不同国家、不同受众群体的文明体系与价值观的差异，寻找到人类心灵的契合点，努力讲好中国故事，发出中国声音，做到国际表达。

（四）美术与推动构建人类命运共同体研究

在美术领域，诸多学者也就人类命运共同体这一理念展开了探讨与思考。吴为山认为，艺术在文明对话中具有不可替代的作用。文明对话本质是对真、善、美的永恒追求。三十多年来，吴为山创作的多件雕塑矗立于世界各地，艺术地阐释了人类命运共同体理念，向世人讲述了当代中国的对话意愿和对话能力。如2021年9月16日，他创作的《神遇——孔子与苏格拉底的对话》在希腊雅典卫城山脚下的阿果拉广场落成。这体现了希腊政府和人民对孔子的认可和对中国传统文化的认可，更反映了他们对新时代中国的认可，对中西文明互鉴的认可以及对人类命运共同体理念的认可。另外，还有立于乌克兰驻华大使

[①] 陈旭光：《机遇与挑战：新文科背景下重写"世界电影史"的思考》，载《教育传媒研究》，2021年第5期，第15—17页。

[②] 孔令顺：《风骨：中国电影学派的知与行》，载《北京电影学报》，2021年第8期，第4—10页。

馆的《心灵之门——乌克兰诗人舍甫琴科与中国诗圣杜甫对话》、立于意大利达·芬奇博物馆的《超越时空的对话——达·芬奇与齐白石》等超越时空的作品,都体现了文明互鉴中的世界各国在"同一片天空下"展开的文明对话。① 吴为山在《关于调动一切积极因素向世界展现可信可爱可敬的中国形象的提案》中提出,讲好中国故事,要找到精神共通点、思想共享点、情感共鸣点。要立足中国、放眼世界,树立国际化的思维方式。融合中外、贯通古今,精心构建话语体系,用受众乐于接受的方式、易于理解的语言,以多种角度、多种途径与世界沟通交流,展现中华文化的影响力和感召力。可以说,吴为山用自己的艺术作品践行了人类命运共同体理念,并在推动中西文明交流互鉴中做出了积极贡献,为如何向世界讲好中国故事树立了一个典范。

早在2018年,第八届北京国际美术双年展便以"构建人类命运共同体背景下的国际当代造型艺术担当"为主题举行学术研讨会,会上陶勤、邵大箴、王镛以及白俄罗斯、新西兰、西班牙特展代表艺术家和理论家就当代艺术创作与构建人类命运共同体理念的相关理论关联、中外现当代美术创作史论研究等主题展开交流与探讨。陶勤认为,我们要找准艺术在服务大局中的切入点、找准中外价值观的契合点、找准中国人民与世界人民的情感共鸣点,以艺术的方式讲好具有人类主题的"中国故事"。王镛在题为《全球视野与人类情怀》的发言中指出,该届双年展主题旨在以世界文明多样性的艺术形式构建人类命运共同体的理想境界。东西方不再纠结于观念对立或传统与现代的两难选择,一切人类创造的艺术形式皆可创造性地转化为当代世界的艺术形式。同时,双年展的作品也充分体现了世界多样性文明交流互鉴的精神,既保持着东西方各国不同文明的传统特色,又吸收了其他国家文明的艺术元素,一方面"以我为主、我自为我",另一方面"我中有你、你中有我",共同绘制人类命运共同体的宏伟蓝图。雷米·阿隆作为一位艺术家,从绘画的诗性入手,认为绘画本质是建立在对色调与和谐的理性认知上,有限的画幅是属于艺术家们抒写情感的自由空间,作品以独具个性的方式表达出每个人心中对"合一"的渴望。世界各大文明之间的差异不是交流的障碍,而是人类宝贵的财富,这种客观存

---

① 吴为山:《同在一片天空下》,载《群言》,2021年第11期,第27—28页。

在的文化多样性应借助艺术语言,在每一个民族和文明的特定文化语境中得到充分表达。瑞士的伯纳德·加罗认为,全世界正被趋于恶化的自然生态不断提醒着:人类的命运是联系在一起的。在面对地球这唯一的共有家园时,人类应放下文化和种族偏见,同舟共济、共同应对。其中,艺术起着重要的作用,"因为它承载着希望,沟通人类的心灵,激励人们从新的角度思考,并做出相应改变,逐步完善自己的良知"。[1] 中国美协多年来也坚持多层次、宽领域的对外美术交流,在巩固诸国关系、深化人类友谊、促进民心相通,让中国更好地走向世界,让世界更好地了解中国方面发挥着积极的作用。

在美术领域,中西方的艺术家及理论家都对人类命运共同体理念下的艺术理论与实践问题进行了深入探讨,但仍需对这一主题进一步挖掘与阐释,积极推动中华优秀文化走出去,将具有世界意义与当代价值的中国文化精髓用艺术的方式展现出来,通过美术作品的呈现,增进人与人、民族与民族、国与国之间的心灵沟通。

(五)摄影与推动构建人类命运共同体研究

摄影艺术作为一种视觉艺术,在推动构建人类命运共同体的进程中,同样起着重要作用。尽管受疫情影响,中国摄影界仍引进并举办了一批优秀的世界摄影展览。如成都当代影像馆展出的亨利·卡蒂埃-布列松《欧洲,目光所及》,呈现布列松游历欧洲各国所拍摄的珍贵影像;北京展出的"白俄罗斯摄影师眼中的北京"等,这些展览拓宽了人们的眼界和视野,促进了中外摄影界的相互交流与了解。2021年的各类摄影活动较为频繁,以抗击疫情为主题,张雁彬认为,在全球新冠疫情肆虐背景下,全世界的人们更需要用艺术来驱散阴霾、温暖心怀、砥砺精神、增强信念。全世界的艺术家们更需要团结在一起,用有筋骨、有道德、有温度的文艺作品,为全球抗疫提供强大的精神力量。世界各国作为休戚与共的命运共同体,唯有不断增进交流互鉴,才能汇聚

---

[1] Biennale Organizing Committee:《用绘画与雕塑共绘人类命运共同体的宏伟蓝图——第八届北京双年展国际学术研讨会综述》,载《美术》,2019 年第 10 期,第 23—26 页。

起强大的力量,为世界文明的发展与进步注入永恒的动力。① 这几年产生了诸多摄影艺术作品,但如解海龙的"大眼睛女孩"一般令人印象深刻、并产生较大社会影响力的艺术作品还有待发现。

在各个不同的艺术领域,诸多艺术理论家与艺术家都对人类命运共同体这一理念进行了探究与践行,并产生了丰硕的学术理论成果以及深受世界人民喜爱的艺术作品。同时,如上所述,不同领域的研究还有待进一步挖掘与阐释。

三、人类命运共同体与加强文明交流互鉴研究

随着我国综合国力的增强,世界对中国的关注度越来越高,而艺术作为人类文明交流互鉴的方式之一,在推动人类命运共同体的构建中起着举足轻重的作用。

美学家托马斯·门罗曾指出:"艺术能够也应该被作为获得世界性理解和同情,从而获得和平与积极的文化合作的手段来加以利用。它们可以被用来减缓种族、宗教、社会和政治集团之间的敌对,并发展相互的宽容和友谊。"②杜卫认为,随着我国的不断发展,我们所面对的国际环境发生着深刻变化。中国政府提出推动构建人类命运共同体的主张,包含了重要哲学基础,即全人类共同价值。这种价值观的形成是一个逐步相互认同的历史过程,因此,国际人文交流非常重要。中国的发展需要国际合作、和平环境,需要主动与各国人民开展交流,使他们更加了解并认同中国;同时应不断增强自己的文化软实力。艺术具有超越性,可以突破群体、语言、文化和历史等隔阂,达到人与人更普遍的交流、理解和联合的目的。在新时代国际艺术交流中增强文化自信就要转变"求异"思维,确立"求同存异"的国际交流策略,使中国艺术更多地走进世界各国人民的生活,增强他们对中国文化、中国人民的亲近感。我们要从

---

① 蒲波:《聚焦构建人类命运共同体 深化文明交流互鉴——中国文联对外文化交流五周年巡礼》,载《中国艺术报》,2021年12月10日,第1版。

② T. Munro, *Art Education*, New York:Liberal Arts Press, 1956, p.155.

和平、发展、公平、正义、民主、自由这六个关键词,挖掘、描绘、交流、传播更具有普遍价值的中国故事,尤其是中国坚持和平发展、合作共赢的故事,构建中国艺术对外话语和叙事体系,让国外受众在审美过程中感受文化认同,了解"为人类文明做贡献的中国"。① 作为文艺工作者,应积极响应习近平总书记的号召,用艺术努力推动人类命运共同体的建构,探索不同文明间的艺术形态并加强交流与互鉴,让世界看到一个"学术中的中国""理论中的中国"和"艺术中的中国"。

四、小结

回顾2021年,艺术学界的诸多学者围绕艺术与构建人类命运共同体这一主题展开了积极的探讨并取得了相应的研究成果,包括从艺术学科建设,音乐、舞蹈、电影、美术等各艺术门类与人类命运共同体理念的关系等方面出发,探讨艺术发展对推动构建人类命运共同体的贡献,以及艺术作为人类文明交流互鉴的方式之一,对于推动构建人类命运共同体起的重要作用。

总之,在今天这个地球村的时代,人类社会已经形成一个彼此休戚与共的命运共同体,而艺术作为一种世界语言,可以超越国别和民族的疆界,甚至跨越时空,直抵人的心灵深处。作为文艺工作者,我们要努力讲好中国故事、传播好中国声音、阐发中国精神、展现中国风貌,让外国民众通过欣赏中国作家、艺术家的优秀作品深化对中国的认识、增进对中国的了解。要向世界宣传推介我国优秀文化艺术,让国外民众在审美过程中感受中国文化魅力,加深对中华文化的认识和理解。但目前,现有的研究还处于起步阶段,其深度还有待进一步挖掘。人类命运共同体理念是马克思主义中国化的新成果,也是对中华优秀传统文化的创造性转化与创新性发展,我们要对这一理念的内涵和外延进行充分挖掘。在世界文化艺术舞台上,我国的话语权还有待加强,市场占有率

---

① 冯远、许江等:《牢记嘱托,勇担新时代文艺工作者的使命(一)》,载《中国美术报》,2021年12月20日,第4版。

比较低，我们需要借鉴与吸收世界优秀文化艺术，努力探索艺术创作从"高原"迈向"高峰"的路径，进而创作出令世界人民所激赏的经典艺术作品，为用艺术推动人类命运共同体的构建提供中国智慧与中国方案。

人类命运共同体历史学研究述评

刘继华　张佰粉*

人类命运共同体理念是以习近平同志为核心的党中央在准确洞察国际国内形势、科学研判世界发展大势的基础上，汲取马克思主义理论和中华优秀传统文化资源、坚持历史思维和辩证思维相统一而创造性提出的科学理念，是时代发展的产物。随着当今世界进入大发展大变革大调整时期、面临百年未有之大变局，达到历史演进的最新形态，以"建设持久和平、普遍安全、共同繁荣、开放包容、清洁美丽的世界"为核心的人类命运共同体理念便成了历史学研究的对象之一，而后者又恰好可作为前者的思维方式和理论依据存在。两者交织相融，形成了人类命运共同体历史学研究这一视角。通过研究，可以将历史与现实、理论与实践、局部与整体统筹结合，不断丰富人类命运共同体理念的内涵与价值，从而向世界传播中国声音，为完善世界治理体系贡献中国智慧和中国方案。

纵览学界自人类命运共同体提出之后进行的研究，大体上呈逐年增加的趋势（见图1）。本文主要研究2021年取得的人类命运共同体历史学研究成果。据统计，以"人类命运共同体"为主题词，以与之相关的如"习近平""中国共产党""理念""世界历史""大变局"等关键词为检索条件，选取在中文社科索引、北大核心期刊索引等数据库中发表的相关文章，共检索到文章158篇。

---

* 刘继华，兰州大学马克思主义学院副教授、硕士生导师，兰州大学西北党史党建研究中心副主任，主要从事党史党建、中国近现代史基本问题研究。张佰粉，兰州大学马克思主义学院2020级硕士研究生，研究方向为中国近现代史基本问题。

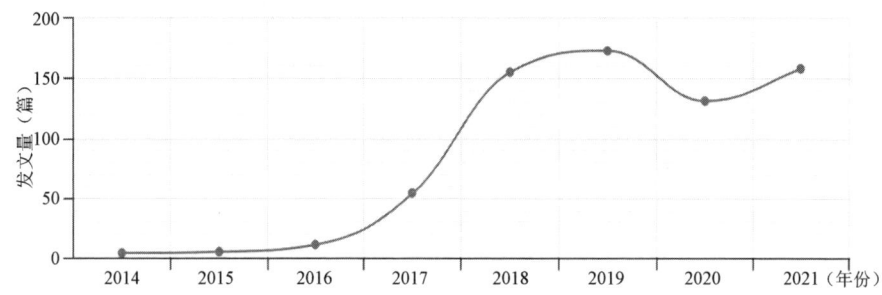

图 1　2014 年—2021 年有关人类命运共同体研究发表趋势

2021 年,学界取得的有关人类命运共同体历史学研究成果,主要围绕人类命运共同体与中华民族伟大复兴、全球化、世界历史、中国共产党、中国外交等主题展开,从理论依据、价值意义、实践路径等方面对人类命运共同体进行了发散探讨。鉴于此,本文旨在梳理总结该年度人类命运共同体历史学研究的相关成果,对这一领域研究的最新进展进行分析归纳,挖掘其中亮点并弥补些许不足。

一、人类命运共同体与中华传统文化研究

习近平总书记曾指出,"中国优秀传统文化的丰富哲学思想、人文精神、教化思想、道德理念等,可以为人们认识和改造世界提供有益启迪,可以为治国理政提供有益启示,也可以为道德建设提供有益启发。"[①] 2015 年,习近平在第 70 届联合国大会上全面详细地阐述了构建人类命运共同体理念的具体内容,此后这一理念的含义不断得到深化。那么如何理解这一理论诞生的渊源,它究竟从何而来、有何依据,学界对此展开了广泛的研究。

其一,中华优秀传统文化是人类命运共同体理念的理论依据和重要来源之一,两者之间存在着极其重要的赓续价值。如王莹、秦真英在《构建人类命

---

① 习近平:《在纪念孔子诞辰 2565 周年国际学术研讨会暨国际儒学联合会第五届会员大会开幕会上的讲话》,载《人民日报》,2014 年 9 月 25 日,第 2 版。

运共同体与中华优秀传统文化"走出去"》一文里指出,"人类命运共同体思想与中华优秀传统文化有着深厚的历史渊源,蕴藏着中华优秀传统文化的精髓,是对中华优秀传统文化的继承和创造性转化、创新性发展。"① 周倩也认为,人类命运共同体理念中蕴含的互商互谅的国际交往观念是对由己及人的传统交往理念的继承、共建共享的安全理念是对和谐万邦的天下观的继承、包容互惠的发展理念是对博施众利的传统义利观的继承、绿色发展的生态理念是对天人合一的传统生态观的继承。②

在此基础上,学界产生了三种具体认识。第一,人类命运共同体理念是对传统"和""和合"文化的继承创新。如姚咏、肖萍指出构建人类命运共同体的关键点在于"和合共生",即借鉴古时天人合一、协和万邦、和而不同的思想,置于现代可作为中国在处理国际关系时的态度与原则。③ 李姝桥、孔朝霞在《人类命运共同体:中国"和"文化的智慧延展》中提到,人类命运共同体思想汲取并涵养了中国传统中"天人合一""协和万邦""和而不同"以及"人心和善"的"和"文化的营养和智慧。④ 第二,人类命运共同体理念与中国恩感礼义文化的核心价值相一致,详见谭光辉的《传统"恩感"文化对构建人类命运共同体的贡献》一文。⑤ 第三,人类命运共同体理念与中华文化中蕴含着相似的道德传统和人文情怀。如毛俊超和陈文殿在《关于构建人类命运共同体的三个基本问题——基于中国传统文化视域》中写到,在中国传统文化语境中,性善论占据绝对主流,展现了人类情怀,这正为在实现人类命运共同体思想的过程中兼顾各国利益提供了宝贵的资源和原则。而"仁政"

---

① 王莹、秦真英:《构建人类命运共同体与中华优秀传统文化"走出去"》,载《中国党政干部论坛》,2021年第8期,第88—91页。

② 周倩:《人类命运共同体理念对中华传统文化的继承与发展研究》,宁夏大学硕士学位论文,2021。

③ 姚咏、肖萍:《传统文化视域下"构建人类命运共同体"的内在逻辑》,载《武汉理工大学学报(社会科学版)》,2021年第6期,第58—62页。

④ 李姝桥、孔朝霞:《人类命运共同体:中国"和"文化的智慧延展》,载《太平洋学报》,2021年第8期,第49—59页。

⑤ 谭光辉:《传统"恩感"文化对构建人类命运共同体的贡献》,载《西南民族大学学报(人文社会科学版)》,2021年第1期,第150—156页。

"为政以德"则为推动构建人类命运共同体提供了道德约束力量。① 汪金国和令小雄则指出,人类命运共同体继承并超越了传统"王道政治"而形成了一种新天下观。②

其二,红色文化的内涵与人类命运共同体理念存在许多相似之处,从红色文化中能寻找到人类命运共同体理念的渊源。朱世龙和涂志明在《红色文化与人类命运共同体理念的逻辑关联》一文中指出,红色文化中蕴含的为民服务、合作互助、团结协作、艰苦奋斗的道德精神,与人类命运共同体的主旨相通;红色文化的形成与构建人类命运共同体的过程中都具有波折,需要不断汲取历史经验;它们都强调人与人的命运与共,反对极端个人主义和民粹主义。③

其三,人类命运共同体理念是对中国传统文化中儒释道思想的扬弃。其中蒋伟、李唐以道教为出发点,认为人类命运共同体理念中包容开放的精神品格是对道教"道法自然"这一核心思想的继承,中外文明的交流互鉴是对道教"冲气为和""齐物平等"思想的继承,而现代国家你中有我、我中有你,利益彼此依存、高度融合的状况则与道教所主张的"反者道之动""祸福相依论"和"人无贵贱、有道则尊"思想存在内在统一性。④ 张云宇则以儒家思想为出发点,在文章《人类命运共同体理念下的传统文化蕴涵及时代价值探析》中提出,儒家倡导的"天下为公""讲信修睦"思想以及希望建立一个尽善尽美、安定祥和的理想社会的思想,与现在倡导的人类命运共同体理念中的"持久和平、普遍安全、共同繁荣、开放包容、清洁美丽"的核心理念不谋而合。⑤ 李健豪在《人类命运共同体理念蕴含的儒家思想研究》中认为,人类命

---

① 毛俊超、陈文殿:《关于构建人类命运共同体的三个基本问题——基于中国传统文化视域》,载《山东农业大学学报(社会科学版)》,2021年第3期,第162—167页。

② 汪金国、令小雄:《中国天下观视域下的人类命运共同体文化哲学论析》,载《理论学刊》,2021年第5期,第118—126页。

③ 朱世龙、涂志明:《红色文化与人类命运共同体理念的逻辑关联》,载《常州大学学报(社会科学版)》,2021年第6期,第1—8页。

④ 蒋伟、李唐:《道教对构建人类命运共同体的时代价值》,载《中国宗教》,2021年第7期,第58—59页。

⑤ 张云宇:《人类命运共同体理念下的传统文化蕴涵及时代价值探析》,载《文化创新比较研究》,2021年第26期,第113—116页。

运共同体理念闪耀着儒家思想的光辉，蕴含着儒家思想的智慧，其中就含有克己复礼、天下大同、和合文化三方面的思想。① 与此不同的是，曾培在《试论人类命运共同体思想对墨家学说的传承与超越》中认为，人类命运共同体理念与墨家学说关系密切，传承了墨家"兼爱""非攻"的朴素情怀和实践伦理，又以生动实践超越了墨家学说"乌托邦"式的理论困境，也以"互利共赢"的多边理念超越了墨家"义利合一"之辩的局限性。② 因此，人类命运共同体思想是对墨家学说继承创新的结果。

综上所述，众多学者都从传统文化中寻到了人类命运共同体理念的渊源，并且能够以辩证发展的眼光看待、吸收其中的合理之处。其研究成果牵涉广泛，在展现理论深度与精度的同时烘托了中华传统文化的厚度，有助于我们在理解人类命运共同体理念时溯本清源、推陈出新。

二、人类命运共同体的近代思想渊源研究

人类命运共同体理念衔接于中华传统文化，以古代时期最为久远，然而，随着近代社会的急剧转型，西方文化渗入国门，传统文化的地位受到挑战。中国人民在危局中一面抵御列强寻求自救、一面振兴中华力图自强，产生了诸多近代思想。学习这段历史，感悟思想的魅力，能从中寻找到当今人类命运共同体理念的近代渊源，丰富其内涵。

其一，近代思想是人类命运共同体理念产生的渊源之一，是糅合了古代优秀文化与西方先进文化的产物，为人类命运共同体理念的诞生奠定了基础。如朱喆、王钰涵在《"人类命运共同体"的近代思想渊源：李大钊的"世界大同观"》中提到的，"在西学盛行的文化变迁中，李大钊以独到的见解调和东西文化差异，将中国优秀传统文化注入西方先进文明的因子，为儒家'大同社

---

① 李健豪：《人类命运共同体理念蕴含的儒家思想研究》，载《散文百家（理论）》，2021年第5期，第175—176页。
② 曾培：《试论人类命运共同体思想对墨家学说的传承与超越》，载《文化创新比较研究》，2021年第17期，第31—34页。

会'的空想注入科学的社会主义理念,使之成为'人类命运共同体'思想的理论基石。"在实现路径上,李大钊所提出的"世界大同"的社会理想,是将中国现代革命目标与中华传统文化精髓联系到一起,在继承"大同"社会理想的前提下,改变了儒家传统文化对于"大同社会"的时代要求和阶级内容,使"大同社会"的传统政治预见与马克思主义科学理论相结合,形成了包含个性解放、联治主义和共性互助的全新社会理想,从而实现了"世界大同观"从空想到科学的质的飞跃。①

其二,近代思想对于构建人类命运共同体理念具有重要的启迪作用。曾志诚在《从康有为到孙中山:近代共同体思想中的平等价值》一文中,着重分析了康有为的大同思想、孙中山的三民主义中所蕴含的平等价值原则与人类命运共同体理念的相通之处。康有为大同思想中的平等价值原则在于:第一,去除国界、消弭兵患,实现国家地位平等;第二,去除等级、认同身份,实现人人地位平等。其思想中充满了对阶级平等、社会和谐的渴望,以及围绕平等价值原则来建构大同世界的诉求,为国家地位平等、人人平等、经济地位平等价值原则在中国的发展做出了积极探索,这对当今在全世界构建人类命运共同体发挥着重要的启迪作用。孙中山的三民主义中所蕴含的平等思想在于:"民族平等之于国家尤为重要,是一个国家能否实现独立自主发展的重要保障;民权平等是一个国家实现真平等的重要标志;民生平等是一个国家发展的动力之源。"通过分析两者的理论内涵,曾志诚进一步提出当代人类命运共同体理念是对近代共同体思想中平等价值思想扬弃的成果,现如今我们也应以扬弃的态度继承近代共同体思想,彰显其正确的时代价值。②

其三,近代思想与人类命运共同体理念具有高度的内在契合性。如张婉提出,毛泽东的"改造中国与世界"思想与人类命运共同体理念有着密切关联。因为"改造中国与世界"强调中国问题本就是世界问题,将改造中国社会问题和改造世界相结合,是对世界历史理论和普遍交往的坚持和运用。借鉴毛泽

---

① 朱喆、王钰涵:《"人类命运共同体"的近代思想渊源:李大钊的"世界大同观"》,载《武汉理工大学学报(社会科学版)》,2021年第6期,第51—57页。

② 曾志诚:《从康有为到孙中山:近代共同体思想中的平等价值》,载《平顶山学院学报》,2021年第1期,第5—9页。

东的"改造中国与世界"思想,把世界各国人民作为根本力量、坚持爱国主义和国际主义相统一、将短期目标和长期目标相结合,能够更好地建立互利互惠、共商共建的全球治理新模式,从而实现人类社会可持续发展。① 在这个意义上,毛泽东的"改造中国与世界"思想与人类命运共同体理念的出发点相一致。

综上所述,学界在探寻人类命运共同体理念的近代思想渊源时,都坚持了辩证唯物主义和历史唯物主义的基本观点,其研究成果均注重中外文化的交流碰撞与扬弃,展示了马克思主义最重要的理论品质——与时俱进,闪耀着马克思主义真理的光辉。这对于中外文化的交流互鉴和人类命运共同体理念的创新性发展大有裨益。

三、人类命运共同体与中国共产党外交演变研究

走独立自主的和平发展道路是构建人类命运共同体的重要路径之一。中国共产党自成立以来,始终担负着为中国人民谋幸福、为中华民族谋复兴的初心使命,"中国共产党人在中国革命、建设、改革的不同历史阶段,根据中国和世界发展之'需',动态调整共同体之'形',解决中国和世界发展之'困'"②,在复杂的国际国内局势中审时度势,于不同时期提出了不同的对外关系方针。

其一,外交理念处于变化之中。黄宏志在《从"一边倒"到"人类命运共同体"——中国共产党百年外交思想风云》一文中提到,"以毛泽东为代表的老一辈革命家,面对新中国成立时已经形成的世界冷战格局,鲜明提出'一边倒'政策,确立了构建新中国外交的基本原则,成为了毛泽东外交思想

---

① 张婉:《毛泽东"改造中国与世界"思想及时代意义》,载《中共云南省委党校学报》,2021年第3期,第33—40页。
② 潘建屯、黄秋玉:《中国共产党构建世界共同体百年历程及经验启示》,载《西南石油大学学报(社会科学版)》,2021年第5期,第39—47页。

的重要组成部分。进入新时代,世界处于百年未有之大变局,以习近平为代表的中国共产党人,科学回答'世界怎么了,我们怎么办'的世界之问、时代之问,倡导各国共同构建人类命运共同体,成为习近平外交思想的鲜明特色。"[1] 王明进从变与不变的角度进行论述,认为中国共产党百年外交理念经历了从革命的国际主义到人类命运共同体、从一个分裂的世界到一个多样性的世界、从和平共处到建构新型国际关系的变化,但不变的是我国在探索中国特色大国外交之路时始终坚持独立自主。"这条道路的目的是要通过建设相互尊重、公平正义、合作共赢的新型国际关系模式,最终建成人类命运共同体,为人类社会的进步事业作出独特贡献。"[2] 此外,王宇航和汪卫华都从国际秩序观的视角对此进行论述。王宇航在《中国共产党国际秩序观的百年变迁》中写道:"中国共产党的外交政策理论,虽然经历了'一边倒'、'两个中间地带'、'三个世界'、'坚定不移走和平发展道路'等几次改变,但始终恪守维护世界和平、促进共同发展的外交政策宗旨,不仅体现了中国共产党与时俱进的品格,而且也为构建国际政治经济新秩序、建设和谐世界和推动人类命运共同体做出了重大贡献。"[3] 汪卫华则赞誉,推动构建人类命运共同体是新时代中国对不同国家、不同文明之间如何相处作出的明确回答,是返本开新、别开生面的新型国际观。[4] 由此可见,中国共产党百年来的外交理念对于维护国际关系、推动人类共建具有积极意义。

其二,外交路线处于变化之中。具体又可分为两种说法,一是以尚伟为代表的学者认为,从"三个世界"划分理论、"和平与发展"成为时代主题到倡导和推动构建人类命运共同体,是条一脉相承又与时俱进、不断创新的路线,对于建立国际政治经济新秩序和积极参与全球治理具有深远的影响和重要的历

---

[1] 黄宏志:《从"一边倒"到"人类命运共同体"——中国共产党百年外交思想风云》,载《中国机构改革与管理》,2021 年第 11 期,第 10—13 页。
[2] 王明进:《中国共产党百年对外战略理念的变与不变》,载《人民论坛》,2021 年第 23 期,第 39—43 页。
[3] 王宇航:《中国共产党国际秩序观的百年变迁》,载《社会科学》,2021 年第 6 期,第 43—56 页。
[4] 汪卫华:《中国的国际观变迁与构建人类命运共同体》,载《外交评论》,2021 年第 5 期,第 1—23 页。

史意义。① 这是从创新发展的角度论述外交路线的变化。二是以李开盛和潘建屯为代表的学者从民族复兴的角度论述外交路线的变化。李开盛在《中国共产党对外交往的百年演进与当代发展——基于民族复兴视角的分析》中提出："在百年发展历程中，中国共产党始终将实现中华民族的伟大复兴作为处理中国与外部世界关系的根本指南。"从改革开放前到改革开放后，中国共产党领导下的中国外交走出了一条从"谋富"到"求强"的复兴之路，而习近平领导中国共产党构建人类命运共同体，更将民族复兴事业推向一个新的高度，并为最终实现这一目标奠定了坚实基础。② 同样地，潘建屯和黄秋玉认为，在中华民族迎来从站起来、富起来到强起来的百年发展历程中，中国共产党分别构建了以推翻"三座大山"为中心的革命共同体、以经济建设为中心的和平发展共同体和以实现世界繁荣发展为中心的人类命运共同体。人类命运共同体的繁荣发展直接关系中华民族的伟大复兴。③

朴哲希的文章《人类命运共同体视域下中韩诗赋外交的历史记忆与当代价值》聚焦中韩诗赋外交的独特视角，认为"新时代的诗赋外交既可为深化国家间的文化交流与相互理解搭建平台，也可为强化国家间的开放合作与共同繁荣提供经验，不断丰富构建人类命运共同体的中国方案"。而中韩诗赋外交能够在当代延续并取得成功、成为典范，其依据：第一，出于翻译的需要，诗赋外交已然成为一种新的具有代表性的文化符号，有助于建构富有中国特色的对外话语体系；第二，中韩两国共同拥有关于诗赋外交的历史记忆；第三，汉字在东亚地区具有重要地位。因此，延续中韩诗赋外交的传统，是两国人民对于同属于汉文化圈的共有认同，以及作为命运共同体的彼此关怀与互相需要。④

---

① 尚伟：《中国共产党百年外交路线述论》，载《西南大学学报（社会科学版）》，2021年第2期，第12—23页。
② 李开盛：《中国共产党对外交往的百年演进与当代发展——基于民族复兴视角的分析》，载《国际展望》，2021年第3期，第26—41页。
③ 潘建屯、黄秋玉：《中国共产党构建世界共同体百年历程及经验启示》，载《西南石油大学学报（社会科学版）》，2021年第5期，第39—47页。
④ 朴哲希：《人类命运共同体视域下中韩诗赋外交的历史记忆与当代价值》，载《辽宁师范大学学报（社会科学版）》，2021年第1期，第83—90页。

综上所述，学界关于人类命运共同体与中国共产党外交演变的研究，都强调百年外交理论与实践对构建人类命运共同体的重要意义，既遵循了历史主线，又注重中国共产党在构建人类命运共同体上的作用，内涵丰富，推崇明本。将大国外交与人类命运共同体相结合，体现了大局观念和全局意识。

四、人类命运共同体与世界历史理论研究

近代西方世界历史理论主要包括三种范式，即"契约论范式""目的论范式"和"神正论范式"。基于唯物史观的发现，马克思完成了对近代西方世界历史理论的范式革命，开创了世界历史理论的"唯物史观范式"。由此，人类自身主宰命运成为了马克思世界历史理论的叙事主题。① 学界对此进行了较多研究。

其一，人类命运共同体理念继承和发展了马克思恩格斯的世界历史理论。如陈晓仪在《从世界历史"阶段性过程"探析人类命运共同体的时代意蕴》中指出，"人类命运共同体理念直接来源于马克思恩格斯的世界历史思想，并且在与全球化的互构过程中深化了世界历史的空间维度，在对共同利益和共同价值的关注中进一步凸显了世界历史发展的主体维度。人类命运共同体理念对世界历史的目标愿景具有建构性作用，有着破除中心主义论调的现实力量；展望了一个各国人民共同参与并为之努力的更美好的世界，指明了通向共产主义未来图景的重要的'阶段性过程'。"② 吴宏政认为，在百年未有之大变局的时代判断下，构建人类命运共同体构成了21世纪马克思主义世界历史观的叙事主题。因为其重新确立了人类对世界历史反思的自我意识，坚持在两种制度并

---

① 吴宏政：《21世纪马克思主义世界历史观的叙事主题》，载《中国社会科学》，2021年第5期，第4—25页。
② 陈晓仪：《从世界历史"阶段性过程"探析人类命运共同体的时代意蕴》，载《理论导刊》，2021年第10期，第84—89页。

存条件下实现人类和谐共生的世界历史观,在"变局"中开展出确定性的"新局",为寻求人类文明新的形态提供了中国智慧和中国方案。① 赵畅和马其南指出,人类命运共体思想"超越了资本主义的交往方式,进一步拓展了人类社会发展的新道路、推进了全球治理体系变革、重塑了新型国际关系、提升了中国特色社会主义发展道路的国际话语权"②,为解决人类社会发展进程中的"世界历史性"问题、推动世界历史进程贡献了中国智慧和中国方案,具有深刻的世界历史价值③。与上文这些论述方式有所不同的是,袁铮一和李晓广在《论共同体与人类命运共同体理念的历史、现实与未来》中从历史与现实两方面考察了人类命运共同体理念的生成逻辑,即人类命运共同体理念"既继承和发展了马克思主义有关共同体的论述,又承载了中西方'命运与共'的历史思考",它还赋予世界主义理论新的阐释,形成了中国的全球治理理念,为全人类的命运与共提供了理念引导。④ 黄正元、禹丽婷、杨春艳提出,人类命运共同体思想在学理上与马克思世界历史观一脉相承,在理论上丰富了马克思世界历史观,在具体可操作层面上超越了马克思世界历史观,是马克思主义中国化的伟大成果。⑤ 正如吴宏政和杨盼悦指出的,"推动构建人类命运共同体是马克思世界历史观在当代开拓的'改变世界'的新道路。"⑥ 亦可借王艺情的论述进行总结:"人类命运共同体理念是在新的时代条件下对世界历史理论的继承和创新。"⑦

其二,全球化为人类命运共同体的实现提供了条件。如张金金、余金成在

---

① 吴宏政:《21世纪马克思主义世界历史观的叙事主题》,载《中国社会科学》,2021年第5期,第4—25页。
② 赵畅、马其南:《构建人类命运共同体思想对马克思世界历史理论的继承与发展》,载《社科纵横》,2021年第3期,第39—44页。
③ 马其南、赵畅:《论构建人类命运共同体的世界历史价值》,载《学校党建与思想教育》,2021年第19期,第89—92页。
④ 袁铮一、李晓广:《论共同体与人类命运共同体理念的历史、现实与未来》,载《大庆师范学院学报》,2021年第5期,第1—8页。
⑤ 黄正元、禹丽婷、杨春艳:《人类命运共同体思想:对马克思主义世界历史观的继承与发展》,载《湖南工业大学学报(社会科学版)》,2021年第4期,第10—17页。
⑥ 吴宏政、杨盼悦:《马克思"改变世界"的世界历史观及其当代发展》,载《浙江学刊》,2021年第6期,第4—12页。
⑦ 王艺情:《论人类命运共同体理念对世界历史理论的贡献——基于对〈共产党宣言〉的分析》,载《漳州职业技术学院学报》,2021年第1期,第1—6页。

《经济全球化与人类命运共同体历史性生成》一文中指出，经济全球化使人类作为"第一关系"成为建构命运共同体基本前提、使市场经济弊端作为"第一矛盾"成为建构命运共同体化解要务、使社会主义市场体制作为"第一道路"成为建构命运共同体基础样态。① 金峻宇在《马克思世界历史思想视域下人类命运共同体思想研究》一文中提到了人类命运共同体思想与全球化之间的多重联系，即人类命运共同体思想的实质是将世界看成一个多层次的"共同体"，涉及经济、政治、文化及生态多个方面，从而使世界各国在共享全球化浪潮带来的红利的同时联手抵御全球化风险，最终促成全世界人类命运相连，实现全人类自由而全面的发展，开创世界历史的新格局。②

其三，人类命运共同体理念是在资本主义世界历史走向明了之后而产生的一种极具意义的理论。如荣鑫的文章《马克思主义历史观变革与人类命运共同体思想》指出，"资本的世界史是无组织的、难驾驭的、不确定的和日益分化的，导致资本的世界史走向反全球化、逆全球化。如今，历史正处在世界历史深度变革、发展阶段急剧转变的关键时期，习近平提出的人类命运共同体思想反映并引导人类历史的这种变革，实现了马克思主义历史观的重大理论创造。"③ 王亚杰的《批判与建构：世界历史理论视域下的人类命运共同体》亦是认为，"世界历史受资本逻辑的影响，呈现出变动性与不变性的双重特征，即不变的霸权等级体系已经完全不能适应日益变化的人类发展需求。人类命运共同体正是中国在世界发展趋势下做出的科学研判，是世界历史辩证发展的必然结果，它既是对长期以来由西方资本所主导的不平衡世界霸权体系的批判，也是对历史进入新阶段世界发展格局的新构建。"④ 最后，黄徐平和胡萍在《在世界历史视域下建构人类命运共同体》一文中指出，"世界历史的最终走

---

① 张金金、余金成：《经济全球化与人类命运共同体历史性生成》，载《社会主义研究》，2021年第6期，第148—155页。
② 金峻宇：《马克思世界历史思想视域下人类命运共同体思想研究》，云南师范大学硕士学位论文，2021。
③ 荣鑫：《马克思主义历史观变革与人类命运共同体思想》，载《科学社会主义》，2021年第2期，第52—59页。
④ 王亚杰：《批判与建构：世界历史理论视域下的人类命运共同体》，载《宁夏党校学报》，2021年第4期，第48—55页。

向是共产主义",在当前复杂的国际局势中,构建人类命运共同体要做到:大力发展生产力,了解当前全球化的国际局势以达到对全球化的科学认识并积极融入世界交往。①

综上所述,人类命运共同体理念继承并发展了马克思恩格斯的世界历史理论,是中国在顺应马克思主义客观发展规律的基础上,发挥主观能动性而提出的理念,对于推动世界历史进程具有重要的价值意义。学界与之相关的研究成果均是着眼于此,虽然阐述的角度有所不同,但其旨归不谋而合。

五、人类命运共同体与历史教育研究

人类命运共同体理念博大精深,不论是对个人还是国家都具有重要的价值和意义。历史教育是每个人成长过程中所必需的,能够帮助主体在获取历史知识的同时树立正确的价值观。现如今,历史教育的素材愈发丰富多元,不再单一拘泥于过去的历史,亦可对当代大事进行叙述和教学。而人类命运共同体理念一经提出就得到了国际社会的高度认可,学界将其与历史教育相结合进行研究,正好体现了时代性、实用性和创新性的统一。

其一,人类命运共同体与历史教育的理念、内容和目标存在相似之处。张美佳在《"人类命运共同体"理念融入高中历史教学研究》中做了较为详细的阐释。第一,在理念上,习近平总书记在党的十九大报告中明确指出,人类命运共同体是要"构建一个持久和平、普遍安全、共同繁荣、开放包容、清洁美丽的世界"②。可以概括为包含以下主要内容:政治领域上的平等相待、互商互谅;经济领域上的开放创新、包容互惠;文化领域上的和而不同、兼收并蓄;安全领域上的公道正义、共建共享;生态领域上的尊崇自然、绿色发展。对比高中历史新教材《中外历史纲要》中所倡导的政治上保持独立自主,坚

---

① 黄徐平、胡萍:《在世界历史视域下建构人类命运共同体》,载《现代商贸工业》,2021年第14期,第9—10页。
② 习近平:《决胜全面建成小康社会 夺取新时代中国特色社会主义伟大胜利——在中国共产党第十九次全国代表大会上的报告》,载《党建》,2017年第11期,第15—34页。

持和平外交方针，促进文化交流等，说明两者在理念上相符。第二，在内容上，高中历史新教材中含有针对人类命运共同体理念的引申内容。另外，人类命运共同体理念还是当代政治思想素质教育的重要内容和中心环节，需要在历史教育教学中进行解读与教授。第三，在目标上，"新时代的历史教育致力于培养合格公民，将'人类命运共同体'理念运用于历史教学中，是历史教育的重要内容和任务"①。许文茜在《历史复习课中学生家国情怀的培育——以"人类命运共同体"为例》一文中认为，"历史学科承载着立德树人的教育功能，在拓宽学生历史视野、发展其历史思维的同时，必须以培育家国情怀为价值归属。""家国情怀的培养，主要是让学生通过历史学习，形成基于国际视野的国家意识、文化自信和政治认同。"②

其二，借助高中历史课堂，可以帮助学生更好地理解人类命运共同体理念。石亮在《依托历史"典型"案例打造"人类命运共同体"实践例谈》中提出，对高中生而言，强化他们的"人类命运共同体"意识离不开高中历史课堂的重构与鲜活资料的介入，可以通过课前引发兴趣、课中深度思考、课后拓宽视域的方式使学生了解这一理念，引领他们站在更高的角度去理解"共同体"、擦亮双眼看清更多的真相。③ 同时，正确认识人类命运共同体理念也有助于学生坚持正确的历史观。

综上所述，学界有关人类命运共同体与历史教育相融合的研究，都落脚于青年学生这一主体，分析了人类命运共同体理念与历史教育在内容、目标上的相似之处，阐述了人类命运共同体理念对促进青少年群体树立正确历史观和价值观的特殊作用，既有理论的认识，又有现实的关照。由此突出了理论与实践结合后的双重赋能作用。

---

① 张美佳：《"人类命运共同体"理念融入高中历史教学研究》，天津师范大学硕士学位论文，2021。
② 许文茜：《历史复习课中学生家国情怀的培育——以"人类命运共同体"为例》，载《课程教材教学研究（教育研究）》，2021年第5期，第46—48页。
③ 石亮：《依托历史"典型"案例打造"人类命运共同体"实践例谈》，载《陕西教育（教学版）》，2021年第11期，第65—66页。

六、小结

纵览学界在 2021 年取得的人类命运共同体历史学研究成果，涉及方面广泛、论述内容深入、应用意义久远，为在复杂变局中洞察国际国内形势、研判世界发展大势、顺应人类社会进步趋势提供了理论指导和经验借鉴。总体来说，2021 年学界进行的人类命运共同体历史学研究，有以下可取之处：第一，坚持以辩证发展的眼光看待事物，展现了理论的深度、精度与传统文化的厚度；第二，注重中外文化的交流碰撞，继承了马克思主义的优秀理论品质，闪耀着马克思主义真理的光辉；第三，强调中国共产党的全面领导作用，遵循了历史发展的主线，体现了大局观念和全局意识；第四，顺应事物发展的客观规律，且积极主动寻求创新，推动了世界历史的进程；第五，聚焦提高青少年群体的认知水平，做到了理论启发与现实关照的二元结合。此谓成果丰硕、受益良多。但同时也存在一些欠缺之处，如仅注重从历史主流思想中寻找人类命运共同体的理念渊源，忽视了小众思想；较少从多维角度去解读人类命运共同体理念的内涵和精髓；研究大都停留在理论逻辑分析层面，对实践关注力度不足等。因此，今后开展的研究应更加注重多元文化的交流融合，取其有益之处加以创新使用，争取跳出"以共同体论共同体"的一隅之地，寻求广大可供解读的研究视域，使思想的凝聚、理论的升华与实践的感召齐头并进。为此，需要各位专家学者砥志研思、刮摩淬励，在中国和世界历史的长河中，共同探寻人类命运共同体理念提出的历史依据和理论旨归，从而凝聚起对人类命运共同体理念的共识，发挥其最大的价值作用。

第二篇
书籍与博士论文选介

钟婉初

人类命运共同体相关书籍选介

目前学术界普遍认为，推动构建人类命运共同体，是中国为完善治理体系而给出的中国方案，也是基于人类的历史教训、现实状况和发展趋势为人类描绘的世界蓝图，是21世纪筹划人类命运的选择。

以人类命运共同体理念研究为基础，2021年公开出版发行的人类命运共同体理念相关书籍有20余本。从研究领域来看，大体依循追本溯源、内涵阐释、实践路径三个视角和方向。从学科上看，涉及哲学、法学、文学、教育学等学科门类。从出版形式来说，囊括专著、论文集、研究报告、研讨会文集等。语种除中文之外，2021年，中央编译出版社出版了《论坚持推动构建人类命运共同体》西班牙语版、德语版、日语版等。

以人类命运共同体的基本概念与相关基础理论为切入点，诸多学者对人类命运共同体的理论渊源展开分析，解析了中华民族命运共同体与人类命运共同体的基本关系，探究了"我们从哪里来""我们现在在哪里""我们将到哪里去"的"世界之问"的基本内涵，系统阐述了人类命运共同体的形成与发展历程、基本内涵、逻辑结构与基本特征。围绕人类命运共同体理念的内涵，从应对全球新冠疫情、亚太经济一体化、互联网秩序、国际法治、文化交流互鉴等方面进行深刻解读，为人类命运共同体理念的研究奠定了重要的理论基础。

相关书籍力图提纲挈领、简明扼要地呈现学界对人类命运共同体理念研究的整体态势，并对深嵌其中的问题、蕴藏其中的经验以及未来的研究走向进行归纳和评判，为更加全面深入地继续推进人类命运共同体的研究以及展开一定探索，提供了参考和借鉴。值得注意的是，尽管对于人类命运共同体理念已经从各个角度全方位展开研究，并取得重要的阶段性成果，但也能看到已有的研究呈现出学理性不足，过于偏向政治化、同质化，停留于理论探讨层面的特点，在日后的研究中，如何实现跨学科、跨地域、全方位立体解读其基本特征、内涵与实践路径，如何系统性、思辨性地指明其内在逻辑，如何从现实层面展开进一步研究，处理现实困境和实际问题，面对百年未有之大变局，如何展开预见性研究，都是值得我们关注和思考的问题。

一、人类命运共同体理念追本溯源的研究

"命运共同体"一词，植根于传承千百年的中华文化，蕴涵着天人合一的宇宙观、协和万邦的国际观、和而不同的社会观、人心和善的道德观。围绕人类命运共同体理念的起源，研究者们展开了积极研究，具体如下。

1.《论坚持推动构建人类命运共同体》多语种版[①]

内容简介

坚持推动构建人类命运共同体，是习近平新时代中国特色社会主义思想的重要组成内容。这一理念体现了和平、发展、公平、正义、民主、自由等全人类共同的价值追求，汇聚着世界各国人民对和平、发展、繁荣向往的最大公约数。

《论坚持推动构建人类命运共同体》外文版的出版发行，有助于国外读者深入了解习近平关于"建设一个什么样的世界""如何建设这个世界"等关乎人类前途命运的重大课题的理论思考，了解构建人类命运共同体理念的时代背景、重大意义、主要内容、实现途径，对深刻理解习近平外交思想的丰富内涵和我国外交方针政策具有重要意义。

译者简介

中央党史和文献研究院是党的历史和理论研究专门机构，是党中央直属事业单位。

---

① 习近平：《论坚持推动构建人类命运共同体》西班牙文版、阿拉伯文版、俄文版、德文版、日文版，北京：中央编译出版社2021年版。

2.《马克思与人类命运共同体》①

内容简介

这是一本写给当代青年的书,它以马克思主义理论为指导,帮助青年分析当代社会经济问题,分析当代资本主义的本质,教育青年一代坚定社会主义信仰,增强"四个意识"、坚定"四个自信"、做到"两个维护"。

本书内容包含:马克思是个"零零后"、如何让幸福来敲门、意识形态的红与黑、自由还是娱乐至死、西方民主危机、建构中国民主话语权、资本的新帝国主义、两种社会主义之争、《共产党宣言》对全球化的预见,以及科技与人类命运共同体十个章节,将马克思思想与当代青年人关注的现实和理论紧密结合,摆脱枯燥的课本与现实无关的道德说教,用通俗风趣的语言揭示马克思思想与00后一代青年的生活与理想的相关性,用马克思思想与青年朋友畅谈人生信仰、精神追求、分清真理与谬误,说明马克思是青年学生精神上的指路人。本书依据马克思主义理论,总结具有时代感的方法论,解释和指导市场经济背景下当代青年人的各种实践活动。

作者简介

张飞岸,法学博士,中国人民大学马克思主义学院副教授,中国人民大学21世纪中国马克思主义研究协同创新中心研究员。

3.《历史唯物主义视域下的"人类命运共同体"探究》②

内容简介

本书围绕人类命运共同体重要思想生成的时代背景、发展逻辑、根本内涵、当代价值等内容展开,它不仅仅展示作者对马克思主义共同体理论研究的挚爱,更是对中华民族复兴征途中的世界视野、人类历史使命勇敢担当的喝彩。

本书主要围绕国内外学界的共同体研究状况,对此领域的研究概况予以整体的宏观展示,聚焦人类社会化这一根本特质,探讨人类从区域共同体向世

---

① 张飞岸:《马克思与人类命运共同体》,北京:中国财政经济出版社2021年版。
② 王聚芹、饶一鸣:《历史唯物主义视域下的"人类命运共同体"探究》,黑龙江:黑龙江人民出版社2021年版。

共同体的历史转向，从理论上揭开全球治理缘何如此、何以如此的历史大幕，揭示全球治理的内在本质和根本规律，展现了资本共同体全球统治的根本特征。本书以西方资本全球统治危机为切入点，深入挖掘资本主义全球统治的基本矛盾，指出了垄断资本主义共同体统治无法破解的当代历史问题以及当今世界对全球治理新范式的热切呼唤的客观现实，同时，展示人类命运共同体重要思想产生的马克思主义经典理论、古代中国传统治理、主义探索、新中国全球治理的四重逻辑线索；深入挖掘人类命运共同体重要思想内涵，从本质上揭示了这一思想与资本共同体在全球治理担当、全球治理站位、全球治理视角、全球治理战略、全球治理路径、全球治理布局、全球治理目标等方面的根本区别，揭示了人类命运共同体全球治理的崭新内涵和根本所在。本书还从讲故事的角度展示中国全球治理的贡献优势、智慧优势和样板优势，构建提升人类命运共同体重要思想当代话语权方略。最后，本书从理论价值和实践价值两个维度展示了人类命运共同体重要思想对于资本全球统治范式的当代意义。

作者简介

王聚芹，华北电力大学马克思主义学院院长、党总支副书记，教授，主要研究马克思东方社会理论、马克思晚年思想等。

饶一鸣，华北电力大学博士，获北京大学优秀科研奖、学习优秀奖、河北省优秀毕业生。

4.《构建人类命运共同体的历史性研究》①

内容简介

本书围绕构建人类命运共同体这一主题，详细讨论了共同体概念的产生、发展、演变、价值等，为构建人类命运共同体奠定了坚实的理论基础，进而对人类命运共同体的思想渊源、具体内涵、话语体系的形成过程、内在逻辑展开了详细的分析，并讨论了全球治理背景下人类所面临的困境与人类命运共同体给出的方案。在此基础上，总结了人类命运共同体对中国乃至世界的重要意义，并从分工、交往、世界历史、真正的共同体这四个角度，对人类命运共同体的历史唯物主义意蕴进行了阐发，从而明确了人类命运共同体是外交政策，

---

① 马俊峰、马乔恩：《构建人类命运共同体的历史性研究》，北京：人民出版社2021年版。

更是人类走向自由人联合体的必经之路。本书力图实现人类命运共同体理论的逻辑化、体系化，探寻人类命运共同体从理念走向现实的可能路径，揭示人类命运共同体终将走向自由人联合体的历史必然性，对推动构建人类命运共同体的实践具有借鉴与指导意义。

作者简介

马俊峰，西北师范大学马克思主义学院副院长，教授，博士生导师，主要研究马克思主义哲学与政治哲学，主编《现代西方哲学思潮》《马克思主义理论研究》《西方马克思主义热点问题研究》等图书。

马乔恩，西北师范大学马克思主义学院博士，主要从事马克思主义理论研究。

二、人类命运共同体理念内涵阐释的研究

2021年以前，学术界便已围绕人类命运共同体理念的内涵阐释展开积极讨论，并取得了较为丰富的研究成果。目前，新冠疫情全球肆虐，极大地凸显了人类命运的整体性。世界百年未有之大变局来临，形成了对新一轮文明对话的诉求，学术界对于人类命运共同体理念的内涵阐释，也有了更为深刻的探讨和理解。

1.《人类命运共同体：新型全球化的价值观》[①]

内容简介

"新冠肺炎疫情的发生再次表明，人类是一个休戚与共的命运共同体。"国际社会必须树立人类命运共同体意识，守望相助，携手应对风险挑战，共建美好地球家园。新冠疫情是一场悲剧，却也是百年未有之大变局的真实写照，人类命运共同体也是应对百年未有之大变局的唯一正确选择。

本书以历史逻辑、时代逻辑、未来逻辑，分别对应国际秩序、全球秩序、人类秩序三个维度，论述了疫情凸显构建人类命运共同体的必要性与紧迫性，

---

① 王义桅：《人类命运共同体：新型全球化的价值观》，北京：外文出版社2021年版。

按照什么是人类命运共同体、为何构建人类命运共同体、如何构建人类命运共同体的逻辑顺序展开叙述,全面阐述了人类命运共同体的内涵与外延、机遇与挑战。在回答"人类命运共同体是什么"这个问题时,作者围绕安全观、发展观、合作观、文明观、生态观展开具体论述;在"人类命运共同体怎么建"一章中,提出了新原则、新外交、新挑战三个方案;在回应"人类命运共同体为什么"时,作者给出了答案:为中华民族伟大复兴正名;为新型国际关系正道;为全球公域之治正位。

作者简介

王义桅,中国人民大学新时代中国特色社会主义思想研究院副院长,欧洲问题研究中心、欧盟研究中心研究员、主任,中组部"万人计划"领军人才,中宣部文化名家暨"四个一批"人才。

2.《时代之问 中国之答:构建人类命运共同体》①

内容简介

让和平的薪火代代相传,让发展的动力源源不断,让文明的光芒熠熠生辉,是各国人民的期待,也是当代政治家应有的担当。中国方案是构建人类命运共同体,实现共赢共享。世界本一体,人类同起源。针对"世界怎么了、人类向何处去"的时代之问,总书记胸怀天下、心系人民,饱含古今中外之情感,汲取东西南北之智慧,提出"一带一路"倡议、人类命运共同体理念,为全球治理提供了中国智慧和中国方案。

本书以宽阔的视野、博大的胸怀、深厚的文化,完整梳理构建人类命运共同体的文化与思想之源,从时间、空间、自身三个维度,多层次生动回答了构建人类命运共同体的必要性与紧迫性,对"什么是人类命运共同体""为何构建人类命运共同体""如何构建人类命运共同体"等根本性问题作了生动而深刻的探讨。

作者简介

王义桅,中国人民大学新时代中国特色社会主义思想研究院副院长,欧洲问题研究中心、欧盟研究中心研究员、主任,中组部"万人计划"领军人才,

---

① 王义桅:《时代之问 中国之答:构建人类命运共同体》,湖南:湖南人民出版社2021年版。

中宣部文化名家暨"四个一批"人才。

3.《后疫情时代，世界向何处去？聚焦人类命运共同体》①

内容简介

新冠疫情全球肆虐，极大地凸显了人类命运的整体性；世界百年未有之大变局来临，形成了对新一轮文明对话的诉求。《光明日报》推出了"光明国际论坛笔会和对话"专刊，邀请百位国际思想家进行跨文化对话。面对"世界怎么了，我们怎么办"的时代之问，中外思想者从各自角度提供了系列高知识含量的观点，最终汇流成构建人类命运共同体的共识。《光明日报》将最紧迫的世界性课题放置在最国际化的思想者面前，使这样的中西对话由零散变为集中、由表层进入深层、由治理比较深入文化互镜，在特殊的历史背景之下，形成了一种全新的跨文化讨论模式。

本书集合"光明国际论坛笔会/对话"中国内外专家的文章，以"危机：疫情考验""应对：共同战'疫'""变局：疫情之后""启示：战'疫'之思"为篇章划分，呈现一场优选专家学者关于战"疫"的头脑风暴，帮助读者了解疫情给世界带来的变化，认识全球共同战"疫"的必要性、思考世界各国之间的对话、读懂人类命运共同体的智慧与意义。

编者简介

张政，光明日报社原总编辑，现任河北省委常委、宣传部部长。

4.《人类命运共同体：中国人的世界梦》②

内容简介

中国人不仅有实现中华民族伟大复兴的中国梦，而且有和世界人民一起构建人类命运共同体的世界梦，这两个梦想是相通的，它们的共通特点，就是为中国人民谋幸福，为中华民族谋复兴，为世界谋和平与发展，为人类谋进步。

本书是作者近几年写的关于人类命运共同体和国际关系问题研究的文章合集，书中阐述了实现中华民族伟大复兴的中国梦和构建人类命运共同体的世界

---

① 张政主编：《后疫情时代，世界向何处去？聚焦人类命运共同体》，北京：光明日报出版社2021年版。

② 李君如：《人类命运共同体：中国人的世界梦》，北京：人民日报出版社2021年版。

梦的深刻内涵，以及二者之间的关系，并且思考和回答了这样一个问题：在两极格局解体后，"一超多强"的世界格局正在向多极化世界演变，在这百年未有之大变局中，中国与世界应该如何相处，世界各国之间应该如何相处。

作者简介

李君如，研究员，博士生导师，享受国务院政府特殊津贴专家。中共中央党校原副校长，第十届全国政协委员，第十一届全国政协常委。

5.《人间正道：构建人类命运共同体》①

内容简介

本书从实际出发，提出构建人类命运共同体"正"就正在这一方案不谋一国之利、不图一时之利，人类命运共同体在本质上代表的是人类正义主张，不能简单等同于未来社会的共同体（即自由人联合体），中国是推动构建人类命运共同体的倡议者，也是践行者，要继续坚持但也要灵活处理中国的发展中国家身份等观点；论述了人类命运共同体"六观"的核心要义，即平等相待、互商互谅的地位观，公道正义、共建共享的安全观，合作共赢、包容互进的发展观，和而不同、兼收并蓄的文明观，尊崇自然、绿色发展的生态观，人民至上、生命至上的生命观；指出了推动构建人类命运共同体的四条基本路径、四步实现步骤，并强调深入参与全球治理、积极推动全球治理体系发展完善，是中国外交的重要生长点和着力点。

主要作者简介

李君如，研究员，博士生导师，享受国务院政府特殊津贴专家。中共中央党校原副校长，第十届全国政协委员，第十一届全国政协常委。

罗建波，中央党校国际战略研究院教授，博士生导师，现为中央党校国家高端智库首席专家。

6.《人类命运共同体视角下亚太经济一体化研究》②

内容简介

本书基于人类命运共同体视角系统阐述了亚太经济一体化的产生背景、发

---

① 李君如、罗建波等：《人间正道：构建人类命运共同体》，北京：外文出版社2021年版。
② 张国军：《人类命运共同体视角下亚太经济一体化研究》，北京：光明日报出版社2021年版。

展历程、主要特征，分析了实现亚太经济一体化的必要性和可行性，指出了亚太经济一体化主要参与方的战略博弈，进一步阐明了亚太经济一体化面临的发展困境，并提出推进亚太经济一体化的路径。作者强调，中国是亚太区域经济合作的重要参与方，也是"一带一路"及构建人类命运共同体的倡导者和推动者，"一带一路"倡议是推进亚太经济一体化和构建人类命运共同体的重要平台。

本书语言简练，配以大图表，论述有理有据，通俗易懂，为国际经贸专业教师和学生提供了案头参考资料，为有关政策制定部门提供了政策制定参考依据。

作者简介

张国军，北京青年政治学院副教授，北京高校思想政治理论课特级教师，主要研究方向为国际关系、思想政治教育、马克思主义中国化。

7.《主权区块链1.0：秩序互联网与人类命运共同体》[①]

内容简介

人类刚刚踏进新千年第三个十年的门槛，世界仿佛进入"无锚之境"，面临前所未有的"失序之困"。在科技剧烈改变世界的今天，要在一切发生之前研究结局。唯有共建人类命运共同体，才能化解发展失衡、治理困境、数字鸿沟、生物安全、文明冲突等共同挑战，秩序互联网与主权区块链是开启人类命运共同体的一把新钥匙。

本书阐释了互联网发展从信息互联网到价值互联网再到秩序互联网的基本规律，提出了数据主权论、社会信任论、智能合约论"新三论"，同时论述了科技向善与阳明心学对构建人类命运共同体的重要意义，希望为区块链的发展与应用提供一种新视角、新理念和新思想。

本书作为对习近平总书记"努力让我国在区块链这个新兴领域走在理论最前沿、占据创新制高点、取得产业新优势"重要讲话精神的积极回应，是大数据战略重点实验室[②]在块数据、数权法理论研究基础上推出的又一重大创新成果。

[①] 连玉明主编：《主权区块链1.0：秩序互联网与人类命运共同体》，浙江：浙江大学出版社2021年版。

[②] 大数据战略重点实验室成立于2015年4月，是贵阳市人民政府和北京市科学技术委员会共建的跨学科、专业性、国际化、开放型研究平台，是中国大数据发展新型高端智库。

编者简介

连玉明,北京国际城市发展研究院院长,全国政协委员,北京市朝阳区政协副主席,著名城市专家,研究领域为城市学、决策学和社会学,近年来致力于大数据战略研究。

8.《人类命运共同体构建中的国际投资仲裁反腐法治》①

内容简介

营造公正有序的国际投资秩序和环境,促进各国经济发展是国际投资法力求实现的目标之一。人类命运共同体理念考察下的国际投资仲裁反腐法治协作机制构建是国际投资腐败问题全球法治的中国方案,而中国特色国际投资反腐法治协作机制构建是中国特色社会主义法治体系建设的有机组成部分。通过示范性建构国际投资争端解决中心(ICSID)②与我国国家机关间反腐法治协作机制,将我国的成功经验向其他国家推广,完成人类命运共同体理念的国际投资法制度化具体实践,既是中国推动构建人类命运共同体的应有担当与大国使命,亦是在当今国际投资法规范转型的关键时期提升我国的国际投资法范式创新话语权的具体表现与实际举措。

作者简介

银红武,湖南师范大学法学院副教授,硕士生导师,长沙市涉外法律服务研究中心副主任,湖南省司法厅"优秀法治工作团队库"律师。

9.《人类命运共同体的愿景与实践:第十届"池田大作思想国际学术研讨会"文集》③

内容简介

2018年10月27日至28日,第十届"池田大作思想国际学术研讨会"于复旦大学举行。本书是此次研讨会的结晶。全书主要从和平主义、文化主义、

---

① 银红武:《人类命运共同体构建中的国际投资仲裁反腐法治》,北京:光明日报出版社2021年版。
② International Centre for Settlement of Investment Disputes,国际投资争端解决中心是一个国际组织,总部设于美国华盛顿哥伦比亚特区。
③ 王荣华、马场善久主编:《人类命运共同体的愿景与实践:第十届"池田大作思想国际学术研讨会"文集》,北京:世界知识出版社2021年版。

教育主义和人本主义四个方面来分析论述池田大作的思想理论内涵、价值及其与"人类命运共同体"这一概念的相通之处。全书内容丰富，论述充分，可为我国的社会发展及思想理论体系提供借鉴与参考。

主要编者简介

王荣华，复旦大学池田大作思想研究中心理事长，曾任上海市政协副主席、上海市社会科学院院长。

马场善久，现任日本京都创价大学校长，主要从事计量经济学的研究，多次访华，积极推进中日友好与学术交流。

10.《人类命运共同体与文明交流互鉴研究》①

内容简介

本书以2013年以来关于人类命运共同体和文明交流互鉴的研究为基础，以知网数据库为数据来源，2013年—2020年以"人类命运共同体"和"文化""文明""文艺"为主题词的文章有5000余篇，涉及教育、政治、法学、公共管理、哲学、社会学、民族学、马克思主义、理论经济学、国民经济、新闻传播、文化等多个学科分类，依循追本溯源、内涵阐释和百花齐放三个视角和方向，对相关研究予以认真的分析和探讨，提纲挈领、简明扼要地呈现学界研究的整体态势，以期为继续推进人类命运共同体和文明交流互鉴的深入研究提供参考和借鉴。

编者简介

任慧，中国艺术研究院副研究员，主要研究方向为中国传统文化及当代文化战略。

三、人类命运共同体理念实践路径的研究

以习近平新时代中国特色社会主义思想为指导，紧紧围绕推动构建人类命运共同体这一主线，学术界对于人类命运共同体所体现的世界发展规律及其构

---

① 任慧编：《人类命运共同体与文明交流互鉴研究》，北京：文化艺术出版社2021年版。

建的基本路径展开了积极探讨。

1.《中国与东盟：命运共同体的生动实践》①

内容简介

2013年习近平主席应邀在印尼国会发表重要演讲，他表示，中国愿意与印尼及东盟其他成员国开展合作，也会积极推进中国—东盟命运共同体的构建工作，实现共同发展、共同繁荣的美好局面，"中国—东盟命运共同体"的概念由此而来。"一带一路"倡议为东盟提供了一个很好的合作机会，将东盟与中国等国家联系起来。"命运共同体理念"则可将东盟纳入更大的合作框架中，从构建东南亚命运共同体到构建亚洲命运共同体，最终构建人类命运共同体。

本书结合大量的事例分析了东盟发展的历史、现状以及存在的问题，指出东盟这一区域性组织应在内部构建互信，外部与其他国家和组织机构建立合作机制，从而实现互利共赢，共同发展。

作者简介

素里耶·莫那拉，中国外交学院外交学博士，现任职于老挝国立大学，曾任老挝外交学院外交部联络员，多次担任中国—老挝互访团口译员。

2.《中国—东盟民族文化与人类命运共同体构建（第三届中国—东盟民族文化论坛论文集)》②

内容简介

2018年4月12日至14日，来自中国、柬埔寨、老挝等12个国家和地区的120多名专家学者、嘉宾出席在崇左举行的第三届中国—东盟民族文化论坛。围绕"中国—东盟民族文化与人类命运共同体构建"这一主题，与会各国学者就民族文化与绿色发展、民族文化交流与民心相通、"一带一路"框架下的民族文化创新与共享三大议题进行深入探讨与交流。

本论文集将大会提交论文整理出版，为更好地开展中国—东盟民族文化研

---

① ［老挝］素里耶·莫那拉：《中国与东盟：命运共同体的生动实践》，北京：新星出版社2021年版。

② 李富强、徐昕主编：《中国—东盟民族文化与人类命运共同体构建（第三届中国—东盟民族文化论坛论文集)》，北京：中国社会科学出版社2021年版。

究，不断加强学术交流合作，提升中国—东盟民族文化研究水平和学术话语权，推动中国—东盟民族文化发展及人类和平发展贡献了力量。

编者简介

李富强，广西民族大学民族研究中心主任，民族学博士生导师，兼任中国百越民族史研究会副会长，广西民族研究学会副会长，广西民族文化产业发展研究会副会长。

徐昕，广西民族大学民族研究中心副研究员、硕士生导师，主要从事中国少数民族史、壮学、科技史等研究，参与2017年度国家社会科学基金重大项目《中国—东南亚铜鼓数字化记录与研究》。

3.《国际减贫合作：构建人类命运共同体——中外联合研究报告（No.5）》[①]

内容简介

2018年11月1日至2日，为总结中国的扶贫成就经验及世界意义，中国政府和世界银行联合在京召开了"改革开放与中国扶贫国际论坛"，来自联合国、世界银行、国际货币基金组织、亚洲基础设施投资银行、金砖国家新开发银行等11个国际组织和51个国家的智库学者、政界人士、企业领袖，以及其他各方代表400余人参加论坛。

为展示和记载这次盛会，作为"改革开放与中国扶贫国际论坛"的具体承办方之一和智库分论坛的主办方，国家全球战略智库将会议论文以中外联合研究报告形式结集出版。该研究报告集主要围绕：改革开放40年来中国取得的减贫成就、中国推动减贫脱贫中国理念转化为国际共识、减贫国际合作推动构建人类命运共同体三个部分展开，是目前有关国际减贫合作与人类命运共同体建设的较新研究成果。

编者简介

中国社会科学院国家全球战略智库是2015年底入选首批国家高端智库建设试点的25家单位之一，重点围绕国家重大战略需求开展前瞻性、针对性、储备性研究，以科学咨询支撑科学决策，推动国家治理体系和治理能力现代

---

① 中国社会科学院国家全球战略智库、国家开发银行研究院主编：《国际减贫合作：构建人类命运共同体——中外联合研究报告（No.5）》，北京：社会科学文献出版社2021年版。

化,增强我国的国际影响力和话语权,更好地服务党和国家工作大局,为实现中华民族伟大复兴提供智力支持。

国家开发银行研究院自成立以来,始终坚持以智库"软实力"和融资"硬实力"两个产品线服务国家长期发展战略,主要围绕开发性金融实践与理论、宏观研究、"一带一路"建设、对非投资智库联盟、国际战略、区域经济、行业经济等开展前瞻性、战略性、独立性的研究工作。

4.《70年中国发展与人类命运共同体建设:中外联合研究报告(No.8)》①

内容简介

本书在2019年上海进博会期间召开的第二届虹桥国际经济论坛"70年中国发展与人类命运共同体"分论坛会议成果基础上完善而成。全书由主题报告和专题讨论组成,专题讨论包括国别观点、世界秩序、人类命运共同体、"一带一路"、文明交流互鉴、中国模式、中国与世界、多双边关系、可持续发展等板块,集合了全球百余国家与会学者针对上述议题的讨论和观点。

编者简介

王灵桂,国务院港澳事务办公室副主任,曾任中国社会科学院副院长,主要研究方向是"一带一路"、全球战略、反恐研究、伊斯兰教研究、中东问题研究、港澳问题研究等多个领域。

5.《推动构建人类命运共同体的理论内涵与实践路径研究》②

内容简介

本书以习近平新时代中国特色社会主义思想为指导,紧紧围绕推动构建人类命运共同体这一主线,以人类命运共同体的基本概念与相关基础理论为切入点,深入分析了人类命运共同体的理论渊源,解析了中华民族命运共同体与人类命运共同体的基本关系,探究了"我们从哪里来""我们现在在哪里""我

---

① 王灵桂主编:《70年中国发展与人类命运共同体建设:中外联合研究报告(No.8)》,北京:社会科学文献出版社2021年版。
② 邵发军:《推动构建人类命运共同体的理论内涵与实践路径研究》,北京:人民出版社2021年版。

们将到哪里去"的"世界之问"的基本内涵,系统阐述了人类命运共同体的形成与发展历程、基本内涵、逻辑结构与基本特征,探讨了人类命运共同体所体现的世界发展规律及其构建的基本路径,从人类命运共同体建构的文化困境、建立以合作共赢为核心的新型国际关系、全球治理体制的变革、积极推进"一带一路"等四个方面,研究了人类命运共同体构建的基本要求,提出了构建人类命运共同体的价值属性、价值观基础、价值目标及其话语权建构的国际认同与国际传播所要面对的现实性问题。对于中国特色社会主义发展道路及其理论的拓展、马克思共同体理论的丰富与发展、中华传统文化的弘扬与拓新具有重要的理论意义。

作者简介

邵发军,河南理工大学教授、硕士生导师、马克思主义学院副院长,兼任中国马克思主义哲学史学会理事、中国人学学会研究会员,研究方向为马克思主义基本原理。

6.《"人类命运共同体"语境中的世界戏剧创作(2021 世界剧作家论坛论文集)》[①]

内容简介

本书是上海市剧本创作中心选编的一本论文集,共收入全国范围内曹禺文学奖得主剧作家论文 23 篇,分为上编和下编两部分,上编围绕戏剧创作的"全球化"与"现代化",收录了《"本土母题"的现代重铸》《关于儿童剧创作题材的拓展》《西方故事的中国演绎与中国故事的世界话题》《戏剧创作的地域性与格局》《儿童戏剧的"本土化"与"全球化"可以自然转换》《中国戏曲舞台上的外国名著与经典》《在多彩的文化天空下营造戏剧的灵魂净土》等论文;下编紧扣全媒体时代的戏剧创作,收录了《全媒体时代戏剧如何化危为机》《戏曲创新的正道》《全媒体时代的戏剧创作——2020 戏剧传递的春暖花开》《全媒体时代的个性回归》《"融"时代下的戏曲跨界创作思考》等篇目。

---

① 上海市剧本创作中心编:《"人类命运共同体"语境中的世界戏剧创作(2021 世界剧作家论坛论文集)》,上海:上海人民出版社 2021 年版。

本书内容围绕上述话题，结合诸作者自身创作实践与思考发表真知灼见，希冀对人类戏剧尤其是戏剧文学创作起到积极推动作用。

编者简介

上海市剧本创作中心前身为上海市剧目工作室，成立于1963年6月，负责审查、指导、管理全市的戏剧、戏曲文学创作。1998年经上海市人事局机构编制委员会批准，更名为上海市剧本创作中心，中心成立至今，为上海文艺创作的繁荣做了大量工作，推出了一批精品力作。

人类命运共同体相关博士论文选介

近年来，对于人类命运共同体理念与马克思主义的相关研究呈现井喷式状态，人类命运共同体理念与马克思共同体思想在学术界和理论界有着比较一致的认同，尽管研究过程中选取的侧重点有所不同，但研究者们普遍认为，人类命运共同体理念在来源上与马克思的哲学思想有着千丝万缕的联系，可以说马克思主义理论正是人类命运共同体思想深厚的理论来源。

通过中国知网数据检索，2021年与人类命运共同体理念研究相关的博士论文共7篇，从学科门类来看，主要涉及哲学、法学两门学科，其中，法学以马克思主义理论研究为主（共5篇），国际法学1篇，剩余1篇为马克思主义哲学相关论文。与人类命运共同体理念相关的博士论文中与马克思主义相关的研究占大多数，研究者们从不同的侧重点进行了详细分析——从继承和发展了马克思主义经典作家的开放理论、丰富和发展了中国特色社会主义对外开放思想、构成了习近平新时代中国特色社会主义思想的重要组成部分等方面总结了其理论贡献；从助推中华民族伟大复兴中国梦的实现、维护新时代国际秩序、助力中国话语体系传播等方面剖析了其实践意义；从突破全球气候法治的现实困境、探索国际合作新机制等方面探讨了其世界影响和实践路径。

尽管人类命运共同体理念与马克思主义理论的相关研究数量得到不断拓展，积累了大量成果，层次得到不断加深，阐释也越发地深刻，为人类命运共同体思想的研究奠定了重要的理论基础，但正如前文提到的，一方面，已有的研究呈现出同质化、单一学科、停留于理论探讨层面的特点，在日后的研究学习中，需要打破学科壁垒，打开研究视角和思维，探索更多的空间和价值，多渠道、多角度、立体式地对其展开研究。另一方面，在人类命运共同体理念的全球传播和构建实践路径等议题上,如何将这一理念在全球范围内持续不断地深入推进,实现多语种、多区域传播,如何持续推进"一带一路"建设,贯彻"五位一体"总体布局,同时,注重构建某个功能领域的共同体,例如海洋命运共同体、卫生健康命运共同体、网络空间命运体,都是值得关注和研究的问题。

一、人类命运共同体马克思主义相关研究

在全球化发展和世界紧密相互依存的状态下,人类命运共同体理念不仅是习近平新时代中国特色社会主义思想的重要组成部分,也是对《共产党宣言》所阐发的世界历史理论的发展,更是在哲学逻辑、理论视野、实现条件等方面呈现了对马克思共同体思想的创造性继承。

1. 马克思主义思想政治教育研究

题目:《新时代中国特色社会主义人权思想研究》①

摘要:新时代中国特色社会主义人权思想的形成有着深刻的时代背景、丰富的理论来源和艰辛的形成过程。本文围绕新时代中国特色社会主义人权思想的历史形成、新时代中国特色社会主义人权思想的基本内容、新时代中国特色社会主义人权思想的比较优势以及新时代中国特色社会主义人权思想的贯彻路径进行论述,具体讨论了新时代中国特色社会主义人权思想的形成背景、理论来源、形成过程;阐释了"以人民为中心"的人权主体思想、"以辩证统一为原则"的人权逻辑思想、"以全面发展为内容"的人权客体思想、"以法治保障为核心"的人权保障思想、"以人类命运共同体为依托"的人权全球治理思想;指出了西方主要人权思想的流变、中西人权思想的主要差异、新时代中国特色社会主义思想的优势体现以及优势表达;最后,指明了新时代中国特色社会主义人权思想需要依靠法治贯彻、政策贯彻和教育贯彻三种途径。

作者高雅楠认为,新时代政策保障人权的发展,要求加强联结整合,重视

---

① 高雅楠:《新时代中国特色社会主义人权思想研究》,河北大学博士学位论文,2021年。

学习研究,扩大社会参与,加强监督评估,以期提高人权保护有效性,增强政策制定合理性,提升政策实施影响力,确保政策评价科学性。

2. 人类命运共同体马克思主义理论创新研究

题目：《习近平关于对外开放重要论述研究》①

摘要：本论文阐明习近平关于对外开放重要论述的选题缘由和研究意义、研究现状和述评、研究思路和方法、研究的创新之处和不足之处等,就习近平关于对外开放重要论述的基本理论概述,对开放、对外开放、习近平关于对外开放重要论述等概念内涵进行界定分析,再具体分析习近平关于对外开放重要论述的理论特征,最后在改革开放的框架内分析了扩大对外开放与深化对内改革的辩证关系；论述了习近平关于对外开放重要论述的形成条件,主要从其形成的时代背景、思想渊源、现实依据等三个方面进行系统梳理、全面阐释。同时,论述了习近平关于对外开放重要论述的主要内容,文章从坚持开放发展新理念、完善对外开放布局、推动"一带一路"建设、推进全球治理体系变革、构建人类命运共同体、推动构建新型国际关系等几个方面,系统阐述了习近平关于对外开放重要论述的主要内容,并从根本理念、战略布局、重要支撑、价值目标、重要保障等方面,剖析了习近平关于对外开放重要论述的主要内容之间所具有的严密内在逻辑关系。除此之外,对习近平关于对外开放重要论述的方法论展开剖析,从思想维度和实践维度两个方面,系统地论述了习近平关于对外开放重要论述的方法论。最后,从理论创新、实践意义和世界影响三个方面归纳总结,集中揭示了习近平关于对外开放重要论述的重大意义。

作者庞坤缺认为,人类命运共同体理念继承和发展了马克思主义经典作家的开放理论,丰富和发展了中国特色社会主义对外开放思想,在实践意义方面,全面提升了中国开放型经济水平,助力中国话语体系传播,在世界影响方面,为世界经济增添了新动能,为探索国际合作提供了新机制。

3. 人类命运共同体马克思主义基本原理研究

题目：《马克思交往理论的当代阐释》②

---

① 庞坤缺:《习近平关于对外开放重要论述研究》,北京交通大学博士学位论文,2021。
② 骞真:《马克思交往理论的当代阐释》,哈尔滨师范大学博士学位论文,2021。

摘要：本文以马克思交往理论为主要研究对象，以历史与逻辑相统一、问题分析、文本解读为主要研究方法，通过对当今社会关系中仍旧存在的五类交往问题进行科学划分与总结，进一步指出该问题的现实意义与当代发展方向。全文分为六个主要部分，第一部分对全文的选题目的、研究意义、国内外研究现状、研究方法等做大致介绍；第二部分分别对交往概念以及相关内容进行初步分析；第三部分对马克思交往理论作了历史性梳理与文本性还原，力图以文本解读的方式还原理论的真实面貌；第四部分在前文基础上对马克思交往理论进行一般的抽象和概括，其中包括理论的历史演化、理论构建、辩证特征三个方面；第五部分则对马克思交往理论进行综合评价；第六部分着重探讨人类命运共同体作为当代交往的新理念，对马克思交往理论的继承和发展。

论文的结构突破了传统的梳理式研究模式，以问题陈列与理论梳理相结合的方式，从历史与现实的双重语境出发，力图把握从文本的部分剖析到理论的整体构建、从表象的社会观察到背后的原理总结、从问题的现实发现到意义的深层阐发，以便帮助读者在学习和探索马克思交往理论的过程中找到解决当今交往问题的最佳方案。

4. 人类命运共同体马克思主义中国化研究

题目：《习近平新时代国际秩序观研究》[①]

摘要：本文在内容上分为六个部分，第一部分主要包括论题选择的背景、国内外研究综述、重要概念的界定；第二部分主要梳理马克思交往理论的科学内涵、理论拓展以及揭示现行国际秩序的内在危机和变革方向；第三部分主要分析习近平新时代国际秩序观的生成过程、思想承新以及理论内涵；第四部分主要论述习近平新时代国际秩序观内蕴的全新的国际交往原则、国际交往指向和国际交往模式等，全面呈现习近平新时代国际秩序观的理论结构和内在特性；第五部分在分析习近平新时代国际秩序观对现行国际秩序态度的基础上，从人类命运共同体的思维、原则、范式出发，深入分析其如何引导现行国际秩序的生成基础、运行规范、运行桎梏的变革；第六部分着重分析习近平新时代国际秩序观在引导国际秩序变革中所面临的挑战以及应对的策略。同时，也论

---

① 王林兵：《习近平新时代国际秩序观研究》，新疆师范大学博士学位论文，2021。

述了习近平新时代国际秩序观的出场,在引领中国国际秩序理论创新,加速国际交往的转向进程,推动中国特色大国外交发展,规划全球治理全新目标等方面的时代价值和意义。

作者王林兵认为,习近平新时代国际秩序观是中国共产党在面对世界百年未有之大变局,为实现民族复兴、国际正义、人类发展而秉承的国际观念,是在历史与实践基础上构建起来的具有中国特色和时代特征的国际格局观念体系。

5. 马克思主义基本原理中国化研究

题目:《习近平人类命运共同体理念及其价值研究》[①]

摘要:全文分为六个主要部分,第一部分对全文的选题目的、研究意义、国内外研究现状、研究方法等做出简要的概括;第二部分对习近平人类命运共同体理念的理论来源进行全面总结,其中包括中华优秀传统文化、马克思共同体理论以及中国共产党的外交思想三个小节;第三部分对习近平人类命运共同体理念的发展理路进行详细介绍;第四部分是全文的重点部分,主要从人类命运共同体的丰富内涵、主要特征、话语体系等多维视域进行考察;第五部分从理论价值角度对习近平人类命运共同体理念做出科学评价,努力彰显这一思想在理论层面上的延续、发展、创新等价值意蕴;第六部分阐明习近平人类命运共同体理念的实践价值,重点介绍我国对于构建人类命运共同体理念所做出的努力,这其中包含了我国十八大以来的外交政策以及"一带一路"倡议的切实推进。

作者刘春玲强调,人类命运共同体理念聚焦人类社会普遍存在的交往行为,旨在为人与人之间、国家与国家之间提供良好的交流平台与交往理念,其最终目的是实现全人类的共生、共存与共荣,是具有中国特色与中国智慧的新型外交理念,必然会为未来国际社会的和平发展、全球治理体系变革与世界经济文化安全等领域的完善做出卓越的贡献。

---

① 刘春玲:《习近平人类命运共同体理念及其价值研究》,哈尔滨师范大学博士学位论文,2021。

二、人类命运共同体国际法研究

题目：《全球气候法治的现实困境与实现路径》①

摘要：本文首先阐明全球气候法治的实践背景、实践价值，由全球治理推导出的全球气候法治，揭示全球气候法治的内涵，阐释全球气候法治的现实问题和全球气候法治作为法治标尺的现实问题，以及作为全球气候法治标准的良法与善治、国际气候良法在实质与形式上的问题，全球气候善治在立法、守法、司法、执法中的问题，进一步指明了全球气候法治现实问题的成因，并分析了全球气候法治的可行性，具体包括国家气候利益观念重新确立的可能性、气候变化的全球性推进形成一致的国家气候利益观、气候变化的紧迫性促进确立和谐共进的国家气候利益观、绿色发展的可行性推动树立可持续发展的国家气候利益观、人类命运共同体理念是新型国家利益观的实践。本文在最后指明了全球气候法治的实现路径的两个重要方面，即树立人本主义国家气候利益观、逐步完善气候制度保障国家在理性的轨道中运行。

三、人类命运共同体马克思主义哲学研究

题目：《现代性视域下马克思共同体思想研究》②

摘要：本文立足马克思经典文本，从现代性的视角对马克思共同体思想展开深入研究，以期为促进马克思哲学的当代发展提供重要的理论结合点和实践生长点。全文共分四章：第一章梳理马克思共同体思想产生的理论渊源和社会背景，厘清马克思共同体思想的现代生成脉络；第二章对马克思共同体思想的现代性奠基进行分析，为后文论述如何克服现代性困境奠定坚实的理论基础；第三章深入探讨马克思共同体思想所突显出的现代性批判内容；第四章对马克

---

① 马文飞：《全球气候法治的现实困境与实现路径》，吉林大学博士学位论文，2021。
② 王力：《现代性视域下马克思共同体思想研究》，吉林大学博士学位论文，2021。

思共同体思想的现代性意义进行多角度挖掘和阐发。

　　作者王力指出,一方面,围绕"个体和共同体的分裂"这一重大问题,马克思哲学展开了与当代哲学的理论论争,其共同体思想优于共同体主义和自由主义、有机马克思主义以及东欧新马克思主义等哲学流派对该问题的理解,并为现代社会重新奠定了价值规范基础,彰显了马克思现代性批判最根本的"问题意识"。另一方面,在当今社会面临着前所未有的诸多问题和挑战的背景下,习近平总书记提出构建人类命运共同体,继承和发展了马克思共同体思想的精髓要义,为解决资本主义现代性困境提供了中国智慧,凸显了马克思共同体思想所具有的对人的生存与发展的终极关怀。

第三篇
基金项目选介

梁凯瑞

引　言

当今世界面临百年未有之大变局，围绕"建设一个什么样的世界、如何建设这个世界"这一时代之问，以习近平同志为核心的党中央提出构建人类命运共同体重要理念，在国际社会产生了广泛的影响。人类命运共同体是一个重要的政治理念，代表了中国对国际秩序的看法，但这一理念的理论阐释与国际传播，如何落实到国际政治、经济等新秩序的建立发展当中仍是一个极大的挑战。人类命运共同体是一个多学科、跨学科的命题，涉及国际关系、政治学、经济学、哲学等学科。国内以人类命运共同体为研究视域的基金项目自2015年开始呈现增多的趋势，研究内容主要包括概念内涵、建构路径、政治意义、时代意义等方面，近年来研究成果丰硕。

以"人类命运共同体"为主题的学术研究基金项目表明了学者们对于该理念构建的关注，国家社科基金项目等则更直接服务于国家战略需求，发挥示范引领作用。本篇以国家社会科学基金项目数据库等为主要数据来源，以"命运共同体"为主题词进行检索，2021年国内以"人类命运共同体"为主题立项的基金项目可搜索到十余个。从学科上来看，这些基金项目主要涉及哲学、政治学、语言学等相关学科，其中大部分为国家社会科学基金项目。从研究领域来看，其一是对人类命运共同体的理论内涵与实践展开研究；其二是对人类命运共同体国际传播的策略渠道及话语特征的研究；其三是对人类命运共同体在经济、哲学、语言学以及人类卫生健康领域的多元化探索和实践路径的研究。

国家社会科学基金项目

一、国家社会科学基金重大项目：人类命运共同体视域下非洲百年汉语传播研究

1. 项目简介

当今世界面临百年未有之大变局，汉语国际传播肩负着巨大的历史使命，无论是深入实施"一带一路"倡议还是推动构建人类命运共同体，都需要汉语国际传播的铺路搭桥。非洲汉语传播既是世界语言传播的典型案例，也是人类命运共同体理念下全球汉语传播的生动实践。非洲百年汉语传播实践对新形势下非洲汉语传播可持续高质量发展及全球汉语传播具有重要的启示意义，对汉语国际传播理论乃至语言传播理论的创新具有重要的参考价值。"人类命运共同体视域下非洲百年汉语传播研究"项目作为浙江师范大学区域国别研究和语言研究的一项新成果，对推动非洲汉语传播的高质量发展，构建中国特色汉语国际传播理论体系和话语体系有重要意义。

汉语国际传播是推动构建人类命运共同体的重要纽带，也是构建人类命运共同体的应有之义。课题通过历时和共时两个维度，理论构建和实证研究两种路径，围绕非洲百年汉语传播的理念阐释、历史演进、共时分析、启示总结及理论创新等展开研究，思路清晰，重点突出，逻辑性强，研究成果将为新形势下非洲汉语传播提供理念指引、实践启示和理论创新。浙江师范大学将借助非

洲研究和非洲汉语传播方面的优势，对课题进行深入调研。①

2. 项目负责人简介

王辉，浙江师范大学杰出教授，国际文化与社会发展学院、国际中文教育研究院院长，博士生导师，博士后合作导师，全国汉语国际教育专业学位研究生教育指导委员会委员，《国际中文教育研究》集刊主编。

二、国家社会科学基金重大项目：流散文学与人类命运共同体研究

1. 项目简介

项目将通过研究不同类型的命运共同体的本质特征、范式、发展阶段与演变轨迹，流散文学创作、传播和人类命运共同体构建之间的互动关系，揭示蕴含于流散文学作品中的人类命运共同体愿景的表达。课题力图通过梳理和研究流散、流散文学、共同体以及人类命运共同体等关键术语与核心命题，厘清当下流散研究和流散文学中普遍存在的学术观点，并从跨学科角度出发，利用社会学、人类学以及文学伦理学批评等学科的理论观点对流散和流散文学理论研究进行有益补充。同时，通过流散文学与人类命运共同体研究的有机结合使二者形成对话关系，思考与研究流散文学创作和传播对人类命运共同体构建的影响与贡献。该课题既有助于促进流散文学研究的理论拓展与深化，同时也能挖掘对我国社会主义文化建设和对外文化宣传有借鉴意义的文化理论思想，从而满足增强中华民族共同体意识与实现中华民族伟大复兴的现实需求，其理论价值和现实意义显著。②

2. 项目负责人简介

徐彬，东北师范大学外国语学院教授，博士生导师，中国高校外语学科发

---

① 孙浩峰：《国家社科基金重大项目"人类命运共同体视域下非洲百年汉语传播研究"开题论证会举行》，https://m.gmw.cn/baijia/2022-06/18/35820095.html（访问时间：2022年7月15日）。

② 东北师范大学外国语学院：《国家社科重大项目"流散文学与人类命运共同体研究"开题论证会在我校成功举办》，https://wy.nenu.edu.cn/info/1029/4788.htm（访问时间：2022年8月5日）。

展联盟外国文学跨学科研究委员会专家委员兼副秘书长、国际文学伦理学批评学会常务理事、英国文学学会常务理事。先后毕业于大连外国语学院和上海外国语大学英语语言文学专业，分别获得硕士和博士学位，华中师范大学文学院博士后优秀出站，曾以国家留学基金委访问学者身份赴英国约克大学文学院从事学术研究。

三、国家社会科学基金重大项目：百年变局下全球化进路与人类命运共同体构建研究

1. 项目简介

人类命运共同体是一个重要的政治理念，代表了中国对国际秩序的看法，但这一理念的具体含义是什么，如何落实到国际政治、经济乃至各方面的制度安排之中仍是一个非常大的挑战。从这一角度讲，本课题的重要性在于，其讨论的不仅仅是中国的问题，而是如何建立一个合理、公正的全球未来秩序。随着全球化进入变革调整期，学术界围绕"全球化将走向何方？"的讨论空前激烈，围绕"新型全球化"（Neo-globalization）或"再全球化"（Re-globalization）的研究成为全球化研究领域重要的前沿学术进程，"全球化进路"因而成为本课题的核心研究对象及主要创新点。本课题将在国内外学界现有研究的基础上，聚焦百年变局下全球化理论的演进、国际秩序的重塑问题、构建人类命运共同体的实操问题三大研究模块，对全球化进路这一宏大的战略性问题进行系统性、战略性、理论性和应用性的研究，进一步丰富和完善我国国家战略实践与理论的知行合一。

项目共分为五个子课题："百年变局下的全球化理论与人类命运共同体思想""经济全球化与构建人类命运共同体""安全全球化与构建人类命运共同体""全球化的区域化与人类命运共同体构建"和"人类命运共同体建设的战略图谱与政策体系"。①

---

① 北京大学国际关系学院：《国家社会科学基金重大项目"百年变局下的全球化进路与人类命运共同体构建研究"开题会顺利举行》，https://www.sis.pku.edu.cn/news64/1357792.htm（访问时间：2022年8月3日）。

2. 项目负责人简介

王栋,北京大学国际关系学院长聘正教授、北京大学全球健康发展研究院双聘教授、博士生导师,现任北京大学社会科学部副部长兼智库中心管理办公室主任、教育部北京大学中美人文交流研究基地执行主任。获北京大学国际关系学院外交学与外事管理系法学学士,美国加州大学洛杉矶分校哲学(政治学)硕士、博士。曾任美国知名文理学院宾夕法尼亚约克学院历史与政治学系终身制助理教授。

四、国家社会科学基金重大项目:海外华人与人类命运共同体研究

1. 项目简介

项目研究的核心问题是海外华人如何推动人类命运共同体的实现。在全面梳理海外华人新变化新特点的基础上,从海外华人与人类政治共同体、海外华商与人类经济共同体、海外华人与人类社会文化共同体、中国侨务政策与人类命运共同体等几个方面系统回答研究问题。[①]

2. 项目负责人简介

张振江,教授、博士生导师,暨南大学国际关系学院/华侨华人研究院院长、教育部人文社科重点研究基地主任,入选教育部"新世纪优秀人才支持计划",担任教育部高等学校政治学类专业教学指导委员会委员、中国华侨历史学会副会长、中国东南亚研究会副会长、广州市政协侨事顾问等。

五、国家社会科学基金重大项目:依托中非命运共同体建设推动数字人民币国际化研究

1. 项目简介

"依托中非命运共同体建设推动数字人民币国际化研究"项目拟解决的

---

① 暨南大学国际关系学院:《我院张振江教授、王子昌教授获批 2021 年国家社科基金重大项目》,https://sis-aocs.jnu.edu.cn/2021/1209/c3017a669015/page.htm(访问时间:2022 年 8 月 8 日)。

关键问题在于，以中非合作和数字人民币作为新时期人民币国际化的两个战略支点，从而深刻影响未来人民币国际地位以及中国的全球金融治理话语权，即如何依托中非命运共同体，在促进非洲普惠金融发展、推动非洲工业化进程、助力非洲繁荣进步的同时，以数字人民币在非洲的跨境使用来撬动人民币国际化，为人民币国际化注入新动力。本课题主要研究对象和内容包括：依托中非命运共同体建设推动数字人民币国际化的基础与前景；数字人民币在非跨境使用的进入渠道及试点方案设计；非洲数字人民币支付体系建设、应用场景拓展以及数字人民币国际化的金融生态体系建设；以数字人民币国际化撬动人民币国际化，并将非洲经验推广到"一带一路"沿线更多国家。①

2. 项目负责人简介

王芳，现任中国人民大学财政金融学院教授、博士生导师，财政金融学院副院长、国际金融教学团队首席教师、国际货币研究所副所长。主要研究方向为开放经济宏观金融理论与政策（人民币国际化、国际金融危机、国际货币体系改革等）。曾参与过多项国家重大课题，主持北京市社会科学基金重点项目等，曾获宝钢优秀教师奖、北京市教学名师奖等。

六、国家社会科学基金重大项目：依托中非命运共同体建设推动数字人民币国际化研究

1. 项目简介

"依托中非命运共同体建设推动数字人民币国际化研究"是一个前瞻性的研究，本课题另辟蹊径，将从中非命运共同体建设和数字人民币两个新的视角或突破口出发，并将二者紧密结合，来研究数字人民币国际化问题，这是本课题的重要突破和创新。研究成果将会极大地丰富人民币国际化方面的研究进

---

① 中国人民大学财政金融学院：《财政金融学院王芳教授、马光荣教授课题获国家社科基金重大项目立项》，http://sf.ruc.edu.cn/info/1073/9801.htm（访问时间：2022年8月3日）。

展,也可为我国人民币国际化打开新的视野,同时还能为相关决策部门提供理论依据和政策支持。①

2. 项目负责人简介

周光友,复旦大学经济学院教授、博士生导师。现任复旦大学金融研究院党支部书记,复旦大学数字金融研究中心主任,金融专业硕士(金融科技方向)负责人,国家社科基金重大项目首席专家。主要致力于数字金融与金融科技、电子货币与数字货币、国际金融与投资等方面的研究,特别是对电子货币和数字金融进行了长期跟踪研究。具有多年的银行工作经验。在《经济学季刊》《金融研究》《管理科学学报》《统计研究》《数量经济技术经济研究》等国内权威和核心期刊上发表学术论文70多篇。

七、国家社会科学基金重点项目:人类命运共同体视域下全球公域治理路径研究

1. 项目简介

"人类命运共同体视域下全球公域治理路径研究"项目针对全球公域的治理赤字,从深层次上探讨个体主义价值观、功利主义道德观、权力政治国际观等领域的新现象。项目旨在重塑全球治理话语体系的过程,立足全球治理改革,提出构建人类命运共同体的新话语,倡导人类共同利益和整体主义观念。②

2. 项目负责人简介

卢静,外交学院国际关系研究所教师、北京市对外交流与外事管理研究基地研究员。2000年—2002年在中国驻新西兰使馆工作。曾发表《当前全球治理的制度困境与改革》《中国和平崛起的国际舆论环境分析》《金砖国家合作

---

① 复旦大学经济学院:《经济学院斩获3项国家社科基金重大项目》,https://econ.fudan.edu.cn/info/1024/19560.htm (访问时间:2022年8月16日)。
② 卢静:《构建人类命运共同体:破解全球公域治理赤字的中国方案》,https://baijiahao.baidu.com/s? id=1753017645860855665 (访问时间:2023年11月28日)。

的动力：国际认知及其启示》等论文。

八、国家社会科学基金一般项目：基于数据挖掘的"人类命运共同体"理念海外传播话语特征及策略研究

1. 项目简介

该项目对中外所涉"人类命运共同体"主题的新闻报道进行话语分析，通过对比发现中外新闻媒体在该理念的海外传播中的话语特征及传播策略，从而为这一理念的海外传播研究提供重要数据支撑。①

2. 项目负责人简介

曾蕊蕊，中国石油大学（北京）外国语学院副教授。曾发表《政治演讲话语中隐喻的说服功能和话语策略——特朗普首次国会演讲的批评隐喻分析》《能源政策竞选演讲中"自我合法化"的话语空间建构及话语策略研究》《"体验式"比较教学在实现课程思政目标中的应用——以"英语国家社会与文化"课程为例》等论文。

九、国家社会科学基金青年项目：人类命运共同体理念的海外传播和国际认同研究

1. 项目简介

"人类命运共同体理论的海外传播和国际认同研究"项目是为数不多受到国家社会科学基金资助的青年项目。该项目旨在梳理人类命运共同体理念海外传播现状，厘清理念的全球认同情况，廓清对人类命运共同体理念的认

---

① 中国石油大学（北京）：《中石大 3 个项目获 2021 年度国家社科基金及教育部人文社科基金立项资助》，https://www.cup.edu.cn/pub/news/sx/17108ea985014af1bba7e802af1e9b9f.htm（访问时间：2022 年 8 月 16 日）。

知偏差。①

2. 项目负责人简介

王燕，三峡大学马克思主义学院副教授，主要研究方向为马克思主义理论，马克思主义政治哲学。开设的课程有自然辩证法、西方马克思主义专题、马克思主义理论前沿问题研究、马克思主义基本原理概论、形势与政策。参与国家社会科学基金重大项目1项、教育部哲学社会科学研究重大课题1项；主持教育部人文社会科学项目1项、湖北省社会科学项目2项、湖北省教育厅项目3项、宜昌市社科联项目3项，以及多项校级项目，并入选湖北省高等学校马克思主义中青年理论家培育计划。

十、研究阐释党的十九届五中全会精神国家社科基金重大项目：构建人类卫生健康共同体研究与数据库建设

1. 项目简介

人类卫生健康共同体是继人类命运共同体之后，我国领导人提出的又一参与全球治理的重要战略构想，构建人类卫生健康共同体是构建人类命运共同体的重要内容、深化发展和必要补充。课题围绕人类卫生健康共同体的理论内涵与实践展开，总负责人是孟庆跃教授。共设置五个子课题：人类卫生健康共同体内涵研究、健康观念与卫生习俗的跨文化研究、人类卫生健康共同体话语体系建构、人类卫生健康共同体的实施策略研究、人类卫生健康共同体文献数据库建设。课题组将探究人类卫生健康共同体构建对于文化交流、文明互鉴的意义；近代以来中国的衰落使得人类文明蒙尘，而中华民族的伟大复兴则开创了人类文明的新形态。

本课题组成员来自北京大学中国卫生发展研究中心、马克思主义学院、医

---

① 三峡大学马克思主义学院：《我院2021年国家社科基金项目顺利开题》，https://sxdxmkszyxy.ctgu.edu.cn/info/1058/3884.htm（访问时间：2022年8月3日）。

学人文学院、新闻与传播学院、外国语学院、公共卫生学院、医学图书馆等单位，涉及马克思主义哲学、医学人文、新闻传播、公共卫生、图书情报、区域国别研究、外国语言文学等多个学科，共计30余位知名教授、青年学者和博士研究生参与。①

2. 项目负责人简介

孟庆跃，教授、博士生导师，北京大学中国卫生发展研究中心执行主任，北京大学公共卫生学院院长，卫生部卫生经济与政策研究重点实验室主任。主要研究方向为卫生经济与政策，发表论文400余篇。

---

① 北京大学医学人文学院：《研究阐释党的十九届五中全会精神国家社科基金重大项目"构建人类卫生健康共同体研究与数据库建设"开题论证会在北京大学医学部召开》，https://shh.bjmu.edu.cn/ybxw/219740.htm（访问时间：2023年11月28日）。

教育部哲学社会科学研究重大课题攻关项目

教育部哲学社会科学研究重大课题攻关项目：中国传统文化中的人类命运共同体价值观基础研究

1. 项目简介

本项目主要围绕持久和平、普遍安全、共同繁荣、开放包容、清洁美丽等构建人类命运共同体重大倡议的核心内容，回溯中国思想传统，从中国传统思想资料特别是先秦到明清的中国哲学思想文献中梳理其价值观念基础，探究其作为构建人类命运共同体重大倡议的思想资源意义，探究中国传统价值观念的世界性、现代性意义，在此基础上，将构建人类命运共同体重大倡议作为马克思主义基本原理与中华优秀传统文化相结合的思想产物予以考察。[①]

2. 项目负责人简介

朱承，华东师范大学哲学系教授，教育部人文社会科学重点研究基地中国现代思想文化研究所研究员，博士生导师，华东师范大学"紫江优秀青年学者"，上海市曙光学者、阳光学者。主要从事中国哲学、政治哲学的教学与研究。

---

① 华东师范大学：《2021年度华东师大获批人文社科重大项目16项，全国排名第四》，https://www.ecnu.edu.cn/info/1094/59261.htm（访问时间：2022年8月16日）。

第四篇
主题学术动态

李 喆

高校学术活动

一、人类命运共同体话语体系建构研究国际论坛

2021年4月3日至4日,由厦门大学主办、厦门大学外文学院承办的"人类命运共同体话语体系建构研究国际论坛"在厦门宾馆隆重举行,旨在为语言学研究发展、人文交流互鉴建言献策,为构建人类命运共同体的美好愿景赓续力量。

本次论坛是语言学领域一场大规模、高规格的学术交流活动,设院长论坛、高端学者论坛、国际学者论坛、优秀校友论坛及新锐学者论坛等多个分论坛,邀请来自多所著名院校和科研机构的教授、领军学者及多位国内重要学术期刊主编莅会助阵。

图1 与会嘉宾合影留念

开幕式由外文学院院长陈菁教授主持。厦门大学党委副书记、纪委书记全海致辞，热烈欢迎语言学界专家学者的到来。国家语委咨询委员会委员、北京大学陆俭明教授，大连外国语大学副校长常俊跃教授，《外语教学与研究》主编、北京外国语大学王克非教授在开幕式上作嘉宾致辞，对人类命运共同体话语构建相关研究提出期待。

随后，北京大学陆俭明教授、华南农业大学外国语学院院长黄国文教授、北京外国语大学中国外语教育研究中心主任王文斌教授、湖南大学外国语学院院长刘正光教授、大连外国语大学副校长常俊跃教授、上海外国语大学束定芳教授、广东外语外贸大学何晓炜教授、厦门大学杨信彰教授分别作主旨发言。陆俭明教授在发言中表示，我国语言学人在构建人类命运共同体的事业中，应有所作为、有所担当，为构建人类命运共同体贡献力量。

各分论坛也如约开启。论坛采用线上线下相结合的方式进行，众多专家学者围绕理论语言学与应用语言学等主题进行发言、展开讨论。院长论坛上，来自国内多所一流高校外国语学院的领导嘉宾发表精彩演讲，共商语言学学科未来发展；与此同时，高端学者论坛则围绕国家外语能力与外语教育展开深入讨论交流；线上国际学者论坛特邀哈佛大学热纳罗·基尔基亚教授、米兰比可卡大学玛丽亚·特蕾莎·瓜斯蒂教授、阿哥德大学保罗·蒂博教授、剑桥大学兰蒂·辛普利教授等多位知名学者，就功能语言学及心理语言学等领域的热门议题分享观点；应用语言学新锐学者论坛也通过线上顺利举行，为论坛注入新鲜血液。

本次论坛积极回应时代热点，为探讨语言学学科如何服务于国家和地方建设提供了学术交流的平台，为推动构建人类命运共同体做出积极贡献，展现了语言学者的时代担当。①

---

① 厦门大学外文学院：《厦门大学人类命运共同体话语体系建构研究国际论坛召开》，https：//100.xmu.edu.cn/info/1116/1971.htm（访问时间：2022年7月15日）。

二、人类命运共同体·中国智库论坛（2021）

2021年5月28日，由中国传媒大学人类命运共同体研究院主办的"人类命运共同体·中国智库论坛（2021）"在中国传媒大学召开。来自中共中央对外联络部、中央党史和文献研究院、中国外文局当代中国与世界研究院、全球化智库、中国人民大学、北京大学、清华大学等国内一流智库和院校的领导、专家汇集一堂，为推动人类命运共同体的理论研究和国际传播建言献策。

图2 中国传媒大学书记、校长廖祥忠致开幕辞

中国传媒大学书记、校长廖祥忠介绍了中国传媒大学人类命运共同体研究院成立的背景与初衷。他指出，研究院的两大任务是人类命运共同体理论的研究和全球传播；这是一个开放平台、一个集合平台、一个服务平台，希望把有志于从事这方面研究的国内外一流的专家学者汇聚在一起，共同研究、共同推进。他透露，不久前，学校将人类命运共同体研究院调整为校直属单位，体现出学校的重视程度和战略规划。

图3　中国传媒大学人类命运共同体研究院院长李怀亮
介绍人类命运共同体国际学术联盟和海外中心建设情况

开幕式后,人类命运共同体国际学术联盟理事会成员聘任仪式接续举行。廖祥忠书记为联盟理事会成员颁发聘书。人类命运共同体研究院院长李怀亮向论坛汇报了人类命运共同体国际学术联盟和海外研究中心建设情况。李怀亮介绍,目前已经建设了七个海外研究中心,合作单位分别位于埃塞俄比亚、坦桑尼亚、马来西亚、韩国的首尔和仁川、德国和巴基斯坦,并以此为依托,联合英国国王学院发起成立了人类命运共同体国际学术联盟。随后,论坛围绕人类命运共同体举办了多场主题圆桌和主题专场、分论坛研讨。

本届"人类命运共同体·中国智库论坛"是中国传媒大学人类命运共同体研究院发起的年度高端学术活动"人类命运共同体·中国智库论坛"的首届,汇集了国际关系、国际发展和国际传播领域国内顶尖的专家学者,就人类命运共同体的基础理论研究和国际传播战略进行了深度分享和探讨。①

---

① 姬德强、葛艳玲、张苏秋:《人类命运共同体·中国智库论坛(2021)在中国传媒大学召开》,https://icsf.cuc.edu.cn/2021/0601/c6040a182288/page.htm(访问时间:2022年7月15日)。

三、中国传媒大学人类命运共同体研究院发布
《美国病毒溯源舆论战的手段、目标及对策》研究报告

2021年8月，中国传媒大学人类命运共同体研究院针对美国的新冠病毒溯源事件进行详细分析，于8月16日发布题为《美国病毒溯源舆论战的手段、目标及对策》的研究报告。研究报告在对病毒溯源舆论战相关背景进行简要回顾后，系统梳理舆论战关键时间节点，并以此全面分析美国发起病毒溯源舆论战的逻辑、策略与可能后果，提出以人类命运共同体理念为指导的应对之策。①

四、人类命运共同体与"一带一路"
拉美研究中心建设会谈

2021年10月8日，中国传媒大学人类命运共同体研究院与阿根廷国立拉普拉塔大学国际关系学院中国研究中心就联合成立人类命运共同体与"一带一路"拉美研究中心等合作事宜进行线上会谈。该中心将是人类命运共同体国际学术联盟成立以来设立的第八个人类命运共同体海外研究中心。

阿根廷国立拉普拉塔大学副校长马丁·洛佩斯·阿蒙戈尔教授在致辞中表达了对中阿两所大学未来开展合作的期待，希望双方可以在学术、教育与研究方面开展广泛交流，促进共同发展、实现互利共赢。他认为，未来双方都将从合作中受益匪浅。

中国传媒大学人类命运共同体研究院院长李怀亮教授向与会者介绍了人类命运共同体研究院的成立背景和主要工作，并期待未来双方在人类命运共同体

---

① 中国传媒大学人类命运共同体研究院：《研究报告丨美国病毒溯源舆论战的手段、目标及对策》，https://icsf.cuc.edu.cn/2021/0822/c6043a185629/page.htm（访问时间：2022年7月15日）。

图 4　中国—阿根廷双方举行线上会谈

理念的国际传播和跨文化研究领域展开更多合作。他指出，推动构建人类命运共同体是全球治理新理念，推动国际传播与文明互鉴是构建人类命运共同体的重要内容。为推进国际学术界深入研究并积极传播人类命运共同体理念，中国传媒大学已成立了7个人类命运共同体海外研究中心，并联合国际一流高校、智库、研究机构等成立了人类命运共同体国际学术联盟。他希望两所大学的密切合作能够促进人类命运共同体理念在世界范围内的传播和跨文化理解。

拉普拉塔大学国际关系学院院长诺贝托·康萨尼教授简要介绍了国际关系学院的基本情况以及学院的研究进展和相关成果，他表达了自己对中国研究的浓厚兴趣，以及对未来双方在人类命运共同体理念研究方面能够有更多合作机会的期待。

中国传媒大学人类命运共同体研究院副院长张艳秋教授就双方联合成立人类命运共同体与"一带一路"拉美研究中心的具体事宜和双方签署合作协议的具体问题进行了说明，就具体内容和阿根廷国立拉普拉塔大学国际关系学院诺贝托·康萨尼教授、玛丽亚·弗朗西斯卡·斯塔亚诺教授进行了商讨并达成一致意见。

中国传媒大学孔子学院管理办公室的孙玉红老师向参会者简要介绍了孔子学院和孔子课堂的建设情况。弗朗西斯卡教授对双方在该领域的合作表示了浓厚兴趣,并表示将进一步通过合作扩大孔子学院的影响力。

双方研究人员还在此次线上会谈中就各自的研究领域以及对未来合作的期待展开交流。

本次中拉线上会谈由中国传媒大学人类命运共同体研究院特约研究员钟婉初博士和阿根廷国立拉普拉塔大学国际关系学院中国研究中心主任玛丽亚·弗朗西斯卡·斯塔亚诺联合主持,参会者还有中国传媒大学人类命运共同体研究院副院长王四新、姬德强,办公室主任葛艳玲,博士后张苏秋,孔子学院管理办公室孙玉红,国际部李喆;阿根廷国立拉普拉塔大学国际关系研究院拉美研究中心主任劳拉·博加多·博达扎尔,中国研究中心研究员胡安·克鲁斯·马格利什、塞巴斯蒂安·舒尔茨、迭戈·里迪克。[①]

五、天津师范大学同德师坊系列名家讲座孔子学院专场访谈宣讲

2021 年 11 月 12 日下午,同德师坊系列名家讲座孔子学院专场访谈宣讲活动在天津师范大学会议中心大报告厅举办。本次活动主题为"讲好中国故事 助力构建人类命运共同体"。天津师范大学校党委书记张玲,校党委副书记、校长钟英华,校党委副书记路波,副校长白学军等出席活动,机关各部处室负责人,各基层党委主要负责人,各学部(院)师生代表参加活动。活动由党委教师工作部部长刘红英主持。

---

① 张苏秋、李喆:《中国传媒大学人类命运共同体研究院与阿根廷国立拉普拉塔大学中国研究中心就联合成立人类命运共同体与"一带一路"拉美研究中心进行线上会谈》,https://icsf.cuc.edu.cn/2021/1010/c5607a187227/page.htm(访问时间:2022 年 7 月 15 日)。

图 5　访谈宣讲活动现场

本次活动聚焦学校孔子学院建设足迹，特邀肯尼亚内罗毕大学孔院、泰国曼松德昭帕亚皇家师范大学孔院、英国赫尔大学孔院和泰国海上丝路孔院四所孔子学院历任院长、任课教师、汉教志愿者教师，通过"开拓——非洲大地上的第一所孔院""破浪——本土汉语教师培养的摇篮""探索——唱响中西文化交融之歌""扬帆——'一带一路'倡议的职教践行"四个篇章展开访谈宣讲活动。各位宣讲人生动鲜活地讲述了海外孔子学院建设中的一件件感人事例，孔子学院学生代表、外国留学生代表和老师们共同表演了精心排练的朗诵、歌曲、快板书等节目。活动现场，校党委书记张玲、校党委副书记路波、副校长白学军为各位孔子学院院长颁发了由学校古籍修复与保护专业师生精心制作的版画拓印《孔子圣迹图》，祝愿学校孔子学院的工作精神接续传承，继续讲好中国故事，传播好中国文化，为构建人类命运共同体的伟大事业发光发热。

钟英华校长在讲话中表示，讲好中国故事，传播好中国声音，展示真实、立体、全面的中国，是加强国际传播能力建设的重要任务。天津师范大学孔子学院的建设和国际中文教育工作的开展，是契合国家需要、讲好中国故事的重要载体，是促进中外人文交流的纽带，是承载各国人民友谊的桥梁。四所孔子学院创办十几年来，在中文教育、人文交流、文化活动以及合作科研等领域都取得了令人满意的成绩，鲜明地展现了中国故事及其背后的思想力量和精神力量。

天津师范大学近年来通过教师思想政治建设、"四史"学习教育、师德专题教育等方式，引导广大师生主动融入国家发展战略、坚定文化自信，铸牢人类命运共同体意识，讲好中国故事，传播好中国声音，担当起培育时代新人的教育使命。①

六、建设委内瑞拉、格鲁吉亚人类命运共同体海外研究中心沟通洽谈会

2021年11月22日至26日，中国传媒大学人类命运共同体研究院先后与委内瑞拉、格鲁吉亚的两个地区的高校与智库达成共建人类命运共同体海外研究中心的合作意向，进一步拓展了人类命运共同体国际学术联盟的"朋友圈"，海外研究中心数量达到10家。段鹏副校长出席与格鲁吉亚阿尔特大学的线上会见。

图6　与格鲁吉亚合作方举行线上会谈

---

① 孙智慧、刘梦雨：《我校举办同德师坊孔院专场访谈宣讲活动：讲好中国故事 助力构建人类命运共同体》，https://www.tjnu.edu.cn/info/1081/16211.htm（访问时间：2022年7月15日）。

2021年11月25日,李怀亮院长与委内瑞拉中国问题研究中心主任艾马拉·格德尔进行会谈,双方就成立人类命运共同体"中国—委内瑞拉"研究中心达成共识,并计划于近期签署合作备忘录。艾马拉·格德尔表示,能与中国传媒大学人类命运共同体研究院展开合作,共建这个研究中心十分重要,他们将会一如既往地致力于向委内瑞拉以及整个拉美地区国家的人民传播真实的中国声音和中国形象。李怀亮院长认为,由双方共建的人类命运共同体海外研究中心,将在中国和委内瑞拉,以及中国和拉美人民之间搭建起科学研究和协同创新的平台,双方应制订工作计划,推动合作进程。

2021年11月26日,人类命运共同体研究院与格鲁吉亚阿尔特大学就联合成立人类命运共同体格鲁吉亚研究中心举行线上会谈。段鹏副校长在致辞中表示,自建交以来,中国与格鲁吉亚一直保持着密切交流合作,阿尔特大学在多个领域取得了丰硕学术成果,为整个东欧、西亚地区培养出一批又一批的优秀人才。他衷心希望,双方能共同努力,促进世界范围内对人类命运共同体理念的理解、发展、传播。阿尔特大学校长拉马兹·库库拉泽向出席线上会议的中国传媒大学领导和师生表示感谢,并简要介绍了阿尔特大学的发展历程。他谈到,阿尔特大学高度重视与中国传媒大学人类命运共同体研究院的合作,希望通过双方合作,促进中国和格鲁吉亚的学术与文化交流。李怀亮院长在致辞中

图7 与委内瑞拉合作方举行会谈

提出，中国传媒大学人类命运共同体研究院将立足研究院权威的行业优势及丰厚的内容资源，积极同阿尔特大学开展合作，推动世界范围内人类命运共同体理念的发展和理解，共同开创"中—格"学术交流新局面。随后，张艳秋副院长与阿尔特大学人文与社会科学学院副院长乔治·科贝里泽就合作备忘录的内容进行了商讨。阿尔特大学市场及公关部总监阿妮·阿米拉纳什维利、中国传媒大学人类命运共同体研究院副院长王四新等出席，会议由副院长姬德强主持。

截至目前，由中国传媒大学人类命运共同体研究院发起成立的人类命运共同体海外研究中心数量已达 10 家，分别位于德国、韩国、马来西亚、坦桑尼亚、格鲁吉亚、巴基斯坦、埃塞俄比亚、阿根廷、委内瑞拉。基于海外研究中心网络的人类命运共同体国际学术联盟也初具规模，将为学校从国内一流高校向国际一流高校的跨越式发展提供网络保障，为人类命运共同体理念的国际传播提供海外平台。[①]

七、人类命运共同体·国际智库论坛（2021）

2021 年 11 月 30 日，由中国传媒大学人类命运共同体研究院主办的"人类命运共同体·国际智库论坛（2021）"在中国传媒大学召开。党委书记、校长廖祥忠出席开幕式并致辞，副校长段鹏主持开幕式，来自十二个国家的重要智库和大学研究机构的主要负责人、知名专家学者围绕"共同价值与世界发展理念"分别作主题发言，为促进世界和平发展、文明交流互鉴，推动人类命运共同体理念的全球传播贡献智慧和力量。

中国传媒大学党委书记、校长廖祥忠代表学校对"人类命运共同体·国际智库论坛"的召开表示热烈祝贺，对世界各国嘉宾的参会表示由衷的欢迎。他指出，共同构建人类命运共同体是习近平总书记提出的中国方案，蕴含着传

---

① 钟婉初、姬德强：《人类命运共同体研究院将在委内瑞拉、格鲁吉亚设立两家人类命运共同体海外研究中心》，http://www.cuc.edu.cn/news/2021/1128/c1901a189414/pagem.htm（访问时间：2022 年 7 月 15 日）。

承千年的中国智慧，指明了人类文明的前进方向。响应国家号召，回应国家需求，中国传媒大学战略性地创建了人类命运共同体研究院，联合四大洲十个国家的政府、高校和智库，成立十家人类命运共同体海外研究中心，发起成立了人类命运共同体国际学术联盟，为促进这一理念的全球传播，推动中外学术合作和人文交流，讲好中国故事搭建了全新的智库平台。

图8　中国传媒大学党委书记、校长廖祥忠致辞

开幕式后，廖祥忠校长宣布人类命运共同体海外研究中心获奖名单和国际学术联盟任命名单，并宣布新建人类命运共同体与"一带一路"拉美研究中心、委内瑞拉研究中心、格鲁吉亚研究中心。至此，中国传媒大学人类命运共同体研究院已在埃塞俄比亚、坦桑尼亚、德国、马来西亚、巴基斯坦、韩国、阿根廷、委内瑞拉、格鲁吉亚等国家建立了海外研究中心，通过国际合作深化人类命运共同体的理论研究和国际传播，增进世界各国对中国发展道路的广泛深入了解，推动构建多元化的世界话语体系。

随后的主题演讲分三个专场进行，分别由人类命运共同体研究院副院长姬德强、张艳秋、文春英主持。来自中国、马来西亚、法国、美国、德国、英语、土耳其、阿根廷、巴基斯坦、埃及、坦桑尼亚、俄罗斯、西班牙共 13 个国家的 16 位专家学者发言交流。

图 9　线下参会者合影

百年变局叠加世纪疫情深刻影响着世界政治经济格局，也对当前全球治理的逻辑提出了挑战。"人类命运共同体·国际智库论坛"是人类命运共同体研究院发起的年度高端学术活动。本届论坛汇集了国际关系、国际发展和国际传播领域国内外顶尖的专家学者，以洞察全球发展大势的宏观视野和开放包容多元互鉴的发展眼光，就人类命运共同体的基础理论研究和国际传播战略，进行了卓有成效的分享和探讨，打造了一个跨学科的人类命运共同体理论研究平台，也提升了中国传媒大学在人类命运共同体理论研究和服务国家战略上的影响力。①

八、人类命运共同体墨西哥研究中心共建事宜线上洽谈会

2021 年 12 月 16 日，中国传媒大学人类命运共同体研究院与墨西哥维拉克

---

① 中国传媒大学人类命运共同体研究院：《人类命运共同体·国际智库论坛（2021）在中国传媒大学召开》，https://icsf.cuc.edu.cn/2021/1206/c6040a189747/page.htm（访问时间：2022 年 7 月 15 日）。

鲁兹大学"中国—维拉克鲁兹"研究中心就成立人类命运共同体墨西哥研究中心合作事宜进行了线上洽谈,双方就共建海外研究中心达成共识,并计划于近期签署合作备忘录。

图10　与墨西哥维拉克鲁兹大学举行线上会谈

"中国—维拉克鲁兹"研究中心负责人阿尼巴尔·卡洛斯·佐特莱·阿连德博士向与会者介绍了维拉克鲁兹大学与"中国—维拉克鲁兹"研究中心概况,并表示,维拉克鲁兹大学高度重视与中国传媒大学人类命运共同体研究院的合作,希望通过双方合作,促进中国和墨西哥的学术与文化交流。

人类命运共同体研究院李怀亮院长介绍了人类命运共同体研究院的成立背景和海外中心建设情况,期待双方未来在人类命运共同体理念的国际传播和跨文化研究领域展开更多紧密、深度的合作。他衷心希望,双方能共同努力,促进世界范围内对人类命运共同体理念的理解、发展、传播。

"中国—维拉克鲁兹"研究中心驻华代表埃斯特班·佐特莱·德·维加博士向与会者介绍了他在中国近二十年的求学生涯和生活工作经历,并与中国传媒大学人类命运共同体研究院副院长张艳秋教授就合作备忘录的内容进行了商讨。同时,张艳秋副院长向墨方介绍了"全球传播与治理"国际博士生项目,希望未来可以和维拉克鲁兹大学开展国际留学生联合培养等项目。

继 2021 年 11 月 30 日召开的"人类命运共同体·国际智库论坛（2021）"上宣布与阿根廷、格鲁吉亚、委内瑞拉共建海外研究中心之后，人类命运共同体墨西哥研究中心将成为由人类命运共同体研究院发起成立的第十一家人类命运共同体海外研究中心，未来双方将共同努力，积极推动中墨学术合作和人文交流。

参加会议的还有人类命运共同体研究院副教授张苏秋、办公室主任葛艳玲、孔子学院办公室孙玉红、国际部李喆、特约研究员钟婉初。[①]

九、"亚洲与欧洲：全球合作与人类命运共同体"课程系列讲座

2021 年 12 月 23 日下午，由北京外国语大学国际中国文化研究院主办，日本欧亚基金会资助的 2021 年"亚洲与欧洲：全球合作与人类命运共同体"课程系列讲座第十六讲——"鲁迅在日本的翻译活动"于线上成功举办。本次讲座由北京外国语大学国际中国文化研究院顾钧教授主讲，国际中国文化研究院谢明光博士主持。

讲座伊始，顾钧教授以鲁迅在日本的留学经历为出发点，介绍了鲁迅与翻译的不解之缘，鲁迅早在小说创作之前就已经翻译了很多外国优秀作品。

随后，顾钧教授围绕鲁迅的科学小说翻译及《域外小说集》两个重要翻译活动展开讲解，以《地底旅行》为例图文并茂地向同学们展示了鲁迅翻译的特点。

接着，顾钧教授就鲁迅及周作人翻译的《域外小说集》展开分析。顾钧教授指出，鲁迅开始翻译《域外小说集》中诸作时，他已经更多地着眼于"转移性情，改造社会"，着眼于提高国人的素质和境界，而不是单单考虑眼前的具体任务了。顾钧教授指出，《域外小说集》的价值可以表现在以下三个方面：首先，它选择的作家都是欧洲现当代的优秀作家，选择的作品都是严肃

[①] 钟婉初：《"人类命运共同体墨西哥研究中心"共建线上洽谈会举行》，https://gs.cuc.edu.cn/news/2021/1217/c1902a190178/page.psp（访问时间：2022 年 7 月 15 日）。

的文学作品，可以说都是欧洲文学的精品。但也正是这个特点导致了《域外小说集》发行以后的滞销。其次，《域外小说集》给予俄国、东欧、北欧作家以极大的关注，开五四运动以后关注被压迫弱小民族文学的风气之先。再次，它使短篇小说集中地出现在中国人的眼前。《域外小说集》是第一部外国短篇小说集的单行本，它集中地将七个国家十位作家的十六篇作品成批量地呈现在读者面前，让读者领略到一种不同于长篇的短小精悍文体。

最后，顾钧教授谈到，鲁迅虽然只在《域外小说集》里提供了三篇小说的译文，但这一工作深刻地影响了他后来的创作。鲁迅本人曾经具体地指出他受到安特来夫的影响，如《药》的结尾就有他曾经翻译的小说《沉默》的影子。顾钧教授表示，鲁迅之所以能够成为中国新文学的旗手，一个最重要的原因就在于他读过很多外国作品，并把它们融会贯通以求超越。我们做学术也是这样，不可照搬抄袭，但可以借鉴和吸收百家之长以形成自己的风格。

讲座尾声，同学们积极踊跃提问，顾钧教授也一一进行了详细的解答，本场讲座在热烈的氛围中圆满结束。①

---

① 郝聪慧：《2021年"亚洲与欧洲：全球合作与人类命运共同体"课程系列讲座第十六讲成功举办》，https://iics.bfsu.edu.cn/info/1203/3841.htm（访问时间：2022年7月15日）。

智库学术活动

一、"人类命运共同体:迈向一个更加包容的世界"主题线上国际培训项目

2021年2月1日至5日,由人类命运共同体巴基斯坦研究中心主办的主题为"人类命运共同体:迈向一个更加包容的世界"的线上国际培训项目成功举行。该项目系人类命运共同体巴基斯坦研究中心2021年的开年重磅学术活动。

人类命运共同体巴基斯坦研究中心携手共同发起方中国传媒大学人类命运共同体研究院和巴基斯坦全球战略研究中心,邀请人类命运共同体国际学术联盟代表性专家学者,就人类命运共同体理念展开多角度的全面诠释,促进了巴方学生对该理念的认知

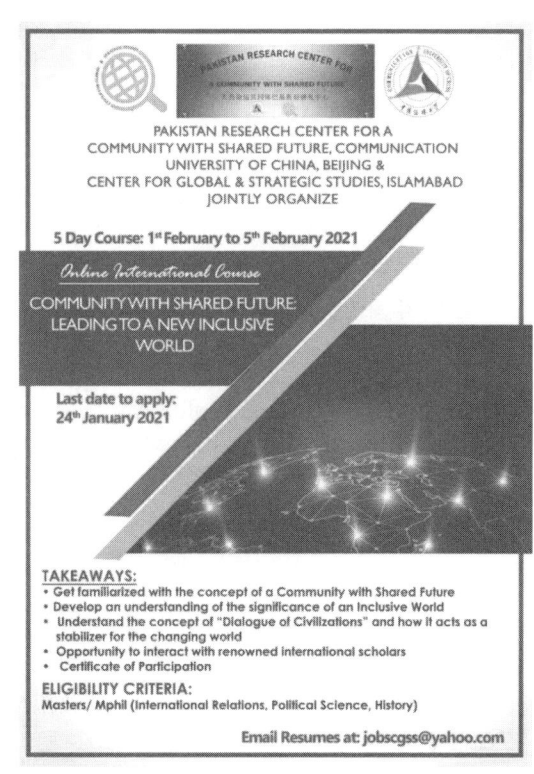

图1 培训项目海报

与理解,对加强中巴双边合作、推动区域发展、加深中巴友谊具有重要意义。

来自中国传媒大学，巴基斯坦、马来西亚、法国、坦桑尼亚高校和智库机构的五位专家学者，同时也是人类命运共同体国际学术联盟成员、人类命运共同体海外研究中心负责人，为来自中巴两国的学生以及人类命运共同体国际学术联盟组织的成员在线上做了精彩的系列学术讲座，围绕人类命运共同体理念，就全球挑战、开放包容的世界、文明对话等话题展开讨论。五次讲座的主题如下：人类命运共同体理念介绍与概述；文明冲突向文明对话的转变对于世界稳定的意义；理念对构建开放包容的世界的基础性作用；理念对处理全球性问题的启示作用；理念促进各国交流，共同推动全球经济增长与发展共荣。

本次联合培训项目受到巴基斯坦《国家先驱导报》等全国性媒体以及中巴学术平台的广泛报道，取得了重要的社会和学术影响。

以下是五位学者讲座与互动情况的相关报道：

图2　中国传媒大学教授王四新全面介绍"人类命运共同体理念的渊源及实质"

图3　巴基斯坦白沙瓦大学伊斯兰学院扎尔米娜·俾路支博士讲授
"由文明冲突向文明对话转变：世界的稳定剂"

图4　马来西亚思特雅大学佩全奇博士讲授
"人类命运共同体理念：构建开放包容世界的基础"

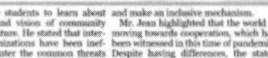

图5　人类命运共同体欧洲研究中心负责人及全球指南针智库首席执行官
让·克里斯托夫·巴斯阐述
"人类命运共同体理念如何推动解决全球挑战"

图6　坦桑尼亚圣奥古斯丁大学内格斯·安德烈·多米尼克博士讲授
"人类命运共同体理念：为开放包容的全球性发展搭建起沟通的桥梁"

本次线上国际培训项目为中巴及其他学术联盟成员国杰出学者与学生提供了交流沟通的平台,进一步向海外宣传和阐述我国提出的全球化和可持续发展理论,受到了巴基斯坦学术界的广泛认可和一致好评。①

二、"人类命运共同体"主题圆桌会议

2021年3月16日,人类命运共同体巴基斯坦研究中心联合中国传媒大学人类命运共同体研究院、巴基斯坦白沙瓦大学区域研究中心举办"人类命运共同体"主题圆桌会议,会议在巴基斯坦白沙瓦大学区域研究中心举行,来自中巴双方的专家学者就人类命运共同体理念的历史脉络、丰富内涵和现实意义进行了深入交流。

图7 会议现场

中国传媒大学人类命运共同体研究院副院长姬德强教授通过网络连线为本次圆桌讨论致开幕辞,强调在全球和区域范围内建立共识和互动的重要性,并表示中国和巴基斯坦是全天候战略合作伙伴,非常需要在已有的广泛共识的基础上,深入研讨人类命运共同体理念对两国关系和区域发展带来的新思维和新启发,未来期待在人类命运共同体国际学术联盟的框架下,联合人类命运共同

---

① 李喆:《人类命运共同体巴基斯坦研究中心成功举办"人类命运共同体:迈向一个更加包容的世界"主题线上国际培训项目》,https://icsf.cuc.edu.cn/2021/0214/c6038a178176/page.htm(访问时间2022年7月15日)。

体巴基斯坦研究中心等在内的巴方智库和高校，推动有关人类命运共同体的全球性和区域性对话。

来自白沙瓦大学区域研究中心、中国研究中心、伊斯兰学院，白沙瓦库尔图巴大学的多位专家、学者分别从中巴文化、世界公共卫生健康、冲突治理、世界格局、外交理念等方面展开论述并深入交流观点。

图 8　会议报道

此次圆桌讨论共有来自巴基斯坦的近 30 名专家学者、国际关系及相关领域的学生参加。会议由巴基斯坦《国家先驱导报》在 2021 年 3 月 17 日刊登报道。[①]

三、中巴"文明对话"专题研讨会

2021 年 3 月 29 日，人类命运共同体巴基斯坦研究中心联合中国传媒大学

[①] 葛艳玲：《中巴学者共议后疫情时代的人类命运共同体——"人类命运共同体"主题圆桌会议在巴基斯坦白沙瓦大学成功举行》，http://www.cuc.edu.cn/2021/0325/c1761a179122/page.htm（访问时间：2022 年 7 月 15 日）。

人类命运共同体研究院在线上举办了"文明对话"专题研讨会。来自中国与巴基斯坦多家智库、高校的专家学者参加研讨会,围绕如何以学术沟通促进世界"文明对话",推动世界繁荣发展展开讨论,有效推进了中巴双方的相互理解,拓展了未来合作的共识。

图9 "文明对话"专题研讨会于线上召开

本次"文明对话"专题研讨会由人类命运共同体巴基斯坦研究中心主任、巴基斯坦全球战略研究中心执行主任哈立德·泰米尔·阿克拉姆先生主持,中巴两国学者围绕会议主题展开讨论与交流。

中国传媒大学人类命运共同体研究院院长李怀亮教授为专题研讨会致开幕词,李怀亮院长通过对比"文明冲突"与"文明对话",突出强调了国际传播与跨文化交流过程中促进文明交流与对话的重要性,点明了本次召开专题研讨会的重要意义与宗旨。

来自人类命运共同体巴基斯坦研究中心及巴基斯坦各高校与学术机构的多位专家学者对国际大背景下的"文明对话"理念展开阐述,高度赞扬中国基于促进世界和平、共同繁荣的发展目标下提出的一系列理念与倡议,并结合穆斯林文明与中华文明的共通点,重点探寻了双方进一步对话的必要性及发展方向，认为在认清挑战的同时要携手促进世界文明多样化、构建和谐共存的人类命运共同体。

来自中国传媒大学人类命运共同体研究院的张艳秋教授、研究人员李菡结合巴基斯坦学者的观点，从中国文明的角度出发，从实际与理论维度指明了"文明对话"理念是全球治理、世界秩序、主权平等、各国持久和平的前瞻性原则，要大力推动全球传播，实现各国文化包容理解与彼此合作。①

四、"绿色健康可持续，共建命运共同体""世界地球日"主题论坛

第52届世界地球日前夕，为呼吁各国共同应对生态危机，2021年4月21日下午，中国传媒大学人类命运共同体国际学术联盟举办以"绿色健康可持续，共建命运共同体"为主题的"世界地球日"主题论坛。论坛通过线上形式，邀请人类命运共同体海外研究中心代表、国际学术联盟发起单位负责人和国内外知名专家学者参加，就当今世界共同面临的生态环境问题展开学术交流，为建设"绿色健康可持续发展"的人类命运共同体建言献策。论坛由中国传媒大学人类命运共同体研究院副院长张艳秋教授主持。

图10 "世界地球日"主题活动于线上召开

---

① 梁凯瑞、李喆、姬德强：《"文明对话"专题研讨会召开 中巴学者共议文明包容共存》，http://www.cuc.edu.cn/news/2021/0331/c1901a179448/pagem.htm（访问时间：2022年7月15日）。

与会者一同观看中国传媒大学制作的地球日主题视频后，中国传媒大学人类命运共同体研究院副院长王四新教授作为国际学术联盟代表宣读《绿色·健康·可持续，共建命运共同体》倡议书，分析全球化背景下世界面临的生态环境挑战与问题，并呼吁国际学术界在全球环境治理领域积极倡导人类命运共同体意识。

在主旨演讲中，中国传媒大学人类命运共同体研究院院长李怀亮教授阐述了人类命运共同体理念的深刻内涵，指出推动构建人类命运共同体是全球治理新理念，推动可持续发展是构建人类命运共同体的重要内容。为推进国际学术界深入研究并积极传播人类命运共同体理念，中国传媒大学发起成立了7所人类命运共同体海外研究中心及国际学术联盟，联合国际学术界积极推动世界各国文明对话、交流互信，呼吁国际社会重视全球生态环境问题，为建设人与自然和谐相处的共同家园而努力。

来自马来西亚、巴基斯坦、坦桑尼亚、瑞典与美国的学者专家结合本地区特点，分别从平衡经济发展与环境保护、文明对话、国际合作、绿色经济、可持续发展、人类延续与命运共同体等方面展开论述，对"绿色、健康、可持续发展"的概念表示认同，并期待国际学术界共同携手推进生态环境保护。

图11　多国专家做论坛主旨发言

主持人张艳秋教授对与会专家的发言进行总结,并希望世界各国的学术机构、智库与高校能够共同努力推进建设"绿色、健康、可持续发展"的人类命运共同体。随后,中国传媒大学三位研究生分别围绕自己的经历与对议题的理解发言。

此次国际论坛是在世界生态环境问题凸显、国际关系格局变迁的背景下组织召开的,人类命运共同体国际学术联盟下的各国学者、相关领域专家充分分析当下全世界面临的共同难题,就"绿色健康可持续,共建命运共同体"展开积极讨论,对生态环境的解决方向提出了建设性意见,专家学者们极大地肯定了加强跨国学术对话沟通的重要性,并对构建人类命运共同体的美好蓝图寄予期待。[①]

五、"人类命运共同体视域下的中日文化研究"主题学术沙龙

2021年6月3日上午,由广西人文社会科学发展研究中心(简称广西文科中心)主办的"人文强桂"第135期学术沙龙在广西文科中心多功能学术会议厅顺利举办。本期沙龙作为第二届科研活动月系列活动之一,以"人类命运共同体视域下的中日文化研究"为主题,特邀中国社会科学院日本研究所

图12　学术沙龙现场

---

① 李喆:《人类命运共同体国际学术联盟举办"世界地球日"主题活动,发布《绿色·健康·可持续,共建命运共同体》倡议书,多国专家呼吁共同建设绿色健康可持续发展的人类命运共同体》,https://icsf.cuc.edu.cn/2021/0422/c6040a180270/page.htm(访问时间:2022年7月15日)。

党委书记、副所长刘玉宏主讲。学术沙龙由广西文科中心主任、广西师范大学副校长林春逸主持。

刘玉宏作题为《民族血脉千年传承——中国地方志的形成与发展》的报告。他指出地方志是写在中国大地上的一部百科全书,并强调方志作为中华优秀传统文化的重要组成部分,在推进社会主义文化强国建设,讲好中国故事,传播好中国声音,在实现伟大复兴中国梦的进程中,仍将继续发挥着积极而独特的作用。

林春逸在总结报告时表示:修志问道,以启未来;修志彰善,以引风气;修志资政,可辅理政;修志存史,以传文脉;志存密码,治理之道;志存基因,魅力中国。他寄语师生们大力弘扬方志文化,深入开展方志文化理论研究阐释,推动方志文化实现创造性转化、创新性发展。

在专题发言环节,中国社会科学院日本研究所熊淑娥博士、邹皓丹博士、李书琴博士、张梅博士分别围绕"疫情下日本社会心理观察""日本大尝祭的政治思想史""现代日本社会的人际关系困境及其形成原因""日本对外文化战略探析——多元实施主体与国家建构路径"主题进行深入研讨和交流。

在互动交流环节,广西师范大学的师生们围绕中日经济文化交流、地方志文化的传承和弘扬、日语学科发展等热点话题与中国社会科学院日本研究所专家学者进行研讨。

学校文学院/新闻与传播学院、历史文化与旅游学院、经济管理学院、外国语学院、桂学研究院、越南研究院等单位师生代表参加会议。①

六、"中国新叙事"主题研讨会

2021年7月14日,全球化智库以"中国新叙事"为主题举办研讨会,会议聚集了来自国际传播、国际关系和出版界的资深专家,他们既对中国国际叙

---

① 栗源、苏威:《广西文科中心顺利举办"人类命运共同体视域下的中日文化研究"主题学术沙龙》,http://www.gxwkzx.gxnu.edu.cn/2021/0608/c2919a211199/pagem.htm(访问时间:2022年7月15日)。

事的打造有着深厚的研究，也有着丰富的对外传播实践经验。与会专家强调了我国外宣工作的重要意义，探讨中国与世界沟通的新模式，并提出了许多富有建设性的建议，为构建人类命运共同体及中国加强国际传播能力建设建言献策。

图13　与会嘉宾合影

随着我国综合国力和国际地位的提升，国际社会越来越关注中国说法，越来越重视中国声音。近年来，我国高度重视国际传播能力建设，我国国际传播出现了积极的变化，在国际传播的内容、技术、途径、影响等方面都取得了长足进步。进一步增强国际传播话语权，有助于国际社会了解中国发展走向，减少国际社会对我国的误解误判。讲好中国故事，传播好中国声音，展示真实、立体、全面的中国的重要性日益凸显。

本次研讨会邀请到了多位对国际传播有着深厚研究的专家。研讨会的举办在社会上引发广泛关注，包括中新社、CGTN、中国青年报、北京日报、新华日报、广州日报、Caixin Global 等多家主流媒体在内的二十余家媒体进行了积极报道。全球化智库今后也将继续加强研究，为国家传播能力建设积极建言，贡献力量。①

---

①　全球化智库：《"中国新叙事"研讨会为加强国际传播 构建人类命运共同体建言》，https://weibo.com/ttarticle/p/show?id=2309404660395255136823&sudaref=www.baidu.com（访问时间：2022年7月15日）。

七、"理解中巴关系的转型动态"主题写作比赛

2021年7月20日,由中国传媒大学人类命运共同体研究院指导、人类命运共同体巴基斯坦研究中心策划组织的"理解中巴关系的转型动态"主题写作比赛在巴基斯坦拉开帷幕。写作比赛面向中国与巴基斯坦两国具有一定学术研究能力与写作水平的学生并广泛发布征稿通知。

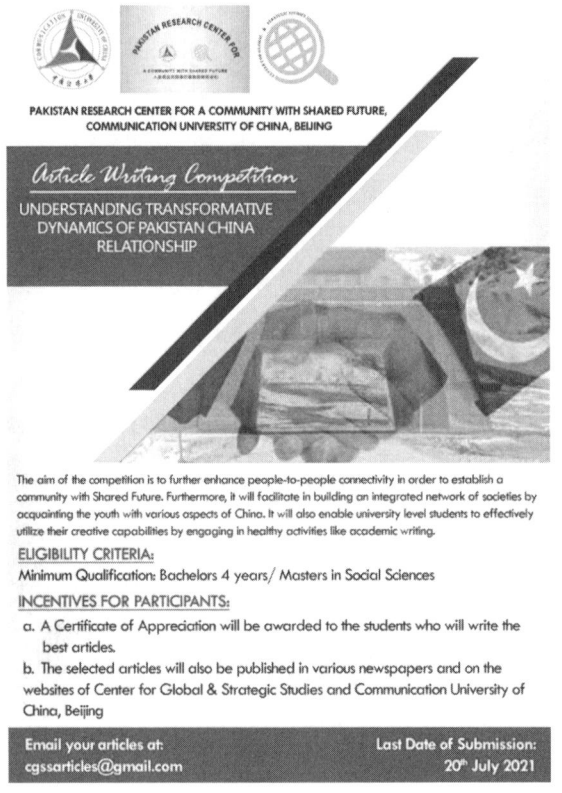

图14 写作比赛海报

大赛旨在增强两国学生学术写作水平及学术交流,促进中巴青年对人类命运共同体理念的认知。此外,还将邀请巴基斯坦知名高校的学者进行点评与指

导,提升两国学生的学术理解能力,增进对彼此的了解。数十名中国与巴基斯坦的学生报名参赛,最终,来自巴基斯坦的拉菲亚·穆塔扎获得第一名,其文章发表于中国传媒大学人类命运共同体研究院官方网站及巴基斯坦全球战略研究中心官方平台。①

八、"文化:探索中巴友谊新领域"线上国际会议

2021年7月28日,在中国传媒大学人类命运共同体研究院指导下,人类命运共同体巴基斯坦研究中心主办的"文化:探索中巴友谊新领域"线上国际会议成功召开。本次线上国际会议嘉宾来自中国和巴基斯坦两国,受邀专家分别就不同领域发表主题演讲。

图15 中巴两国学者讨论交流

---

① 中国传媒大学人类命运共同体研究院:《"理解中巴关系的转型动态"主题写作比赛征稿》,https://mp.weixin.qq.com/s/cJlLHQ5QvrkoOOTcuXyu5g(访问时间:2022年7月15日)。

来自巴基斯坦高校的多位专家分别从不同角度围绕中巴两国友谊的发展展开论述。白沙瓦大学中国研究中心主任兼社会科学学院院长扎希德·安瓦尔教授就"建设文化交流中心促进中巴双边关系发展的重要性"主题展开讨论；旁遮普大学艺术与设计学院苏梅拉·贾瓦德教授探讨了"艺术作为跨文化互动的工具：巴基斯坦和中国友谊的案例研究"相关内容；旁遮普大学艺术与设计学院伊斯拉尔·侯赛因·奇什蒂副教授探讨了关于"音乐作为跨文化联系的关键组成部分"的看法。

中国传媒大学人类命运共同体研究院特邀研究员钟婉初博士、人类命运共同体巴基斯坦研究中心副主任玛丽亚姆·拉扎女士均对文化领域中巴两国的交流及合作进行论述。钟婉初博士就"中巴经济走廊：中巴文化关系的关键"主题进行演讲，提到在中国庆祝巴基斯坦多样化的节日将有利于加强巴中双边关系，也进一步促进了民间交往，强调由于两国关系建立在互信、合作、和谐的基础上，中国和巴基斯坦之间的文化关系正在加强和扩展。中国和巴基斯坦虽没有一样的语言和文化，但又在文化和语言方面相互支持，这正是增强两者合作关系的主要原因。玛丽亚姆·拉扎女士则围绕"中巴文学走廊"阐述其观点，认为文化能够加强各国之间的凝聚力、交流对话和对彼此社会的理解，这是应对全球共同挑战的重要因素。

本次线上会议由人类命运共同体巴基斯坦研究中心副主任帕瓦沙·纳瓦兹女士主持。来自中国和巴基斯坦的50名嘉宾和专家学者参加了本次线上会议。会议还在各种社交媒体平台上进行了直播。[①]

九、"中巴建交70周年"青年学者研讨会

2021年9月4日，人类命运共同体巴基斯坦研究中心举办"中巴建交70周年"青年学者研讨会，会议由中国传媒大学人类命运共同体研究院指导举办。邀请巴基斯坦高校青年学者、青年研究人员共聚一堂，围绕中巴建交及数

---

① 李喆：《"文化：探索中巴友谊新领域"线上国际会议成功举办》，http://www.cuc.edu.cn/2021/0730/c1761a185206/pagem.htm（访问时间：2022年7月15日）。

十年合作发展的深厚友谊,从多个领域出发,分享和交流了各自的感受与想法。

图 16 会议合影

本次研讨会的交流议题涵盖"中巴 70 年的深厚伙伴关系""文明对话""构建人类命运共同体""中巴两国学术合作前景""'一带一路'倡议对发展的重要意义""上合组织在应对全球挑战中的作用""CPEC 下的经济合作伙伴关系"等方面。青年学者回顾中国和巴基斯坦两国的建交历史、论述对于 70 年来双方合作历程的理解与感受,一致认为巴基斯坦是中国最为紧密的合作伙伴之一,堪称"钢铁兄弟"。建交以来,两国患难与共,开展了全方位的交流,建立起牢固的合作关系,这在国际社会中也是难得的。此外,学者们还围绕人类命运共同体理念展开交流,对于其所表达的内涵和指导性意义表示认同,认为该理念的提出与发展对于世界应对当下的一些挑战具有极大的指导价值,应该在各国得到广泛传播并展开实践。

巴基斯坦白沙瓦大学中国研究中心主任、社会科学学院院长扎希德·安瓦尔教授对本次研究会进行点评,并从经济、文化、政治等多个领域出发为青年学者们讲述中国所提供的援助以及重要实践案例,鼓励巴基斯坦的学术后起力量继续研究人类命运共同体理念、"一带一路"倡议,提升对其深刻内涵的理解能力。

研讨会由人类命运共同体巴基斯坦研究中心副主任玛丽亚姆·拉扎女士主持，共有超过 30 名巴基斯坦青年学者参加。会议在多个社交平台直播获得了当地大量关注和观看，产生了良好的学术与社会影响。①

---

① Pakistan Research Center for a Community with Shared Future, "Online Young Scholars Debate on 70 Years of Pak-China Diplomatic Relations organized by Pakistan Research Center for a Community with Shared Future", https://icsf.cuc.edu.cn/en/2021/0906/c5620a185839/page.htm（访问时间：2022 年 7 月 15 日）。